国防科技大学建校70周年系列著作
NATIONAL UNIVERSITY OF DEFENSE TECHNOLOGY

人力资源管理多学科交叉研究与范式转移

王　涛　沈大勇　张忠山　姚　锋　贺仁杰　著

国防科技大学出版社
·长沙·

图书在版编目（CIP）数据

人力资源管理多学科交叉研究与范式转移 / 王涛等著. -- 长沙：国防科技大学出版社，2025.3. -- ISBN 978-7-5673-0667-7

Ⅰ. F243

中国国家版本馆 CIP 数据核字第 2025M8A626 号

人力资源管理多学科交叉研究与范式转移

RENLI ZIYUAN GUANLI DUOXUEKE JIAOCHA YANJIU YU FANSHI ZHUANYI

王　涛　沈大勇　张忠山　姚　锋　贺仁杰　著

责任编辑： 魏云江

责任校对： 朱哲婧

出版发行： 国防科技大学出版社　**地　　址：** 长沙市开福区德雅路 109 号

邮政编码： 410073　**电　　话：**（0731）87028022

印　　制： 长沙市精宏印务有限公司　**开　　本：** 710×1000　1/16

印　　张： 20　**字　　数：** 306 千字

版　　次： 2025 年 3 月第 1 版　**印　　次：** 2025 年 3 月第 1 次

书　　号： ISBN 978-7-5673-0667-7

定　　价： 118.00 元

网址： https://www.nudt.edu.cn/press/

总序

PREFACE

国防科技大学从1953年创办的著名“哈军工”一路走来，到今年正好建校70周年，也是习主席亲临学校视察10周年。

七十载栉风沐雨，学校初心如炬、使命如磐，始终以强军兴国为己任，奋战在国防和军队现代化建设最前沿，引领我国军事高等教育和国防科技创新发展。坚持为党育人、为国育才、为军铸将，形成了“以工为主、理工军管文结合、加强基础、落实到工”的综合性学科专业体系，培养了一大批高素质新型军事人才。坚持勇攀高峰、攻坚克难、自主创新，突破了一系列关键核心技术，取得了以天河、北斗、高超、激光等为代表的一大批自主创新成果。

新时代的十年间，学校更是踔厉奋发、勇毅前行，不负党中央、中央军委和习主席的亲切关怀和殷切期盼，当好新型军事人才培养的领头骨干、高水平科技自立自强的战略力量、国防和军队现代化建设的改革先锋。

值此之年，学校以“为军向战、奋进一流”为主题，策划举办一系列具有时代特征、军校特色的学术活动。为提升学术品位、扩大学术影响，我们面向全校科技人员征集遴选了一批优秀学术著作，拟以“国防科技大学迎接建校70周年系列学术著作”名义出版。该系列著作成果来源于国防自主创新一线，是紧跟世界军事科技发展潮流取得的原创性、引领性成果，充分体现了学校应用引导的基础研究与基础支撑的技术创新相结合的科研学术特色，希望能为传播先进文化、推动科技创新、促进合作交流提供支撑和贡献力量。

在此，我代表全校师生衷心感谢社会各界人士对学校建设发展的大力支持！期待在世界一流高等教育院校奋斗路上，有您一如既往的关心和帮助！期待在国防和军队现代化建设征程中，与您携手同行、共赴未来！

国防科技大学校长

2023年6月26日

前言

FOREWORD

人员管理是一个古老的议题，但“人力资源”这一术语的出现却比世界上第一台计算机还晚，从经验管理到真正开始科学化研究，人员管理和研究的范式都发生了很大变化。1954 年，彼得·德鲁克（Peter F. Drucker）在其《管理的实践》一书中提出“人力资源”概念，至今已有七十余年历史，学术界对其深入研究的这些年，研究方法已经从社会科学领域扩展到了几乎所有学科门类。跨学科研究中，很多研究存在于社会科学体系之外，研究方法与范式也多种多样。

本书聚焦这一既古老又年轻的领域，以“人力资源”这一术语出现后的学术研究文献为起点，系统梳理分析了人力资源研究 30 多年发表的数万余篇相关文献，除了社会科学大类，还有大量研究散落于社会科学期刊体系之外五大学科类别下。本书尝试跳出社会科学体系，以人力资源管理研究范式变化及转移为主线，基于文献计量和荟萃分析，对人力资源的研究重点内容和研究范式进行了系统性地整理和分析综述，全方位解构人力资源管理研究及其变化，展现了100多个学科对人力资源的研究关注点及其贡献和局限，对研究的文献分布、各领域的研究范式和热点研究内容进行了分析总结和知识图谱绘制，并将人力资源与其他研究领域的交叉融合进行了系统量化的分析展现。基于定性与定量相结合的分析，全面系统透视人力资源管理研究的发展脉络、研究范式由经验式向以定性定量相结合的形式转移的过程及特点，提出了未来人力资源管理研究可能的研究范式和发展方向。

本书共十三章：第一章介绍人力资源管理研究现状及发展历程；第二章介绍本书研究核心数据和方法以及研究框架；第三到五章介绍人力资源领域学者影响力聚合评价排名方法及结果；第六至十一章分别介绍社会科学，工程与技术，临床、临床前与健康，生命科学，理学，艺术与人文等六大学科门类对人力资源管理的研究范式、交叉研究重点；第十二章从方法和模型视角分析了人力资源领域的研究及变化；第十三章分析总结对比各学科类别对人力资源管理相关研究的研究范式、交叉趋势等，提出人力资源管理研究范式转移趋势。

本书为人力资源管理领域研究提供多学科、多范式的探讨视角，可作为社会科学领域学生与研究人员，理、工、管交叉研究学者，人力资源研究者与从业者等学习及研究的参考书。

作　者

2024年12月

目录 Contents

第一章 导 论

人员管理是一个古老的议题，某种意义上可以追溯到人类文明曙光出现之时，但“人力资源”这一术语的出现却比世界上第一台计算机还晚。1954年，管理学大师彼得·德鲁克（Peter F. Drucker）在其著作《管理的实践》（*The Practice of Management*）一书中首次提出了“人力资源”（human resources，HR）一词，至今仅70余年历史。1965年，《哈佛商业评论》发表了雷蒙德·迈尔斯（Raymond E. Miles）的一篇题为“Human-relations or human-resources”的论文，“人力资源”的概念由此才开始真正引起资深学者和管理人员的注意。此后，人力资源管理（human resources mangement，HRM）的概念逐步在管理学领域生根发芽，人力资源的研究开始逐步走向深入，但研究和实践的差距，使人力资源管理研究发展过程充满了各种曲折与变数。

第一节 人力资源管理之惑：“炸掉”还是发展

2004年，《哈佛商业评论》的一篇文章提到要分拆人力资源部，引发轩然大波。其作者作为管理学大师，尖锐地批评了人力资源管理当时的错误走向，认为人力资源管理的很多研究和实践正变得没有用处。其间，甚至有专家和从业者喊出要“炸掉人力资源部”。一石激起千层浪，一时间，“炸掉人力资源部”成为一个广泛讨论的议题，抨击人力资源管理的呼声不绝于耳。当然，也有学者与业界从业人员奋起反击，对此进行尖锐批评。

事实上，对人力资源管理的研究与实践，在学界和业界一直争议不断。一方面，很多企业认为人力资源管理在企业中没有发挥多大作用，以至于喊出要“炸掉人力资源部”；另一方面，新兴技术与方法在人力资源的许多业务中大幅提升工作效率，甚至比资深HR人员做得更好。

一、“炸掉人力资源部”

《财富》杂志专栏作家1996年发文写道：“在你们公司中存在着一个暖洋洋的、昏昏欲睡的部门。这个部门的雇员80%的时间都用在了日常行政管理事务上。该部门几乎所有的职能都可以让其他部门用更少的时间却更熟练地完成。更糟糕的是，该部门的领导人无法描述出他们对公司的价值增值所做出的具体贡献，只能用一些流行的、无法量化的和苍白无力的语言为自己辩解。然而，就像毒蛇不会受到自己的毒液感染一样，这个部门竟然还常常向其他部门提建议，告诉他们如何精简那些不会给公司带来价值增值的工作。……我所描述的当然就是你们公司的人力资源管理部门，因此我想给你一个小小的建议：为什么不把你的人力资源管理部门炸掉算了？”

无独有偶。几年以后，拉姆·查兰（Ram Charan）在《哈佛商业评论》发文道：“是时候跟人力资源部说再见了。我指的不是撤销人力资源部门执行的任务，而是人力资源部本身。”拉姆·查兰是一位在哈佛商学院执教多年的极具影响力的管理咨询专家。他在文中提道：“我与全球那些对HR人员感到失望的首席执行官（chief executive officer，CEO）交谈过，他们希望手下的首席人力资源官能像首席财务官那样，成为优秀的董事会成员和值得信赖的合作伙伴，并凭借他们的技能，将员工和业务数据联系起来，从而找出企业的优势和劣势，确保员工与其职位相匹配，并为企业战略提供人才方面的建议。

然而，很少有首席人力资源官能担此重任。他们大多数是以流程为导向的通才，熟知人员福利、薪酬和劳工关系，专注于参与、授权和管理文化等内部事务。但他们没有将人力资源与真正的商业需求结合起来，不了解关键决策是如何制定的，也分析不出员工或整个组织为何未能达成企业的业绩目标。”

二、人员招聘“人机大战”

人工智能（artificial intelligence，AI）的发展，尤其是里程碑式产品 ChatGPT 的横空出世，让机器将取代人类工作的话题再次引起广泛关注，而这一次，“狼”似乎真的来了。在适当的语言引导下，ChatGPT 确实能完成很多常见的以信息收集与加工为主要产出的任务，甚至在某些方面比一般员工完成得还要出色，尽管它可能还是会犯一些常识性错误，但其可用性已显著提高。

人力资源管理者作为人类工种的一种，是否会面临被人工智能替代的讨论也已持续很久。事实上，在人力资源领域，关于机器和人的较量早就已经开始了。中国新闻网在 2017 年 8 月报道，国内首家中高端人才职业发展平台猎聘举办了招聘史上首场“人机大战”。“人机大战”活动特邀五名知名互联网公司资深 HR、猎头与猎聘 AI 机器人同台竞赛，在猎聘 3 700 万存量的简历库中，以最快的速度筛选出与招聘职位需求最匹配的简历。专家评审团从职位匹配度、技能匹配度、行业匹配度、薪资匹配度、学历匹配度、地区匹配度等六个维度进行打分，总分（满分）为 25 分，得分最高者则被视为胜出本次比赛。经过紧张的角逐，人类选手以平均分 18.96 分的成绩胜出，领先猎聘 AI 机器人 0.36 分。

资深 HR、猎头与 AI 机器人的比分为 18.96∶18.60。完成整个比赛事项，AI 机器人仅用了 0.015 2 秒，是手工筛选平均速度的 63 882 倍；在职位匹配度、地区匹配度上，机器人的匹配效率高于人类；在技能匹配度上，两者则打了个平手。

大数据、人工智能是人力资源领域尤其是招聘环节应用最广的研究和发展方向。在这个时代，积极用科技力量革新招聘行业，让更多人和企业从人岗精准匹配中受益，节省整个社会的劳动成本，实现个人和企业价值的最大化，是人力资源从业者从技术获取红利的重要内容。

事实上，除了招聘环节，新兴技术尤其是人工智能技术在选、育、用、留、辞各个环节都已经开始得到运用。简历筛选、以人搜人、数字猎头、虚拟现实（virtual reality，VR）培训、大数据画像、AI 识人、智能人岗匹配、离职预测等都已初现曙光，一些运用正在改变着人力资源管理的业务模式。

一面是对人力资源部门和从业者的不满，一面是技术正改变着人力资源，“炸掉”还是发展，正是人力资源分裂困境的真实写照，在产业界和学术界，皆是如此。

第二节　人力资源管理之痛：无法测量就无法管理

管理学大师彼得·德鲁克曾经说过：“如果你无法测量它，你就无法管理它。”人力资源管理处在“炸掉”与发展的分裂地带，从研究视角看，根本点之一在于其管理对象难以测量，管理机制尚无定论，无法明确管理带来的收益，难以衡量人力这种资源的价值。与主要以体力劳动为测量对象的泰勒时代不同，在脑力劳动和知识经济高度发展的今天，这一议题变得愈加复杂。

人力资源管理是将人力视为一种宝贵资源加以管理，以期提升资源使用效益的管理活动。人力通常被分为体力和脑力两类，在社会发展的不同阶段，二者的重要性和比例有较大差异。农耕时代，体力尤为重要；智能时代，脑力更为重要。然而，对这种资源如何测量却一直是一个悬而未决的问题。多年以来，尽管在管理过程中提出过平衡计分卡、关键绩效指标法（key performance indicator，KPI）、目标与关键成果法（objectives and key results，OKR）等各种人员绩效计量考核方式，但综合来看，人力尤其是脑力资源作为一种资源如何被测量仍然缺乏精准、高效、可复现的系统解决方案。这一点从 20 世纪 70 年代美军的《军队服役职业能力成套测验》和 80 年代的《联合军种工作绩效测量》等都能找到明显的证据。

在社会科学领域中，测量至关重要，测量的可靠性和精准性直接决定了研究的科学性。测量是依据一定的法则，将某种物体或现象所具有的属性或特征用数字或符号表示的过程。不同于物理科学领域的测量，社会领域的测量标准化和精确性程度较低，也不完全是数量化的，可以是类别化的或其他形式。它需要通过一定的方法，将抽象的概念转化为可量化的指标或数据，以便进行科学的研究和分析。在社会科学研究中，测量是理论验证、实证分析和预测模型的基础，也是科学研究和管理决策的前提。

然而，人力资源管理领域的研究却面临着人力资源这一最基本的核心概念难以测量和描述的问题。在体力劳动时代，人力资源管理主要是对体力的管理，泰勒的科学管理理论奠定了科学测量方式的基础。但是，在知识经济时代，大部分是脑力劳动的产出，而脑力劳动的产出缺乏定量的标准，这使得人力资源管理的测量变得更加困难。

具体来说，脑力劳动的产出或效益往往是抽象的、非线性的、多元的和不可重复的，这些特征使得它们难以用传统的计量方法来测量。软件行业中的软件计价方法是一种相对成功的尝试，它将软件的所有产出归纳为 4 种操作，即对数据库的增、删、改、查，并通过一系列权重系数来计算软件需要的人工时间和成本。但是，软件计价方法只适用于技能型劳动的产出，不适用于创新型脑力劳动的产出，因为创新型脑力劳动的产出往往具有高度的复杂性、不确定性和创造性，难以用简单的计量方法来衡量。此外，人力资源管理研究中还存在许多其他难以测量的问题，比如员工满意度、领导力、组织文化等，这些问题尽管在人力资源的研究中大量存在，且开发了大量量表等工具对此进行测量，但并没有一套公认的行之有效的测量体系，尤其是需要考虑多个因素时，包括主观感受、个体差异、环境因素等，这些概念的测量都非常困难。从总体来看，人力资源作为一种宝贵资源，其资源基本属性中，属于谁、如何定价、如何流转、资源价值如何变化，这些人力资源管理研究最基本的问题，目前却都难以有明确的界定。

测量是社会科学研究的基础，也是人力资源管理研究真正走向现代意义下科学的前提。社会科学体系内采取的测量方法和工具主要是问卷调查、观察法、实验法、案例分析等，这些方法在人力资源管理研究中被大量采用，但相比自然科学领域的测量，人力资源管理领域还难以实现精准、高效、可复现的测量。大部分所谓对人力资源的测量仍然是将其简单转化为体力劳动计量方式进行的，而对于脑力劳动的产出或效益的精准测量，至今依然无解。

第三节　人力资源概念及发展

一、人力资源的概念起源与发展

什么是人力资源管理？当前的文献中有许多关于人力资源管理的定义，每个定义都有不同的描述视角。如果将人力资源管理视为人事行政部门的工作，那么人力资源管理就可以追溯到1910年代末人事部门首次出现时。如果将人力资源管理视为一种与组织战略实现相适应的人员管理方法，那么人力资源管理的研究可以追溯到20世纪七八十年代。对人力资源管理起源的另一类看法是，人力资源管理涵盖了一个或多个人指导和协调他人工作的所有雇佣关系，其历史可以追溯到人类文明的曙光，如当时埃及法老指挥成千上万的工人建造金字塔。

但“人力资源”这个词的出现，至今不过70余年历史，比计算机的出现还要晚很多。1954年，彼得·德鲁克在其《管理的实践》一书中首次提出“人力资源”这个概念。1965年，《哈佛商业评论》发表了雷蒙德·迈尔斯的论文“Human-relations or human-resources”，“人力资源”的概念由此才引起资深学者和管理人员的注意，在管理学领域开始出现较为确切的定义，人力资源的研究逐步步入正轨。

在2014年第3期《人力资源管理评论》中，美国佐治亚州立大学的布鲁斯·考夫曼（Bruce E. Kaufman）教授概述了从19世纪末到21世纪初美国人力资源管理领域的历史发展。尽管主要描述的是美国，但其梳理总结的人力资源概念发展历程却极具代表性。图 1 – 1 是这一概念发展的历程图。

二、从人事管理到人力资源管理

在“人力资源”这一概念正式提出之前，对人员的管理相关工作通常被称为“人事管理”。人事管理的历史可以追溯到人类最早期的组织形式。有记录表明，早在古埃及时期就已经存在对人员的任命、培训和奖励制度。随着社会组织的形成和发展，人事管理也随之产生。在古罗马帝国时期，军队中的后勤部门也承担着类似今天人事管理的职责，负责士兵的招募、训练和福利保障。到了中世纪，教会和封建领主也需要对教士和农奴进行管理和调度。然而，现代意义上的人事管理则是在工业革命的浪潮中逐渐成形的。19 世纪工业革命期间，大机器生产和流水线作业的兴起极大地改变了生产方式，规模化的大生产和工厂制度的普及导致劳动力需求的急剧增长。为了适应这种变化，企业开始设立专门的管理部门来监督员工的日常工作并处理与员工相关的各种事务。从这一时期开始，人事管理作为一项正式的企业管理活动被纳入企业管理范畴，并逐渐发展出一系列基本职能，如人员招聘、薪酬管理、福利发放等。许多学者将此阶段视为现代人事管理的发端。人事管理不仅关注员工的雇佣关系，还涉及员工培训、绩效评估和劳动关系等多方面的内容。这一时期的管理实践为后来的人力资源管理奠定了坚实的基础。

在近半个世纪的发展过程中，人事管理理论和实践一直基于“经济人”假设，即将员工视为主要受到物质报酬驱动的个体。然而，随着科技的进步和社会结构的变化，人类社会逐步过渡到后工业化时代。在这一时期，员工的知识水平和技能不断提升，经济需求不再是唯一的工作动力，员工对于职业发展的期望和个人价值实现的需求也开始显现。在这种背景下，员工的角色逐渐从单纯的生产要素转变为组织的重要资源，人事管理也因此逐渐演变为人力资源管理。这一转变并非一蹴而就，而是经历了漫长的过程，并且至今仍在继续深化。从 20 世纪中期开始，随着社会学、心理学和管理学等多学

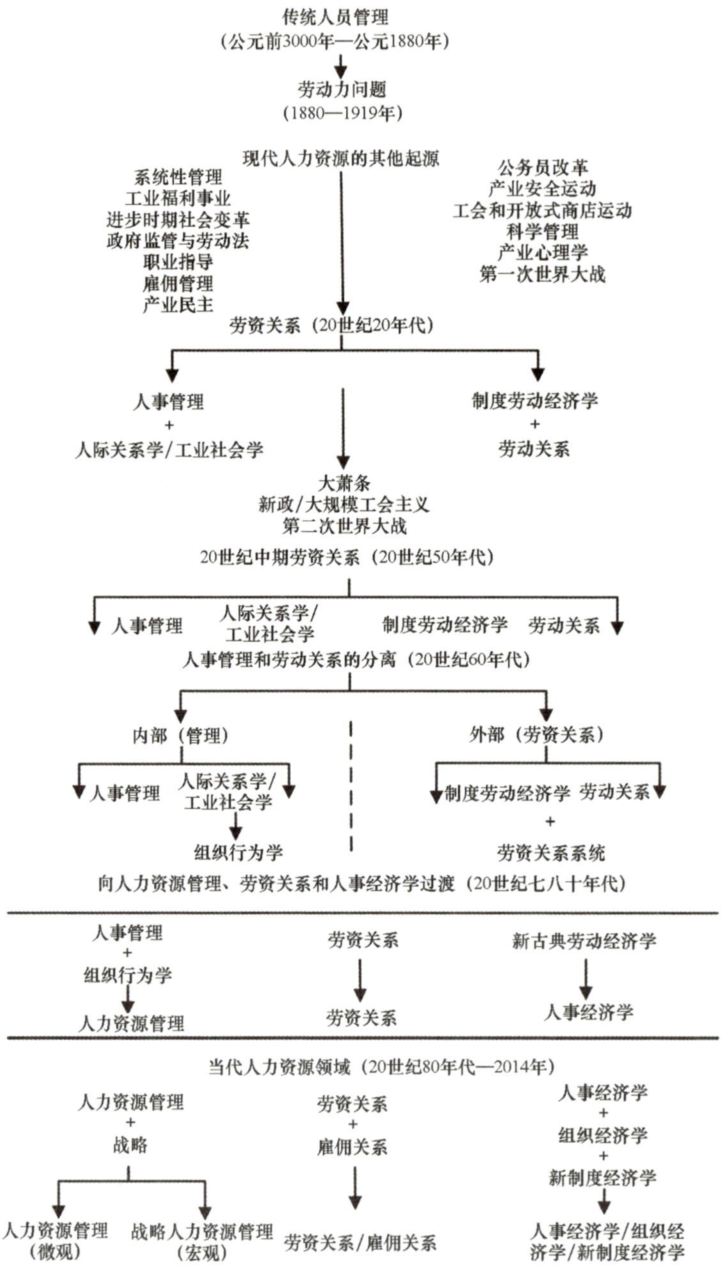

图 1－1　人力资源概念发展历程

科交叉研究的发展，人事管理逐渐引入了更多的科学方法和技术手段，开始注重员工的心理需求和社会价值。管理者们开始意识到，员工不仅仅是完成工作任务的工具，更是组织成功的关键所在。这种观念的转变促使人事管理逐渐向更加全面和综合的方向发展。

彼得·德鲁克在其著作《管理的实践》中，首次明确提出了“人力资源”这一概念，并将其置于管理活动的核心位置。德鲁克认为，人力资源与其他所有资源最大的不同在于其主体性，即人力资源是具有自我意识和主观能动性的个体。这些个体不仅具备协调、整合、判断和创造的能力，而且拥有自我选择是否工作的权利。德鲁克强调，管理者在设计工作时必须充分考虑到员工的精神和社会需求，采取积极措施来激励员工，创造具有挑战性的工作环境，并注重员工的职业发展。他还指出了当时人事管理中的三个主要误区：假定员工缺乏工作积极性；将人事管理视为非经理人员的职责；将人事管理活动视为纯粹的应急措施而非建设性的工作。德鲁克认为，人事管理需要具备专业的知识和技能，并且应当被视为组织管理的重要组成部分。德鲁克的思想影响深远，他不仅提出了新的管理理念，还倡导了一种更加人性化的管理方式，强调了员工的全面发展和组织的整体利益。他的观点为后来的人力资源管理提供了重要的理论支撑。

德鲁克关于“人力资源”概念的提出以及他对人事管理理论和实践的反思，推动了人事管理向人力资源管理的转变。他预言，一场以人力资源开发为核心的新革命即将到来，传统的人事管理将被更加人性化和科学化的管理方式所取代。20 世纪 70 年代初期，人力资源管理理论尚处于萌芽阶段。1972 年，美国管理协会出版了由达特尼克编著的《改革人力资源管理》，该书强调了员工需求与组织目标之间的契合度，并提出了“人是组织最重要的资源”的观点。随着组织心理学和组织行为学的发展，人力资源管理在 70 年代末至 80 年代初再次引起广泛关注，其理论研究开始聚焦于如何通过有效的管理活动提升员工的生产力和工作满意度，同时关注员工的安全与健康。这一时期的人力资源管理不仅限于传统的事务性工作，还涉及员工的心理健康、职业发展和团队协作等方面。管理者们开始探索如何更好地发挥员工的潜力，通过提供培训和发展机会来提高员工的工作满意度和忠诚度。

自1954年“人力资源”概念首次提出以来，经过众多管理学家的努力，人力资源管理理论逐渐成熟并在学术界和企业界获得了广泛认可。然而，面对快速变化的社会经济环境和科技进步，人力资源管理理论和实践也在不断地发展和完善。在这一过程中，人力资源管理学家们从不同角度深入探讨了人力资源管理的定义、环境适应性、战略规划、员工技能多样化、劳资关系等问题。特别是在知识经济时代，人力资源管理变得更加重要，因为它不仅是组织竞争优势的来源，也是组织成功的基石。企业开始重视以“人”为中心的管理理念，力求通过有效的管理和激励机制激发员工潜能，实现组织目标。这种转变不仅体现在名称上，更体现在管理理念和实践的深刻变革之中。人力资源管理逐渐成为一门综合性的学科，涵盖了心理学、经济学、社会学等多个领域的知识，并在实践中不断吸收最新的研究成果，以适应不断变化的管理需求。这一学科的发展不仅为企业提供了系统的管理工具，也为学术研究提供了丰富的素材。

在管理学领域，人力资源管理已经发展成为一门重要的学科，并引起了学术界的广泛关注。学者们从不同的理论视角出发，探讨了人力资源管理的各个方面，包括员工招聘与选拔、绩效评估与激励机制、员工培训与发展、薪酬福利体系设计等。这些研究成果不仅丰富了人力资源管理的理论框架，也为实际管理工作提供了宝贵的指导。同时，人力资源管理的学科地位也在不断提升，许多商学院和管理学院都将人力资源管理作为核心课程之一，培养了大批专业人才。

回顾人力资源管理理论和实践的发展历程，对于理解其对组织发展的影响具有重要意义。从早期的人事管理到现代的人力资源管理，这一转变不仅仅是名称上的变化，更是管理理念和实践的深刻变革。现代人力资源管理不仅关注员工的基本需求，还注重员工的职业发展和个人成长。通过不断的学习和创新，人力资源管理将继续为企业提供强有力的支持，帮助企业在激烈的市场竞争中保持领先地位。企业通过建立有效的沟通机制、提供职业发展机会和营造良好的工作氛围，能够激发员工的积极性和创造力，提升组织的整体绩效。

三、人力资源新发展与挑战

进入21世纪后，随着全球经济一体化和市场竞争的加剧，组织的发展越来越依赖于其人力资源的质量和管理效益的发挥。在全球化背景下，企业不仅要面对国内市场的竞争，还要应对国际市场的挑战。这意味着人力资源管理不仅需要在国内范围内优化资源配置，还需要在全球范围内吸引、保留和激励人才。有效的人力资源管理被视为组织发展与成功的关键因素。一个组织如果能够建立起高效的人力资源管理体系，就能够更好地应对市场变化，抓住发展机遇，实现可持续发展。

随着信息技术、智能技术的发展，未来的人力资源管理必然将更加注重数据和智能支持下的决策制定。大数据、云计算和人工智能等技术的应用，使得人力资源管理能够基于大量的数据分析和智能算法来进行更加精准的人才选拔、培训和发展决策。例如，通过分析员工的工作表现数据，企业可以识别出高潜力人才，并为其量身定制职业发展计划。此外，员工个性化发展路径的设计也成为人力资源管理的一个重要趋势。每个员工都有自己的职业目标和成长需求，人力资源管理需要根据不同员工的特点，设计出适合其发展的职业路径，从而提升员工的满意度和忠诚度。

信息和智能技术的发展还使得人力资源管理更加高效和灵活。数字化工具的应用简化了人力资源管理的许多流程，例如在线招聘平台可以更快地匹配企业和求职者的需求，电子化的人力资源管理系统能够实时监控员工的工作状态和绩效，从而及时调整管理策略。未来的人力资源管理必将更加注重员工体验的提升，通过技术手段实现更加便捷的沟通和支持服务，使员工能够在工作中获得更好的体验和发展机会。

而今，以大模型为核心的人工智能技术突飞猛进，具身智能也逐渐发力，人形机器人、数字人等开始广泛参与原本必须由人类完成的工作。黑灯工厂正在成为主流生产环境，自动化和智能化的趋势日益明显。在这样的背景下，人力资源及其管理面临着新的机遇和挑战，甚至这些新技术的发展正在冲击着人力资源的概念本身。如何完成人力资源的自我革新和理论创新发展，是摆在人力资源研究者和从业者面前的时代命题。

随着人工智能技术的迅猛发展，尤其是大模型技术的进步，机器学习和深度学习算法的应用已经渗透到了各个行业。这些技术不仅能够自动完成大量重复性工作，还能够在数据分析、预测建模等方面提供强大的支持。具身智能的发展更是使得机器人和数字人在复杂任务中表现出色，能够模拟人类的行为和情感，甚至参与到创意性工作中。人形机器人和数字人的广泛应用，意味着传统意义上的“人力资源”正在被重新定义。一方面，这些智能体可以替代人类完成一些简单或危险的任务，从而释放人力资源去从事更具创造性和战略性的工作；另一方面，它们也对人力资源管理提出了新的要求，如何管理和协调人与智能体的关系成为新的课题。

黑灯工厂的兴起标志着制造业正在走向无人化和智能化。在这种环境下，工厂可以全天候运行，无需人工干预，极大地提高了生产效率和降低了运营成本。然而，这也意味着传统制造业中大量的工作岗位将被自动化系统所替代。人力资源管理者需要思考如何重新定位员工的角色，提供新的技能培训，使其能够胜任更加复杂的管理和监督工作。同时，企业也需要探索如何在无人化工厂中引入新的管理机制，确保生产过程的顺畅和安全。

面对新的挑战，人力资源研究者和从业者需要不断创新和拓展理论边界。传统的管理理论和实践方法可能无法完全适用于未来的劳动市场。如何构建一个人机协同的新型工作环境，如何设计合理的激励机制以激发员工的创造力和团队合作精神，如何平衡自动化与人性化管理的关系，这些都是亟待解决的问题。此外，随着智能技术的普及，数据隐私和伦理问题也日益突出，人力资源管理者需要制定相应的政策来保护员工的个人信息和隐私权。

未来的劳动力市场将呈现更加多元化的形态。人力资源管理不仅需要关注员工的技能和能力，还需要关注其情感和心理健康。企业需要通过提供多样化的培训和发展机会，帮助员工适应快速变化的技术环境。同时，企业文化和价值观的塑造也将成为人力资源管理的重要内容，需要通过建立积极的工作氛围和企业文化，增强员工的归属感和忠诚度。

在新时代背景下，人力资源管理面临着前所未有的机遇和挑战。如何在技术进步与人文关怀之间找到平衡点，如何构建一个人机协同的工作环境，如何通过创新管理方法提升组织的整体竞争力，这些都是人力资源研究者和从业者需要认真思考的问题。

第四节 人力资源多学科及交叉研究

人力资源管理研究天然就是多学科的，从其产生之初到发展的各个阶段，都与其他诸多学科交叉融合。彼得·德鲁克指出，“和其他所有资源相比较而言，唯一的区别就是它是人”，这在步入知识经济的今天显得尤为重要。正因为这一特点，大多数的研究或研究的结果都与人相关，无论其是否是社会科学。尽管人力资源管理主流研究一直在社会科学中管理学领域进行，但由于人力资源管理研究涉及“人”这一核心要素，在其他诸多学科中也存在很多的相关研究。行为科学理论的兴起促进了人事管理将注意力从“事”转到“人”，并日益成为现代的人力资源管理。这就更加促进了人力资源管理研究关于“人”这一核心要素的交叉融合。现代人力资源管理是从传统的人事管理发展演化而来的。传统人事管理关注焦点在“事”，而不是“人”，表现在生产管理中，以人的时间－动作研究为核心，使人适应机器或生产线要求，最大限度地提高生产率；员工被视为机器的附属物，从属于机器的运转或生产线的运行。

尽管关于人力资源的主流研究一直在社会科学领域进行，但在社会科学体系之外，人力资源管理研究也广泛存在，这些“非主流”研究正在越来越多。例如，生命科学和临床医学等领域会通过生理指标监测分析员工的压力、情绪及其与工作效率的关系；人文与艺术领域则会从文化、哲学甚至宗教角度对人力资源进行研究。

目前大多数研究文献都聚焦于社会科学范畴内，在交叉领域人力资源管理相关的研究虽也不少，但基本都局限于一个非常具体的研究点上，而缺乏系统全面的综述，特别是从多学科角度对人力资源管理研究进行的综述。事实上，在社会科学之外，存在大量从不同视角运用不同方法对人力资源进行的相关研究，因此，本研究尝试跳出社会科学体系，聚焦于社会科学体系之外与人力资源管理交叉的相关研究，通过文献计量及文本内容分析等手段辅助对社会科学体系之外的人力资源管理研究进行综述。

本研究将提供以下几方面的贡献：一是展示人力资源相关研究在各学科领域的分布情况图；二是展示人力资源研究各学科间的知识流图；三是逐一分析人力资源相关的社会科学以外的五大学科体系对人力资源的研究综述；四是提供其他学科对人力资源研究的借鉴与参考。

从社会科学体系之外审视人力资源管理研究有很多特点：第一，各学科有各自的关注重点，这将为从不同侧面审查人力资源管理提供特别视角，进而拓展人力资源管理研究视野；第二，不同学科有不同的研究范式，这将为审视人力资源管理研究体系提供研究思路和方法方面的借鉴和思考；第三，分析比较不同学科对人力资源管理相关的研究有助于连接不同领域的学者，加强沟通与合作，进而在跨学科领域对人力资源管理研究提供交流和帮助。

参考文献

[1] 赵曙明. 人力资源管理研究[M]. 北京：中国人民大学出版社，2001.

[2] DRUCKER P F. The practice of management [M]. New York: Harper & Brothers, 1954.

[3] KAUFMAN B E. The historical development of American HRM broadly viewed [J]. Human Resource Management Review, 2014, 24(3): 196 – 218.

[4] KOLDYSHEV M V, STOLIARUK K S, SHPYNKOVSKYI O O, et al. HR

management efficiency factors and their impact on creation of a commercial innovative product [J]. Journal of Management Information and Decision Sciences, 2021, 24(6): 1 – 8.

[5] MILES R E. Human-relations or human-resources [J]. Harvard Business Review, 1965, 43(4): 148 – 153.

第二章

研究数据、方法与框架

研究的基础在于数据，本研究以文献大数据为基础设计整体研究框架，主要包括如何界定社会科学之外的人力资源管理研究、边界划分的依据是什么。这可以分为三个子问题：如何找到社会科学之外的人力资源管理相关研究？如何对这些研究工作进行分类？如何处理数据？本章重点介绍本研究核心研究用到的人力资源管理及其相关领域近40年的高水平学术文献数据基础、定量文献分析相关方法，以及整体研究设计与分析框架。

第一节　研究数据

一、文献收集方法

本研究基于引用与被引用关系，而不是简单的关键词搜索，对文献以滚雪球方式进行收集分类，主要按下面三个步骤进行（见图2－1）。

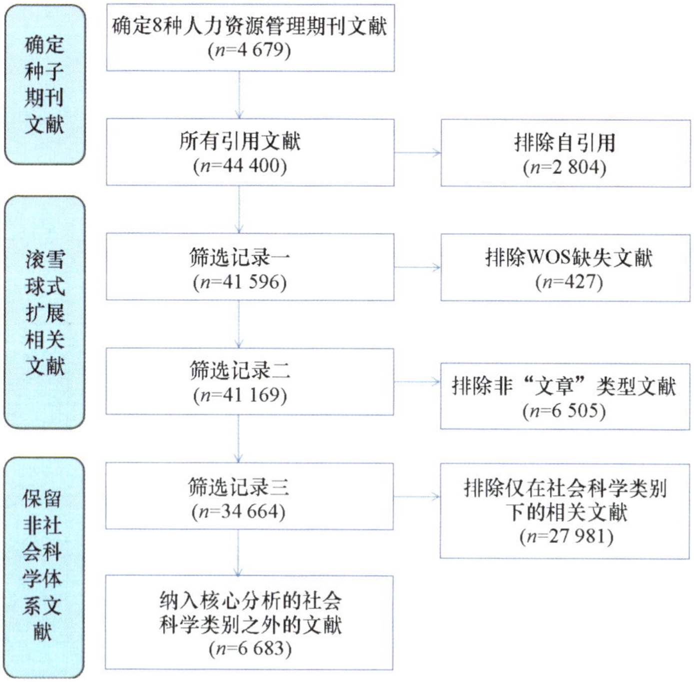

图 2－1　文献数据收集

步骤一：确定种子期刊和文献。本研究在 2019 年期刊引证报告（journal citation report，JCR）中“管理”（“management”）学科类别下，挑选标题包含关键词“人力资源”（“human resource”）的期刊，其中有 8 种聚焦于研究性文献，期刊名及其具体情况如表 2－1 所示。基于 Web of Science（WOS）数据库收录的这些期刊的文献，限定语言为“英语”（“English”）、类型为“文章”（“article”），选出自 1984 年至 2018 年底被收录，在这 8 种人力资源期刊上发表的 4 679 篇论文。

表 2-1　管理领域人力资源相关期刊

序号	期刊名	ISSN	出版单位
1	*Human Resource Management Review* 《人力资源管理评论》	1053-4822	Elsevier
2	*Human Resource Management* 《人力资源管理》	0090-4848	Wiley
3	*International Journal of Human Resource Management* 《国际人力资源管理期刊》	0958-5192	Taylor & Francis
4	*Human Resource Management Journal* 《人力资源管理期刊》	0954-5395	Wiley
5	*Human Resource Development Review* 《人力资源开发评论》	1534-4843	Sage
6	*Human Resource Development Quarterly* 《人力资源开发季刊》	1044-8004	Wiley
7	*Asia Pacific Journal of Human Resources* 《亚太人力资源期刊》	1038-4111	Wiley
8	*German Journal of Human Resource Management* 《德国人力资源管理期刊》	2397-0022	Sage

步骤二：确定相关研究文献。本研究以文献引用为相关性的依据，将引用过上述4 679篇中任意一篇的文献视为相关文献。同样，限定文献语言为“英语”（“English”）、类型为“文章”（“article”），时间截至2018年底，并去除自引文献，共统计出41 596篇文献。其中在WOS数据库可用的共计34 664篇。本研究将此34 664篇文献确定为相关文献。

步骤三：区分社会科学之外的文献。根据WOS数据库对学科的分类体系确定文献的对应学科，选取学科类别不是社会科学的其他学科下的文献。在34 664篇相关文献中，有6 683篇文献属于社会科学体系之外的学科，这些文献分布在159个学科类别下。这6 683篇文献是本研究社会科学领域之外分析的主要数据源。

从获取数据的步骤，可以将所有人力资源相关文献分为两个部分：一是核心部分，即发表在 8 种人力资源期刊上的论文，为描述方便，本研究称之为核心文献，共计 4 679 篇；二是引用这些核心文献的论文，本研究称之为相关文献，共计 34 664 篇。在这 34 664 篇文献中，有部分论文发表在社会科学期刊类别之外，本研究称之为非主流人力资源研究文献，共计 6 683 篇。

二、数据预处理方法与流程

在获取数据后，数据中常常会包括一些缺失值、噪声或异常点，为了得到能够用于学者学术影响力评价的可用数据，数据预处理工作显得尤为重要。数据预处理包括数据清洗、数据规范化和信息提取。主要工作有筛选去重，处理异常值、缺失值，统一不规范的录入等。

文献数据预处理方面，本研究较多的统计分析都是基于对文献标题、关键词和摘要等文本的分析。在处理这些文献文本数据之前，在数据预处理方面采取了合并同义词、合并简称和全称、统一英式和美式英语拼写、大小写统一转换、词干提取、词形还原、停用词去除、噪声去除和文本增强等文本预处理措施。这些处理方法的应用能够有效地提高数据的质量和准确性，为后续的统计与文献分析提供可靠的基础。

合并同义词：在人力资源管理领域的员工调查研究中，经常会遇到员工使用不同的词汇来表达相同的意思。通过合并同义词，可以减少重复和冗余的信息，提高文本分析的准确性。例如，在员工满意度调查中，将“满意”“满意度”“满足”等同义词合并为一个统一的关键词，从而更好地理解员工对工作环境的评价。

合并简称和全称：在人力资源管理研究中，常常会遇到使用简称和全称来表示相同概念的情况。通过将简称和全称合并为一个标准形式，可以减少文本中的冗余信息，并使得分析更加一致和准确。在大量的人力资源文献数据中，同一概念经常涉及多个意思差不多的词。比如，对“多国合作”这一主题，文献关键词中就包括了“MNCs”“multinational corporations（MNCs）”“multinational corporation（MNC）”“MNC”等多种形式。

统一英式和美式英语拼写：在人力资源管理研究中，跨国公司常常存在英式和美式英语拼写的差异。为了保持一致性，对文本数据进行拼写统一处理。例如，人力资源管理中组织行为学相关研究主题的“行为”一词，本研究统一将英式英语中的“behaviour”转换为美式英语中的“behavior”。此外，还将英式英语中的“colour”转换为美式英语中的“color”，将英式英语中的“organise”转换为美式英语中的“organize”。

大小写统一转换：本研究采用了 python 对本文献数据库进行处理，而 python 是大小写敏感的语言，因此，本研究将所有文献文本数据都转换为小写，这是最简单且最有效的文本预处理形式之一。

词干提取：词干提取是将词的变化形式（如“troubles”“troubling”）简化为其词根形式（如“trouble”）的过程。在这种情况下，“词根”可能不是真正的词根，而只是原始词的规范形式。例如，将“performing”和“performed”都简化为“perform”，以便聚焦人力资源绩效相关研究。

词形还原：词形还原与词干提取非常相似，其目标是去除变形并将单词映射到其词根形式。唯一的区别是，词形还原试图以正确的方式进行。它不只是删掉某些内容，而是将单词转换为实际的词根。

停用词去除：停用词指使用过于频繁、在信息检索时不宜作为主题词的单词，如英语中的“a”“the”“is”“are”等。通过去除停用词，文本中低信息词被删除，从而使研究更专注于重要的词。

噪声去除：噪声去除是指去除可能干扰文本分析的字符、数字和文本片段的过程，包括文献中存在的一些拼写错误。去噪是文本预处理中最重要的步骤之一，它也高度依赖于所处的领域。

文本增强：文本增强是指使用缺失的信息来扩充原始文本数据。文本增强可以为原始文本提供更多的语义信息，从而提高其预测能力，并使得对数据执行的分析更加深入。

基于以上预处理方法，按照以下预处理流程，本研究构建了一个统一的人力资源学术研究文献数据集，为后续的统计分析提供了可靠的基础。这些预处理措施消除了文本数据中的噪声和冗余信息，使得对关键词和文本的分析更加准确和可靠。

（1）数据切分与整合

对数据集中的每一条引文数据的作者信息进行切割，并按照作者发文量及单篇文献被引量进行降序排序，将以论文为单位的各条引文数据的各特征属性切分为多条以作者和论文为单位的数据。

对于切分完成的数据集，每一行数据可表示为 $A_i = \{A_{i1}, A_{i2}, \cdots, A_{ij}\}$，其中 $A_{ij} = \{A_{ij1}, A_{ij2}, \cdots, A_{ijn}\}$，表示作者 i 的第 j 个属性的取值序列，各属性的取值序列内的取值均按作者发文量及单篇文献被引量降序排序，A_{ijn} 为该作者第 j 个属性的第 n 个取值，是数据整合之前该作者第 n 条引文数据中第 j 个属性的取值。

（2）数据清洗

由于在数据预处理的过程中存在噪声数据、不正确数据、空值数据等“脏”数据，这类数据将有可能影响后续的实验，因此，为了提高数据的质量，本研究采取了6种方法对上一步整合得到的数据集进行清洗。

1）冗余数据清洗去重

原数据集的引文数据中可能会出现重复文献，故需要对其进行去重和合并。

2）删除不符合要求的相关数据

由于数据是通过引用8种人力资源管理主要期刊中的文献而获取的，因此其中可能包含了非人力资源管理研究的文献，如对数学、心理学等领域的方法的引用。而本研究主要对人力资源管理的学者进行学术影响力分析，因此要删除该类数据。

3）格式内容清洗

原数据集中有些属性存在一些格式内容，但由于原数据在填写和创建的过程中对于该属性的理解存在差异，导致显示格式不一致，如出版时间，大多数显示月份，有的具体到日期，有的显示季节，因此要对格式内容进行清洗。对该字段的处理是为了得到以月份为单位的团队组建时长数据，故只取月份信息，舍弃具体日期；对季节主要采用文本替换的办法，将“春、夏、秋、冬”分别替换成“3、6、9、12”。

4）缺失值填充和过滤

由于原数据集的一些属性存在不完整性，有一些空值和零值，为方便后续的数据分析和处理，对缺失值进行了处理。其中，数值型数据可用“0”填充，而在本研究所使用的数据集中，多数特征为字符型数据，用“0”填充不符合正常逻辑思维，个别属性如作者字段、作者地址字段可能出于种种原因而出现空值，无法进行学者学术影响力评价，便对缺失值数据进行了过滤。

5）非需求数据清洗

原数据集由于是论文引文数据，有部分属性在研究学者学术影响力评价时无法使用或无现实意义，如版本号、国际标准期刊号、数字对象标识符，便对这些非需求数据直接进行清洗去除。

6）检查并修正异常值

由于原数据集多是先由人工收集再上传，存在不准确、不合逻辑和不完整的情况。对于这些异常值，即那些明显不合常理的数据值，如论文开始页、结束页中出现“+”和文本型数据，进行及时检查和修正，以便后续数据分析过程得到可行的结果。

（3）数据筛选

经过统计分析，原数据集中多数作者的数值型数据相似，如88%的作者的发文量、被引量低于2，导致数据排序过程中出现大量并列排名的情况。为了提高排名聚合的效率，本研究对数据集中的作者进行筛选，去除发文量、被引量等属性低于2的作者，保留高产、高引学者文献数据。图2-2为数据预处理流程图，其中A为作者数量，n为数据维度。

经过上述预处理工作，本研究所使用的数据集的质量得到了很大改善，确保了数据集的准确性、完整性和一致性，也便于后续研究工作的开展，有利于得到优质可靠的研究结果。

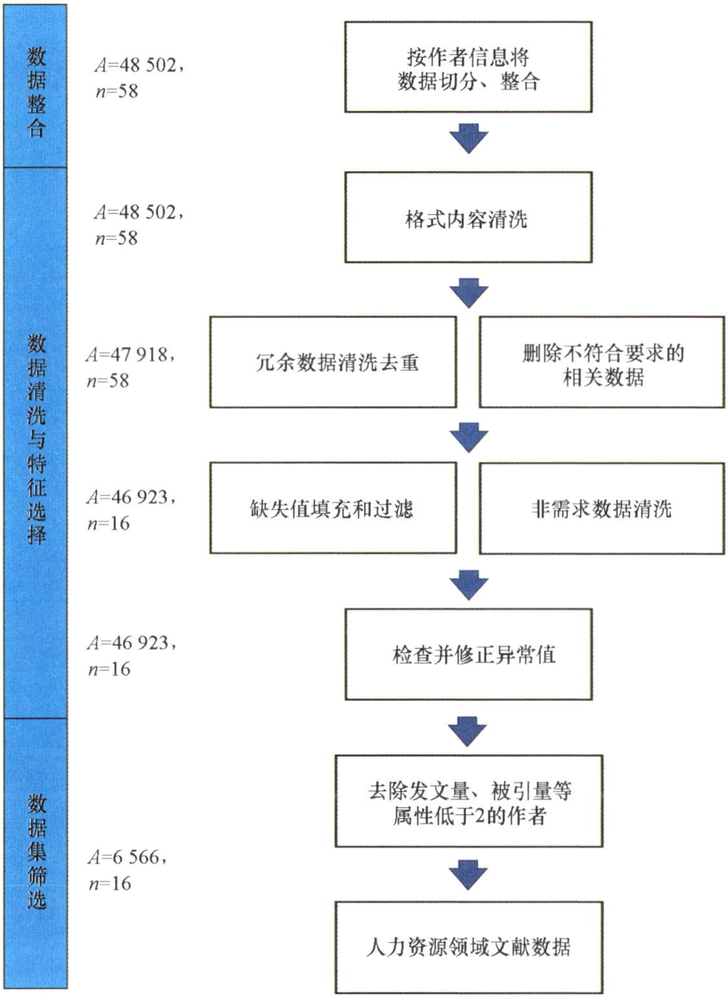

图 2－2　**文献数据预处理流程**

三、文献数据编码

Web of Science 核心数据库是获取全球学术信息的重要数据库，共收录了12 000 多种世界权威、高影响力的学术期刊，涵盖自然科学、工程技术、社会科学等领域，由科学引文索引（science citation index，SCI）、社会科学引文索引（social sciences citation index，SSCI）等几个重要部分组成。其中 SCI 历来被全球学术界公认为最权威的科技文献检索工具，提供科学技术领域最重要的研究信息。通过 WOS 核心数据库，可以全面了解某一研究的起源与历史，或者追踪其最新研究进展。本研究基于如下假设：WOS 核心数据库对各领域的研究有代表性。因此，本研究所用引文数据全部来自该数据库。

基于 WOS 数据库的数据，本研究对每篇文献编码的内容包括标题、关键词、摘要等，还包括作者相关信息、文章发表年份、WOS 类别、发表的期刊、被引频次、引用的参考文献等。表 2－2 展示了文献数据中各主要字段的含义，并以"The use and impact of human resource information systems on human resource management professionals"这篇文献为例展示了具体实例及含义。

表 2－2　文献数据信息及编码

字段	含　义	示　例
PT	载体类型	J（期刊）
AU	作者	Hussain Z，Wallace J，Cornelius N E
AF	作者全名	Zahid Hussain，James Wallace， Nelarine E. Cornelius
TI	文献标题	The use and impact of human resource information systems on human resource management professionals
SO	期刊名称	Information & Management
DT	文献类型	Article
PY	出版年	2007
AB	摘要	Human resource information systems（HRIS）usage allows the human resource（HR）professional to become a ……
C1	作者地址	Univ. Bradford，Sch. Management，Bradford BD9 4JL，W Yorkshire，England. ……

续表

字段	含　义	示　例
RP	通讯作者地址	Wallace J (reprint author), Univ. Bradford, Sch. Management, Emm Lane, Bradford BD9 4JL, W Yorkshire, England.
CR	引用的参考文献	[1] BALL K, 2000, PERS REV, V30, P677 [2] …… ……
NR	引用的参考文献数	34
Z9	被引频次合计（WOS 核心数据库、BIOSIS Citation Index、Russian Science Citation Index、SciELO Citation Index）	54
U1	180 天内使用次数（该文得到访问或保存的次数）	7
U2	2013 年至检索日使用次数（该文得到访问或保存的次数）	43
UT	入藏号	WOS：000243743300007
DE	关键词	human resource information systems (HRIS), HRIS taxonomy, non-strategic and strategic HRIS usage, strategic partnership, professional standing
ID	标识关键词（WOS 自动生成）	PERFORMANCE, HR
WC	WOS 类别	Computer Science, Information Systems, Information Science & Library Science, Management
SC	研究方向	Computer Science, Information Science & Library Science, Business & Economics

第二节 研究方法

一、文献计量方法

文献计量分析是一种跨学科的科学方法，是运用数学与统计学的技术手段对知识载体进行定量分析。它融合了数学、统计学及文献学的理论，专注于综合性知识体系的量化研究。文献计量学的核心在于对文献相关指标进行量化，如文献数量及其发展趋势、作者数量及合作网络、关键词共现频率及其语义关联等。文献计量分析通常采用以下几种方式。

（一）文献耦合分析

文献耦合分析是通过计算两篇或多篇论文共同引用的参考文献数量来衡量文献间的相似度。这一概念最早由美国学者开思勒（M. M. Kessler）于1961年提出，其在后续的研究中进一步阐述了这一概念。通过对《物理评论》（*Physical Review*）期刊上发表的论文进行引文分析，开思勒发现，学术内容相近的论文往往引用了更多的相同文献。因此，他提出当两篇或多篇论文引用同一文献时，这些论文之间便存在耦合关系，并定义这种现象为“文献耦合”。如图2-3所示，被引用文献起到了连接表面看起来不相关的论文的作用，揭示了它们在学术内容上的潜在联系。例如，如果论文A和论文B都引用了文献C、D、E和F，则认为A和B之间存在耦合关系。在人力资源政策研究中，文献耦合分析可以帮助识别不同研究论文之间的引用模式，从而揭示该领域的核心研究方向和热点问题。

为了更精确地量化文献间的耦合程度，开思勒引入了“耦合强度”这一概念。具体来说，若论文A和论文B同时引用了文献C，则A和B之间的耦合强度为1；若A和B还同时引用了另一文献D，则它们的耦合强度增加至

2，依此类推（耦合强度具有累加性）。图 2－3 所示的文献耦合强度为 4。耦合强度越高表明文献间在学术内容上的联系越紧密。借助耦合强度，可以识别出由高耦合强度论文组成的集群，并探索集群间的关系密度。此外，文献耦合分析的应用范围还可以扩展到期刊、作者、机构乃至地区或国家层面。

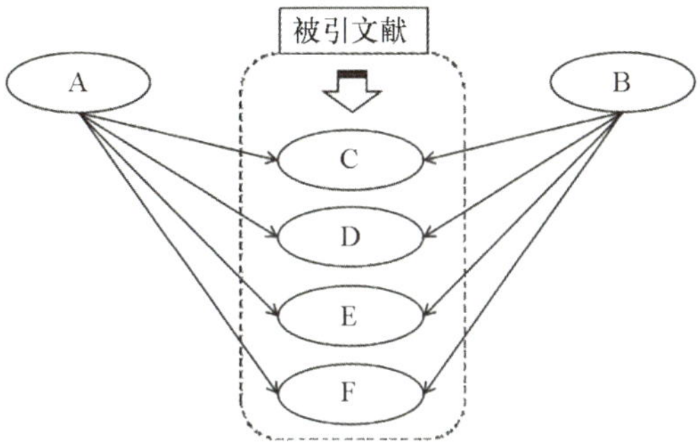

图 2－3　文献耦合示意图

（二）文献共被引分析

文献共被引分析是通过分析两篇文献共同被其他论文所引用的次数来测度这两篇文献之间的相关性。例如，在一项关于领导力发展的研究中，如果两篇文献都被其他研究引用了多次，那么可以认为这两篇文献在领导力发展领域具有一定的关联性。具体而言，是通过两篇文献共同被引的次数来测度文献之间的相关性。如图 2－4（b）所示，当施引论文 C、D、E、F 共同引用了文献 A 和 B，那么 A 和 B 就构成了共被引关系，共被引强度为 4。例如，在人力资源管理的员工福利研究中，通过文献共被引分析，可以帮助识别那些在员工福利研究领域被其他研究者广泛引用的研究论文，进而揭示这些论文对于该领域的重要性和影响力。类似地，共被引分析同样也可以拓展到期刊和作者的共被引分析。

值得注意的是，与文献耦合分析相比，共被引分析具有动态特性，因为随着时间的推移，文献被引用的情况会不断发生变化。因此，共被引分析更适合用于追踪科学文献的内在联系和发展趋势，以描绘科学研究的动态结构。

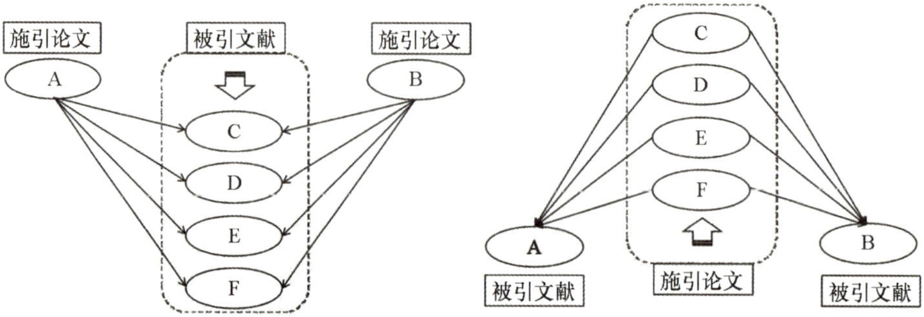

(a) 文献耦合分析
(施引论文 A 和 B 是相关的，因为它们
都引用了文献 C、D、E 和 F)

(b) 文献共被引分析
(被引文献 A 和 B 是关联的，因为它们
都被论文 C、D、E 和 F 引用了)

图 2-4 文献耦合与共被引分析

例如，CiteSpace 软件利用共被引网络来识别科学领域的转折点、研究前沿和发展趋势；而 VOSviewer 则使用一种基于关联强度的聚类算法，通常应用于高频关键词的可视化，以更直观地展示各研究对象之间的关系。这些工具使得研究人员能够更好地理解科学活动的演变过程及其内在逻辑。

(三) 作者合作分析

合作分析是一种量化研究合作的方式，有助于了解学术界的合作模式、研究网络的形成以及知识的传播路径。通过分析作者在发表的论文中共同署名的情况，可以揭示他们之间的合作关系。这种分析不仅适用于个人层面，还可以扩展到机构乃至国家/地区之间的合作。通过构建合作网络图谱，可以看到哪些作者、机构或者国家/地区之间有较强的合作关系。这种网络图谱可以进一步用于识别研究领域内的关键人物、研究团队以及合作集群，甚至可以用来评估某些研究机构或国家/地区在全球研究网络中的地位。

在人力资源管理研究中，如果几位作者在多篇关于团队绩效的论文上共同署名，那么可以推测他们在这一领域有着密切的合作，并且他们的研究兴趣和方向很可能是一致的。例如，在团队绩效的研究中，如果两位作者的名字频繁出现在同一份出版物上，那么这两位作者可能属于同一个研究小组或者有长期的合作关系。这种合作关系不仅反映了他们在研究上的协作，也可能意味着他们在资源分享、数据收集、理论发展等方面有着紧密的联系。通过这样的分析，研究人员和政策制定者可以获得对学术生态系统的深刻洞察，从而更好地促进跨学科合作和国际交流。

（四）共词分析

共词分析，也称共现分析，是一种通过统计主题词、关键词等在文献中共同出现的次数来衡量它们之间的相似性或关联强度的方法。共词分析方法通常包括以下步骤：首先，收集包含特定主题的一组文献；接着，从每篇文献中提取关键词或主题词；然后，统计每组关键词在文献中共现的次数，形成一个共现矩阵；之后，应用统计方法（如因子分析、聚类分析等）来揭示关键词之间的潜在结构；最后，通过可视化技术将关键词间的共现关系展现为网络图，以便更直观地理解关键词之间的联系。

在人力资源管理研究中，共词分析可以帮助揭示不同研究领域之间的联系。例如，在关于员工参与度的研究中，如果多篇论文频繁出现了诸如“员工参与”“组织文化”“领导行为”等关键词，那么这些关键词之间的共现可以揭示它们在员工参与度研究中的关联性。这种分析有助于识别研究领域内的主要概念框架和热点话题。此外，通过共词分析，研究人员可以识别出哪些关键词组合在一起出现得最频繁，这有助于理解研究领域的结构和演化。例如，“员工参与”“组织文化”“领导行为”这几个关键词在多篇论文中共同出现，那么这可能表明这些因素在员工参与度研究中具有重要的作用。这样的分析结果可以帮助研究者聚焦于关键议题，同时为未来的研究提供了有价值的线索。

（五）引用分析

引用分析是一种基于论文相互引用次数的文献计量学方法，旨在分析两篇论文因直接引用而产生的联系。与之前的文献耦合分析和共被引分析不同，引用分析侧重于直接引用关系，而耦合和共被引分析都是针对其他论文施引或者被引导致的关系。引用分析同样可以应用于机构、国家、作者、期刊层面。在人力资源管理研究中，可以通过分析论文、机构、国家、作者、期刊之间的引用关系，来研究不同研究领域、国家、机构、地域、期刊等之间的学术影响力和知识传播情况。例如，在一项关于员工离职率的研究中，如果多篇论文都引用了同一篇关于员工离职率的经典研究论文，那么可以认为这些论文之间也存在一定的相关性或相似性。

以上是常见的文献计量学分析方法。在进行文献计量学分析时，需要遵循一定步骤，以确保研究的准确性和可靠性。

首先，明确研究目的和范围，如探索人力资源管理领域中的特定主题的研究热点或趋势，或评估不同研究领域之间的关联性。

接着，根据研究目的和可用数据选择适当的文献计量学分析技术，如文献耦合分析、共被引分析、作者合作分析、共词分析和引用分析等。

然后，在人力资源管理研究中收集相关论文的引用信息、作者合作情况、关键词使用情况等数据，并使用文献计量学软件和工具进行统计和分析。

最后，进行文献计量学分析总结，并结合人力资源管理的实际问题总结研究结果，提出相关的建议和支持决策，研究结果有助于促进学术交流和知识分享，推动学科的融合发展和创新，从而帮助研究人员深入了解学术领域的结构和发展趋势，并为未来的科研工作提供指导和支持。

二、基于文献计量方式的人力资源领域研究

针对人力资源管理研究的定性综述文献非常多，一般综述都是基于对大量文献的总结和阐述得出观点。目前，人力资源管理研究的综述包括总结性综述、领域综述、比较综述等，从形式上看，包括叙述性综述和结构性综述等。

在宏观层面，多项领域级叙述性综述试图从方法、历史和理论立场维度对人力资源领域发展做出总结。但是，传统社会科学研究中这种叙述性综述通常

带有较强的主观性，与学者的知识结构和接触、阅读的文献偏好等息息相关，更像是基于印象而不是无偏地系统总结，因此其描述和结论的有效性值得怀疑。实际上，在人力资源管理的叙述性综述中考虑了许多问题。例如，该领域的主要专题领域是什么？哪些主题受到最多的研究关注？该领域的各种文献整合程度如何？而这些问题完全可以通过文献计量方式来无偏地定量分析。

与叙述性综述相比，结构性综述的方法有所不同。结构性综述具有宏观重点，并使用某种形式的量化来考虑多个主题文献的模式。一些以结构性综述为方法的研究试图用各种方式对人力资源管理领域进行整体剖析，并确定其子领域，这些研究是对人力资源管理主要类别的断言的实质性改进，这些断言同样没有基于定量分析比较。

虽然前人基于文献计量对人力资源研究文献分析做了大量工作，但这些分析都有较大局限性。首先，他们对人力资源管理领域的结构审查倾向于依靠直觉来确定人力资源管理学者的主要类别，并依靠主观评估将主题和文章分配给这些类别，可能无意中将固有偏见和错误描述引入他们的研究领域。例如，新的主题领域或作者不熟悉的主题领域可能会被忽略。事实上，鉴于人力资源管理文献的规模，主观确定的主题类别不可能充分和准确地代表该领域的主题内容和结构。相比之下，新的文献计量方法可用于系统地识别学术主题、更高层次的主题领域，以及主题领域的体系化分类。其次，少数试图实证确定主要人力资源管理主题领域的文章依赖于一两个期刊的文章样本，但这些仅代表人力资源管理文献的一小部分，这种利用非代表性样本得出的结论可能会歪曲事实。

传统综述方法一般而言总结文献规模有限，本研究主要关注具有一定文献规模的定量综述，用到的方法包括元分析、文献计量、引文分析等。

目前基于大规模文献对人力资源管理这一研究主题进行综述主要有两类方法：荟萃分析和文献计量分析。文献计量分析作为定量综述的一种方法，近年大受欢迎。表 2－3 列出了基于大规模文献对人力资源管理领域各类主题进行的综述，包括综合研究、垂直领域研究或地域性人力资源研究等。本部分将从方法层面和内容层面对相关工作加以综述。

表2-3 基于文献计量的人力资源领域综述

序号	研究主题	综合研究	垂直领域/地域	HRM子模块	其他研究
1	Organizational Behavior（组织行为）			√	
2	Organizational Behavior；Research Productivity Patterns（组织行为；研究生产力模式）			√	
3	Organizational Citizenship Behavior；Cultural Values（组织公民行为；文化价值观）			√	
4	China；Personnel Administration（中国；人事行政）	√	√		
5	Culture；Expatriate（文化；侨民）			√	
6	Hospitality and Tourism Industries（接待和旅游业）	√	√		
7	Green Human Resource Management（绿色人力资源管理）	√		√	
8	Hospital Nursing（医院护理）	√	√		
9	Construction；Engineering Management；Outsourcing（建筑；工程管理；外包）	√	√		
10	Hospitals；Organizational Environment（医院；组织环境）	√	√		
11	Hospital；Personnel（医院；人员）	√	√		
12	Automotive Industry；Job Analysis；Management Information Systems；North America（汽车工业；工作分析；管理信息系统；北美）	√	√		
13	Across Countries；International Human Resource Management（跨国；国际人力资源管理）	√	√	√	
14	Human Resource Development；Mediation Propensity Score Analysis；Q Methodology；Quantitative；Research Methods；Secondary Data Analysis；Social Networks；Theory Building（人力资源开发；中介倾向评分分析；Q方法论；定量；研究方法；二级数据分析；社交网络；理论建构）			√	

续表

序号	研究主题	综合研究	垂直领域/地域	HRM子模块	其他研究
15	Cross-sectional Research; Evidence-based Management; Experimental Designs; General Hierarchy of Evidence; Human Resource Development; Mediated Designs Retrospective Pretest（跨部门研究；循证管理；实验设计；一般证据等级；人力资源开发；中介设计回顾性预先测试）			√	
16	Public Service Motivation; Intrinsic Motivation; Pro-social Motivation（公共服务动机；内在动机；亲社会动机）			√	√
17	*Journal Human Resource Management*（《人力资源管理期刊》）	√			
18	International HRM; Global Organization; Human Capital; Supply Chain（国际人力资源管理；全球组织；人力资本；供应链）	√			√
19	*International Journal of Human Resource Management*（《国际人力资源管理期刊》）	√			
20	HRM（人力资源管理）	√			
21	Quantitative and Qualitative Review; Meta-analyses（定量和定性审查；元分析）	√			√
22	*International Journal of Human Resource Management*（《国际人力资源管理期刊》）	√			
23	HRM; Research-practice Gap; Science Mapping（人力资源管理；研究实践差距；科学图）	√			
24	Devolution; Devolvement; Line Managers; Mixed（移交；开发；直线经理；混合）	√			
25	Cross-sectoral Comparison; HRM Practices; Individual Performance; Public Management; Semipublic Sector（跨部门比较；人力资源管理实践；个人绩效；公共管理；半公共部门）	√	√		

续表

序号	研究主题	综合研究	垂直领域/地域	HRM子模块	其他研究
26	Knowledge Management（知识管理）			√	√
27	Human Capital；Intangible Asset（人力资本；无形资产）			√	
28	Path Dependence；State-of-the-art（路径依赖；最新进展）			√	
29	Career Development；Career Satisfaction；Employee Development；Labour Mobility；Organisational Behaviour（职业发展；职业满意度；员工开发；劳动力流动性；组织行为）			√	
30	Evidence Based Management；Knowledge Management Ontology；Personnel Selection（循证管理；知识管理本体论；人员甄选）			√	
31	IT Project；Knowledge Management Project Success（信息技术项目；知识管理项目的成功）			√	√
32	Corporate Governance；Knowledge；Knowledge Governance；Knowledge Management（公司治理；知识；知识治理；知识管理）			√	
33	Knowledge Management；LDA；Topic Modeling（知识管理；潜在狄利克雷分配；主题建模）			√	
34	Cognitive Conflict；Cognitive Diversity；Top Management Teams（认知冲突；认知多样性；高层管理团队）	√		√	
35	DLOQ；Human Resources Development（学习型组织维度问卷；人力资源开发）			√	
36	Gender；Job Performance（性别；工作业绩）			√	√
37	Culture；Gender Diversity；GLOBE Performance；Teams（文化；性别多样性；全球表现；团队）			√	√

续表

序号	研究主题	综合研究	垂直领域/地域	HRM子模块	其他研究
38	Expatriate Adjustment; Expatriate Performance; Expatriate Stress; Expatriate-related Perspective; Family-related Perspective; Social Capital（外派员工适应性；外派员工绩效；外派员工压力；外派员工视角；家庭视角；社会资本）			✓	
39	Higher Education Institutions; Talent Management Practices（高等教育机构；人才管理做法）		✓	✓	✓
40	Phenomenon-driven Research; Talent Management（现象驱动研究；人才管理）			✓	
41	Retention Strategies; Talent Management; Work-life Balance（留用战略；人才管理；工作－生活平衡）			✓	
42	Emotional Intelligence（情商）			✓	✓
43	Emotional Intelligence Training（情商训练）				✓
44	Emotional Dissonance; Emotional Labor（情绪失调；情绪劳动）				✓
45	Knowledge Mapping; Training（知识图；培训）			✓	
46	Future Competences; Industry 4.0; Smart Factory（未来竞争力；产业 4.0；智能工厂）				✓
47	Academic Librarian; Turnover（学术馆员；员工更替）		✓	✓	✓
48	Nurses; Turnover; Workforce（护士；更替；劳动力）		✓	✓	✓
49	Collective Turnover; Organizational Performance; Retention（集体更替；组织业绩；留用）			✓	
50	*British Journal of Industrial Relations*（《英国工业关系杂志》）	✓	✓		
51	Sustainable Development; Sustainable HRM（可持续发展；可持续人力资源管理）	✓		✓	

续表

序号	研究主题	综合研究	垂直领域/地域	HRM子模块	其他研究
52	Health and Safety; Health Behaviors; Mental and Physical Well-being; Physician Burnout; Work Engagement（健康与安全；健康行为；身心健康；医生精疲力竭；工作投入）		✓	✓	
53	Burnout; Job Satisfaction; Radiologist Burnout; Work Life Balance（精疲力竭；工作满意度；放射科专家精疲力竭；工作生活平衡）		✓	✓	
54	HR-enhancing Practices; SME（人力资源改善实践；中小企业）		✓	✓	
55	HRM Practices; Organizational Performance（人力资源管理实践；组织绩效）		✓	✓	
56	Performance; Stress（绩效；压力）			✓	
57	Human Capital; Intangible Activity Evaluation; Scientific Performance; University Management（人力资本；无形活动评价；科学绩效；大学管理）		✓		✓
58	Performance; Rewards（绩效；奖励）			✓	
59	Organizational Performance（组织绩效）			✓	
60	Performance Measurement; Business Process Management（绩效计量；业务流程管理）			✓	
61	Goal Setting; Job Performance; Subconscious（目标设定；工作表现；潜意识）			✓	
62	Project Team Performance（项目团队绩效）			✓	
63	Rater Liking; Performance Ratings（评估者好感度；绩效评级）			✓	
64	Business Performance Measurement（业务业绩计量）			✓	
65	High Performance Work Systems; Organization Effectiveness（高绩效工作制度；组织效能）			✓	

续表

序号	研究主题	综合研究	垂直领域/地域	HRM子模块	其他研究
66	Contextual Variable；Organizational Performance（情境变量；组织绩效）			√	
67	Global Dispersion；Global Software Development；Performance；Software Quality（全球分散；全球软件开发；绩效；软件质量）		√	√	√
69	Community Health Workers；Human Resources for Health（社区卫生工作者；卫生人力资源）		√		
70	Firm Performance（企业绩效）			√	
71	Organization of Health Services；Organisational Development（卫生服务组织；组织发展）			√	
72	Creativity；Job Performance；Rewards（创造力；工作绩效；奖励）			√	
73	Human Capital；Supply Chain Management（人力资本；供应链管理）			√	√
74	Organization；Work-life Balance（组织；工作生活平衡）			√	
75	Culture；Job Characteristics；Job Satisfaction；Power Distance（文化；工作特征；工作满意度；权力距离）			√	
76	Employees；Job Satisfaction；Turnover Intention（员工；工作满意度；离职意向）		√	√	
77	Age；HR Practices；Job Satisfaction（年龄；人力资源实践；工作满意度）			√	
78	Job Satisfaction；Social Comparison；Temporary（工作满意度；社会比较；临时雇员）			√	
79	Competency Modeling；Job Analysis；Work Analysis（能力建模；工作分析；工作分析）			√	

续表

序号	研究主题	综合研究	垂直领域/地域	HRM子模块	其他研究
80	China; Human Relations（中国；人际关系）			√	
81	High Performance Work Systems; Satisfaction; Endogeneity; Leadership（高绩效工作体系；满意度；内生性；领导力）		√		
82	Age; Absenteeism（年龄；旷工）			√	
83	People with Disabilities; Workplace Fairness（残疾人；工作场所公平）			√	
84	Common Mental Disorders; Prognostic Factors; Return to Work（常见精神障碍；预后因素；重返工作岗位）			√	
85	Time; Performance（工作时间；绩效）			√	
86	Positive Psychological Capital; Employee Attitudes and Behaviors; Job Performance（积极心理资本；员工态度与行为；工作表现）			√	
87	Boards of Directors; Strategic Leadership; Performance; Upper Echelons（董事会；战略领导；业绩；高层）			√	
88	Organizational Outcomes; Mediating Mechanisms（组织成果；调解机制）			√	
89	Meta-analysis; Human Resource Management Research（元分析；人力资源管理研究）			√	
90	Ageing; Motivation; Older workers（老龄化；动机；老年工人）			√	
91	Older Workers; Psychological Contracts（老年工人；心理契约）			√	
92	Ageing Workforce; Labour Market; Organization（老龄化劳动力；劳动力市场；组织）			√	
93	Aging; Ergonomics; Urban Development（老龄化；人体工程学；城市发展）				√

续表

序号	研究主题	综合研究	垂直领域/地域	HRM子模块	其他研究
94	E-Health; Health Care Management; Human Resource Information Systems（电子保健；保健管理；人力资源信息系统）			√	
95	High-performance Work Systems; HRM Bundles（高性能工作系统；人力资源管理包）			√	
96	High-performance Work Systems（高性能工作系统）			√	
97	E-human Resource; E-people; E-worker; Organizations（电子人力资源；电子人员；电子工人；组织）			√	
98	CV Database; Argentine Researchers; Latin-American Model; R & D（CV 数据库；阿根廷研究人员；拉丁美洲模式；研究与发展）		√	√	√
99	Interrater Reliability; Practitioner Research; Publication Bias; Replication（中介可靠性；从业人员研究；出版偏差；复制）			√	
100	Cross-culture; Emotional Intelligence; Leadership Organizational Citizenship Behavior（跨文化；情感智能；领导组织公民行为）			√	

研究中，一共选取了 100 篇基于荟萃分析和文献计量分析方法的人力资源管理综述文献。根据内容涉及范围可分为综合类、具体子领域或地域类、人力资源管理事务性功能综述、与其他领域交叉研究的综述，各类型之间存在一定交叉。从这 100 篇文章的关键词分布统计结果来看，大多数计量型综述文献聚焦于事务性人力资源管理主题。

荟萃分析和引文分析各有优点。荟萃分析是全面文献回顾的方法之一，这一方法也在人力资源管理研究领域应用广泛。荟萃分析是一个有价值的工具，因为：①与单项研究相比，荟萃分析能够对大规模研究中存在的关系进行更全面更可靠的审查；②估计更精确，研究数据和统计能力都大幅增强；

③假设检验和与期刊相关的偏差可以被检查；④它有助于解决研究中的不一致，并确定潜在的调节或中介变量。

引文分析，作为审查和评价科学文献的一种方法，越来越多地被用于研究一个科学领域和学科的结构和发展全貌。这一方法具有以下优点：①数据量大且全面，一般会涉及一个或多个引文数据库中某一主题的全部或某一个时间段的内容；②统计结果客观，它一般是对全量数据集的统计，能够有效避免采样偏差；③可进行包括合作网络在内的复杂计量分析，具体而言，它们包括文献计量学方法中的引文分析、共被引分析、文献耦合分析、合作分析等；④展现方式更为直观多样，除了基本的统计图表，文献计量也能够以图谱的方式展示研究领域的知识结构、合作关系等传统手段难以展示的方面，给研究人员提供更为直观的视觉结果及地图导航，这对领域新入门的研究者尤其重要。

然而，这两种方法同时也存在诸多缺点。具体而言，荟萃分析的结果可能受到以下因素的限制：①纳入分析的研究样本不完整或有偏差；②缺乏内部、外部、构建和统计结论有效性的研究；③小样本研究依然广泛存在；④研究中使用的方法的异质性可能导致错误的推论。引文分析也存在一定的局限：①分析深度不够，往往容易浮于表面，缺乏对框架和理论深层次的分析提炼；②对同一概念或研究主题因为使用了不同的文字表述而被识别为不同主题；③对数据源的依赖性太强，如果输入的数据是无效、错误或不完整的，那么任何基于该数据生成的分析、计算或决策都将受到影响。

总体来看，在人力资源管理领域，基于文献计量的大多数分析涉及的文献范围仍然有限，从更宏观的视角看，有一种“只见树木不见森林”的感觉。特别是人力资源管理文献通常具有一定的学科领域背景，侧重于研究关于特定主题或研究问题的内容。因此，学者们可能对整个领域存在着一个不完整的看法，这可能导致研究孤岛，难以在不同学科不同主题领域之间进行有意义的交流碰撞。此外，对人力资源管理领域的不完整的看法会限制学者发现研究机会的能力。

对文献的广泛扫描，有助于将研究领域的各个视角的工作联系起来以扩展科学的跨度。这样可以发现主题关系、研究趋势和互补能力，从而促进研究的发展。文献计量采用某种形式的量化和客观分析，通过以系统、透明和可重复的方式综合研究来改进审查过程，有助于克服传统综述文章主观、带偏见、凭印象描述等关键局限。

为尽量发扬这些方法的优点，避免其缺点，本研究采取混合方法的策略。首先，为避免数据覆盖不全，数据采集时不采用基于关键词的搜索方式，而是基于引用关系；并且，数据源按照分阶段多步骤滚雪球方式获取，基本保证广泛的覆盖面。其次，为避免数据源质量问题影响分析结果质量，对文献的质量依据引用量进行初步筛选，结合人工判别确定高质量的文献。再次，为避免因文字表述不同而识别为不同主题，研究伊始对文献文本进行了多项预处理，对关键词进行了统一。最后，为避免分析不够深入，对文献按学科分类归纳定性文献综述，尽可能保证综述的深入分析。

第三节　研究框架

一、研究假设

本研究主要有几个假设前提：

假设1：期刊名称包含“human resource”的期刊是人力资源管理核心研究文献的出版源。

假设2：WOS的期刊库涵盖了绝大部分高质量学术期刊，对于人力资源管理领域也是如此，具备较为全面的代表性。

假设3：如果文献A引用了文献B，则A与B研究相关。

二、期刊及发表趋势

在本研究采集的学术期刊文献中，出现“人力资源”命名的领域研究期刊《人力资源管理》（*Human Resource Management*）最早于1985年被WOS收录。但在早期的十年间，文献数量极少。图2－5按年份统计了人力资源领域核心期刊发文量和相关研究发文趋势，图2－6展示了8种核心期刊每年的发文量及趋势。

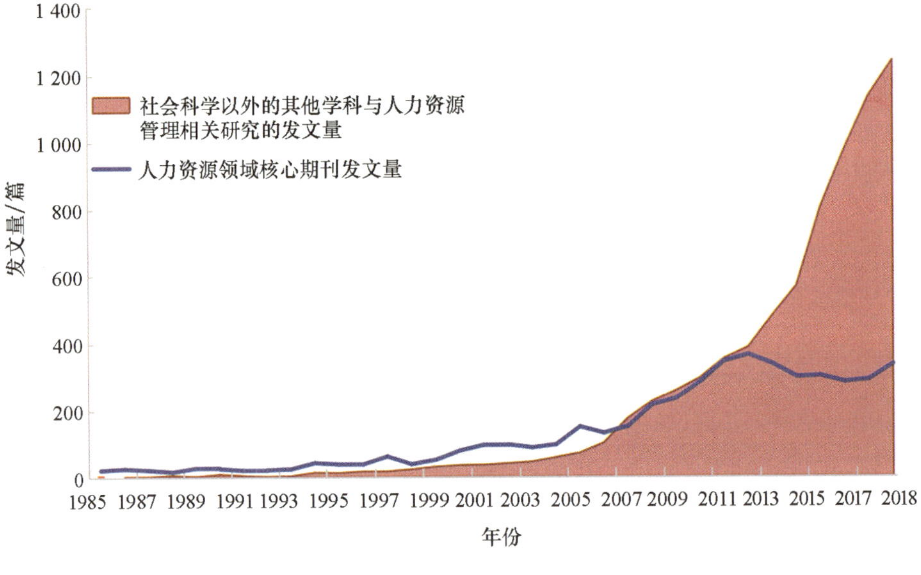

图2－5　人力资源领域核心期刊发文量和相关研究发文趋势

相比管理学领域的文献数量，社会科学以外的其他学科与人力资源管理相关的研究在2007—2018年呈现飙升之势，从图2－5中可以看到，进入21世纪以来，相关研究增长非常迅速，从2007年的不足200篇相关文献飙升到2018年的超过1 000篇。而图2－6中显示，管理领域的人力资源研究文献数量在经历了本世纪前12年的较快增长后变得较为平稳，2012年之后基本维持在每年300篇左右。

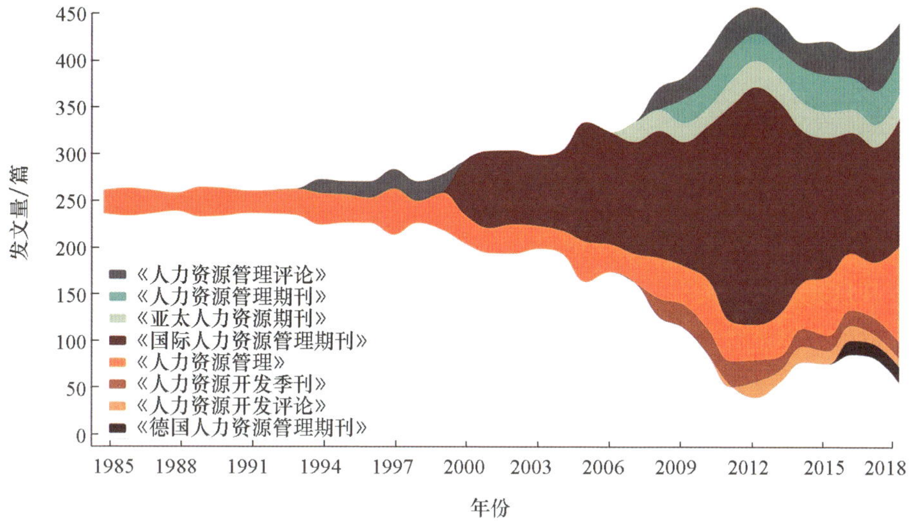

图 2－6　人力资源核心期刊年度发文量及趋势

三、研究文献学科划分依据

文献研究中，有很多不同的文献类型划分方法，本研究基于多学科视角，采用 WOS 的分类体系划分学科，采用 GIPP① 映射表（见附录 A）确定论文所属主要学科。这主要基于两点考虑：一是本研究的数据采集基于 WOS 数据库，用与之匹配的分类体系对类别划分更为准确；二是这一分类体系更符合学术研究的类别，并且考虑了学科类别的交叉和变化更新，这也是大多数研究中所采用的方式。

WOS 将研究领域划分为 6 个学科体系，具体领域又根据 GIPP 映射表细分到 237 类（2017 年数据）。具体而言，WOS 使用一个基本科学指标体系，包括自然科学和社会科学等主题类别下的所有学科领域，分为 6 个广泛学科，

① GIPP（Global Institutional Profiles Project），全球研究机构分类项目，是科睿唯安（即 SCI 检索数据库服务商 Clarivate Analytics，原汤森路透知识产权与科技事业部）采用的研究领域非常广泛的分类体系，该分类体系基于 WOS 学科类别的聚合形成。

即艺术与人文，临床、临床前与健康，工程与技术，生命科学，理学，社会科学。GIPP 映射表涵盖所有学术研究领域，并包含学科之间的重叠。GIPP 方案定期审查 WOS 主题领域与 GIPP 类别的映射，由此，WOS 主题领域可能会在下一年发生变化。每个研究领域都唯一地映射到使用 WOS 核心数据库建立的研究领域/期刊。研究者可通过查看每个研究领域描述中包含的映射来查看 GIPP 大类与 WOS 核心数据库中的类别之间的关系。

在这套分类体系下，人力资源管理主体属于社会科学类别下的管理子类别。具体分类及对应关系可参见 GIPP 学科分类体系及其与 WOS 研究领域的对应关系表（见附录 A）。

此外，一篇文章的学科是通过其所刊载的期刊来确定的，而有的期刊同时属于多个学科，这意味着一篇属于两个或两个以上学科的文章将被分配到每个学科。最终结果是，分别有 2 062 篇临床、临床前与健康，2 458 篇生命科学，2 724 篇理学，1 770 篇工程与技术，622 篇社会科学，255 篇艺术与人文学科的论文。需要指出的是，同一篇文献可能属于不止一个子学科类别，甚至存在跨大类别的可能，如《人力资源管理期刊》（*Human Resource Management Journal*）除了属于管理类，还属于工业关系与劳动力子学科类别，《人力资源管理》（*Human Resource Management*）和《人力资源开发季刊》（*Human Resource Development Quarterly*）也同时属于应用心理学。

四、热点与明星主题界定

本研究运用共现词网络，对所有文献的关键词进行了共现分析，以主题词出现频度（frequentness，F）、主题词共现网络中的节点度（degree，D）和节点中介（betweenness，B）三个指标来分析主题词不同方面的重要程度，根据三个指标列出频度和节点度较高的主题词。

（1）度中心性

度中心性（degree centrality）是在网络中刻画节点中心性的最直接的量化

指标。在共现词网络中，一个主题词的度越大，代表着这个主题词的度中心性越高，该主题词在网络中就越重要。

（2）中介中心性

中介中心性（betweenness centrality）指的是一个节点担任其他两个节点之间最短路径的桥梁的次数。一个主题词充当“中介”的次数越多，则该主题词的中介中心性就越大。

以频度和节点度两个维度看，可以将这些研究主题分为四类，即频度和节点度双高的明星热点主题，仅频度高的热点主题，仅节点度高的明星主题，频度、节点度都不高的一般主题（见图 2－7）。

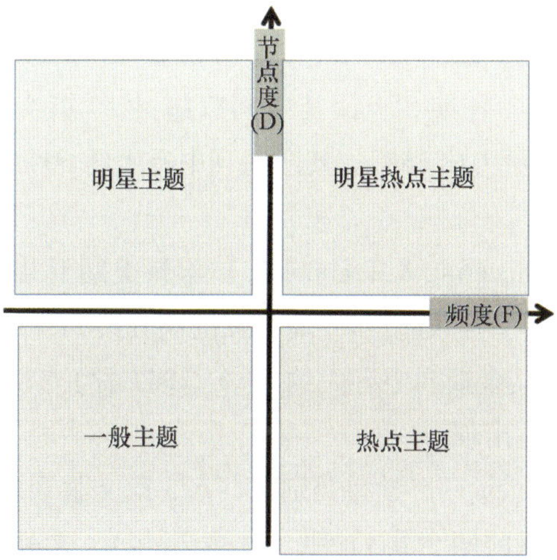

图 2－7　主题类型

五、刊文期刊及学科

社会科学之外的人力资源相关研究共发表在 2 426 种期刊中，以下按学科类别列举了社会科学领域之外人力资源相关研究发文量较大的期刊，其中，艺术与人文、生命科学、理学领域列出了 HR 相关文献数量大于等于 5 的期刊，临床、临床前与健康和工程与技术领域列出的是 HR 相关文献数量大于等于20的期刊。这些期刊共刊载2 396篇相关文献。总体来看，社会科学子学科之外的人力资源相关研究散落在各学科的各期刊中，不存在绝对的主流支配性期刊，其中《知识管理期刊》（*Journal of Knowledge Management*）最多，共计刊载156篇，但也仅仅占比2.3%；刊载文献超过100篇的一共只有3种；其余2 000多种期刊刊载了其他6 000多篇文献，平均每种期刊仅有不到3篇与人力资源紧密相关的文献，但这些文献占比超过80%。

艺术与人文（Arts & Humanities）学科类别下共247篇文献刊载在153种期刊上，其中刊载超过5篇文献的期刊共6种（见表2-4），文献数量占比21.8%。其余147种期刊中有超过70%（113种）的期刊只刊载过1篇相关文献。

临床、临床前与健康（Clinical，Pre-Clinical & Health）学科类别下共2 054篇文献刊载在653种期刊上，其中刊载超过20篇文献的期刊共13种（见表2-4），文献数量占比28%。其余期刊中有大约60%（380种）只刊载过1篇相关文献。

工程与技术（Engineering & Technology）学科类别下共3 753篇文献刊载在1 262种期刊上，其中刊载超过20篇文献的期刊共27种（见表2-4），文献数量占比31.1%。其余期刊中有大约67%（847种）只刊载过1篇相关文献，且大都是近些年才出现。

生命科学（Life Sciences）学科类别下共625篇文献刊载在213种期刊上，其中刊载超过5篇文献的期刊共17种（见表2-4），文献数量占比52.2%。其余期刊中有超过70%（153种）只刊载过1篇相关文献。

理学（Physical Sciences）学科类别下共458篇文献刊载在145种期刊上，其中刊载超过5篇文献的期刊共12种（见表2-4），文献数量占比59.4%。其余期刊中有大约64%（93种）只刊载过1篇相关文献。

表 2-4　累计载文量较大的非社会科学领域期刊

学科类别	期刊名称	HR 相关文献数量
艺术与人文（Arts & Humanities）	1. *Labor History*	15
	2. *Journal of Management Spirituality & Religion*	12
	3. *Muslim Minorities, Workplace Diversity and Reflexive Human Resource Management*	9
	4. *Journal of Multilingual and Multicultural Development*	7
	5. *Language in International Business: The Multilingual Reality of Global Business Expansion*	6
	6. *Review of Religious Research*	5
临床、临床前与健康（Clinical, Pre-Clinical & Health）	1. *Journal of Occupational Health Psychology*	105
	2. *Journal of Nursing Management*	80
	3. *Journal of Advanced Nursing*	55
	4. *Work-A Journal of Prevention Assessment & Rehabilitation*	50
	5. *International Journal of Environmental Research and Public Health*	45
	6. *International Journal of Nursing Studies*	43
	7. *BMC Health Service Research*	41
	8. *Stress and Health*	40
	9. *Journal of Occupational and Environmental Medicine*	29
	10. *Journal of Sport Management*	25
	11. *Journal of Clinical Nursing*	21
	12. *BMC Public Health*	21
	13. *Journal of Nursing Administration*	20

续表

学科类别	期刊名称	HR 相关文献数量
工程与技术（Engineering & Technology）	1. *Journal of Knowledge Management*	156
	2. *Sustainability*	128
	3. *Knowledge Management Research & Practice*	67
	4. *New Technology Work and Employment*	64
	5. *Industrial Management & Data System*	58
	6. *Journal of Cleaner Production*	53
	7. *International Journal of Technology Management*	48
	8. *International Journal of Production Research*	45
	9. *International Journal of Information Management*	44
	10. *Journal of Product Innovation Management*	39
	11. *Safety Science*	38
	12. *International Journal of Production Economics*	38
	13. *Journal of Operation Management*	35
	14. *Production Planning & Control*	31
	15. *Information & Management*	31
	16. *Expert System with Applications*	29
	17. *IEEE Transaction on Engineering Management*	28
	18. *Technovation*	27
	19. *Journal of Construction Engineering and Management*	27
	20. *Journal of Engineering and Technology Management*	26
	21. *MIS Quarterly*	25
	22. *Behaviour & Information Technology*	24
	23. *Journal of Information & Knowledge Management*	23
	24. *Journal of Computer Information System*	23
	25. *Journal of Air Transport Management*	22
	26. *Management Science*	20
	27. *Information Technology & People*	20

续表

学科类别	期刊名称	HR 相关文献数量
生命科学（Life Sciences）	1. *Sustainability*	128
	2. *Journal of Cleaner Production*	53
	3. *International Journal of Environmental Research and Public Health*	45
	4. *Interciencia*	11
	5. *Helix*	10
	6. *Anxiety Stress and Coping*	8
	7. *Life Science Journal-Acta Zhengzhou University Overseas Edition*	7
	8. *British Food Journal*	7
	9. *Biomed Research International*	7
	10. *Journal of Environmental Management*	7
	11. *Agricultural Economics-Zemedelska Ekonomika*	7
	12. *Agro FOOD Industry Hi-Tech*	7
	13. *Industrial Health*	7
	14. *Ekoloji*	6
	15. *Energy Policy*	6
	16. *Human Factors*	5
	17. *Resource Conservation and Recycling*	5

续表

学科类别	期刊名称	HR 相关文献数量
理学（Physical Sciences）	1. *Advanced Science Letters*	84
	2. *PLoS One*	65
	3. *Quality & Quantity*	20
	4. *Technology Analysis & Strategic Management*	17
	5. *Pakistan Journal of Statistics*	16
	6. *SpringerPlus*[b]	16
	7. *International Journal of Advanced and Applied Science*	16
	8. *Anthropologist*	13
	9. *Educational and Psychological Measurement*	7
	10. *Mathematical Problem in Engineering*	7
	11. *AD ALTA*：*Journal of Interdisciplinary Research*	6
	12. *Physica A*：*Statistical Mechanic and Its Applications*	5

综上所述，几乎所有学科类别下超过60%的期刊只刊载过1篇文献，从期刊载文量来看，生命科学和理学类期刊刊载的文献相对比较集中，刊载最多的3种期刊覆盖了超过三分之一的文献。

部分期刊属于多个学科，但跨大学科类别不多，表2－4中有3种期刊属于生命科学和临床医学的交叉领域，即《可持续性》（*Sustainability*）、《国际环境研究与公共卫生杂志》（*International Journal of Environmental Research and Public Health*）、《清洁生产杂志》（*Journal of Cleaner Production*），在本研究中将其视为生命科学领域期刊加以总结。

参考文献

[1] ALONSO S, CABRERIZO F J, HERRERA-VIEDMA E, et al. *hg*-index: a new index to characterize the scientific output of researchers based on the *h*- and *g*-indices [J]. Scientometrics, 2010, 82(2): 391 - 400.

[2] CHARLES V, KUMAR M. Satisficing data envelopment analysis: an application to SERVQUAL efficiency[J]. Measurement, 2014, 51: 71 - 80.

[3] CHUNG R G, WU C Y. The identification of personnel director's competency profile through the use of the job competence assessment method [J]. African Journal of Business Management, 2011, 5(2): 405 - 415.

[4] DOROGOVTSEV S N, MENDES J F F. Ranking scientists[J]. Nature Physics, 2015(11): 882 - 883.

[5] EGGHE L. Theory and practise of the *g*-index[J]. Scientometrics, 2006, 69(1): 131 - 152.

[6] HAGEN T, BOGAERTS S. Work pressure and sickness absenteeism among judges[J]. Psychiatry, Psychology and Law, 2014, 21(1): 92 - 111.

[7] HAKANEN J J, BAKKER A B, SCHAUFELI W B. Burnout and work engagement among teachers [J]. Journal of School Psychology, 2006, 43(6): 495 - 513.

[8] HIRSCH J E. An index to quantify an individual's scientific research output [J]. Proceedings of the National Academy of Sciences of the United States of America, 2005, 102(46): 16569 - 16572.

[9] JIN B H, LIANG L M, ROUSSEAU R, et al. The *R*- and *AR*-indices: complementing the *h*-index[J]. Chinese Science Bulletin, 2007, 52(6): 855 - 863.

[10] KAUFMAN B E. The historical development of American HRM broadly viewed [J]. Human Resource Management Review, 2014, 24(3): 196 - 218.

[11] NEWMAN M E J. Detecting community structure in networks [J]. The European Physical Journal B, 2004, 38(2): 321 - 330.

[12] DRUCKER P. The practice of management [M]. London: Routledge, 2007.

[13] PECCOUD J. If you can't measure it, you can't manage it [J]. PLoS Computational Biology, 2014, 10(3).

[14] PRINCE M. "If you can't measure it, you can't manage it"—essential truth, or costly myth? [J]. World Psychiatry, 2018, 17(1): 1 - 2.

[15] QADEER F, ARSHAD S. Core self-evaluation and job performance: the role of anticipated guilt and gratitude [J]. Pakistan Journal of Statistics, 2014, 30(6): 1301 - 1320.

[16] REHM M, NOTTEN A. Twitter as an informal learning space for teachers!? The role of social capital in Twitter conversations among teachers [J]. Teaching and Teacher Education, 2016, 60: 215 - 223.

[17] STEVENS G W. A critical review of the science and practice of competency modeling[J]. Human Resource Development Review, 2013, 12(1): 86 - 107.

[18] STORDEUR S, D'HOORE W. Organizational configuration of hospitals succeeding in attracting and retaining nurses [J]. Journal of Advanced Nursing, 2007, 57(1): 45 - 58.

[19] VENZ R A, GARDINER E. It pays to be well-connected: the moderating role of networking ability on the relationship between core self-evaluations and income [J]. Personality and Individual Differences, 2017, 110: 85 - 89.

[20] YAN X F, YANG K J, SU J K, et al. Mediating role of emotional

intelligence on the associations between core self-evaluations and job satisfaction, work engagement as indices of work-related well-being [J]. Current Psychology, 2018, 37(3): 552-558.

第三章

学术影响力评价指标体系设计

本章基于学者文献数据设计了一套能够从多个维度描述学者学术影响力的评价指标体系。首先，对学术影响力评价指标的来源进行分析，梳理出一套学术影响力评价初始指标体系；然后，提出了一种基于排名列表相似性的指标选择方法，通过肯德尔距离选出有效的指标；最后，以人力资源管理领域文献数据为例，通过基于排名列表相似性的指标选择方法，提出了一套人力资源管理领域学者学术影响力评价指标体系。

第一节　学术影响力评价指标提取与分析

本研究所有的实验数据均来自 WOS 核心数据库，通过对文献数据以及现有的学术影响力评价指标进行全面的梳理分析，将指标分为三类，构建了学术影响力评价初始指标体系。

一、指标提取

在获取实验所需数据集后，需要基于爬取的实验数据集的原始属性进一步提取一系列指标，从不同维度来具体描述学者学术影响力。为此，本研究设计了 9 种指标提取方法。

（1）直接提取：从某属性的取值集中直接提取唯一的值。

（2）统计不同值数量：统计某属性的取值集（去除无意义值）中不同取值的个数。

（3）提取极值：取某属性的取值集中的最大值或最小值。

（4）提取特定值：切分某属性数据，剔除不相关片段，取某属性中特定相关的数值型数据。

（5）提取第一取值：取某属性的取值集中的第一个有意义值。

（6）提取众数：取某属性的取值集中出现最多的值。

（7）计算总和：计算某属性的取值集中出现的所有值的总和。

（8）计算方差：计算某属性的取值集中出现的所有值的方差。

（9）计算均值：计算某属性的取值集中出现的所有值的均值。

二、基于引用量的学术影响力评价指标

基于引用量的学术影响力评价指标，是通过引用量等相关信息对学者科研产出进行描述，涵盖发文量、被引频次、180 天内被引频次以及 2013 年至检索日被引频次等。本研究所使用的引用量指标包括 10 个指标，各指标的释义如下，取值类型与提取方法如表 3－1 所示。

（1）发文量（Num）：学者总发文量；

（2）总被引频次（Z9_sum）：学者所发论文被引频次之和；

（3）最高被引频次（Z9_max）：学者所发论文单篇最高被引频次；

（4）平均被引频次（Z9_mean）：学者所发论文平均每篇被引频次；

（5）180 天总使用次数（U1_sum）：学者所发论文于 180 天内被使用次数之和；

（6）180 天最高使用次数（U1_max）：学者所发论文于 180 天内单篇最高的使用次数；

（7）180 天平均使用次数（U1_mean）：学者所发论文于 180 天内平均每篇的使用次数；

（8）总使用次数（U2_sum）：学者所发论文自 2013 年至检索日被使用次数之和；

（9）最高使用次数（U2_max）：学者所发论文自 2013 年至检索日单篇最高使用次数；

（10）平均使用次数（U2_mean）：学者所发论文自 2013 年至检索日平均每篇被使用次数。

表 3－1　引用量指标的取值类型与提取方法

指标	取值类型	提取方法
Num	数值型	统计不同值数量
Z9_sum	数值型	计算总和
Z9_max	数值型	计算极值
Z9_mean	数值型	计算均值
U1_sum	数值型	计算总和
U1_max	数值型	计算极值
U1_mean	数值型	计算均值
U2_sum	数值型	计算总和
U2_max	数值型	计算极值
U2_mean	数值型	计算均值

三、基于合作关系的学术影响力评价指标

基于合作关系的学术影响力评价指标，是通过建立合作网络、计算网络中心性等相关指标，对学者科研产出进行描述的评价指标，涵盖度中心性、近性中心性、中介中心性、特征向量中心性等4种指标。各中心性指标的介绍如下，各指标的取值类型与提取方法如表3-2所示。通过计算合作网络中的各中心性，可以得知学者在合作网络中的重要性，从一定程度上反映学者的影响力。

（1）度中心性（Deg_Cen）：在网络中刻画节点中心性的最直接的量化指标。在作者合作网络中，一个作者的度越大，代表这个作者的度中心性越高，该作者在网络中就越重要。

（2）近性中心性（Clo_Cen）：在合作网络中，考量每个节点（即作者）到其他节点（即其他作者）的最短路径的平均长度的指标。对于一个作者而言，在合作网络中距离其他作者越近，那么该作者的中心度就越高。一般来说，学术影响力高的作者，其近性中心性是比较高的。

（3）中介中心性（Bet_Cen）：一个节点担任其他两个节点之间最短路径的桥梁的次数。一个作者充当“中介”的次数越高，则该作者的中介中心性就越高。

（4）特征向量中心性（Eig_Cen）：一个节点与其邻居节点的连接强度。一个节点的中心性是相邻节点中心性的函数。其基本思想是，一个节点的重要性既取决于其邻居节点的数量（即该节点的度），也取决于其邻居节点的重

表3-2　合作关系指标取值类型与提取方法

指标	取值类型	提取方法
Deg_Cen	数值型	提取特定值
Clo_Cen	数值型	提取特定值
Bet_Cen	数值型	提取特定值
Eig_Cen	数值型	提取特定值

要性，也就是说，与其连接的节点越重要，其本身也就越重要。在合作网络中，该指标认为一个学者的学术影响力既取决于其合作学者的数量，也取决于每个合作者的影响力。

四、基于 *h*-index 类的学术影响力评价指标

基于 *h*-index 类的学术影响力评价指标，是通过 *h*-index 及其变体等相关信息对学者科研产出进行描述的评价指标，涵盖 *h*-index、*g*-index、*hg*-index 等。本研究所使用的 *h*-inedx 类指标包括 6 个指标，介绍如下。各指标的取值类型与提取方法如表 3－3 所示。

（1）*h*-index：将作者发表的所有 N 篇论文按被引频次进行递减排序，当且仅当前 h 篇论文中每篇论文的被引频次至少为 h，同时第 $h+1$ 篇论文的引频小于 $h+1$ 时，该作者的 *h*-index 被定义为这个 h 值。设 c_i 为第 i 篇文章的引频，*h*-index 的数学表达式可写成：

$$h = \max(i): c_i \geqslant i \tag{3-1}$$

（2）*g*-index：由于 *h*-index 忽略了高被引论文的重要性，因此 Egghe 提出了 *g*-index。将一个作者发表的 N 篇论文按照引频从高到低递减排序，当且仅当这 N 篇论文中有 g 篇论文获得了不少于 g^2 次引频，而 $g+1$ 篇论文获得的引频总数少于 $(g+1)^2$ 时，称该作者的评价指数为 g。如果设 c_i 为第 i 篇文章的引频，则 *g*-index 的计算公式为：

$$g = \max(i): \sum_i c_i \geqslant i^2 \tag{3-2}$$

（3）*hg*-index：Alnoso 等人提出了一种混合 *h*-index 和 *g*-index 的指标 *hg*-index。该指标通过考虑成功论文的影响，打破了 *h*-index 中的简并性，弱化了 *g*-index 对一些高被引论文的强敏感。其计算公式为：

$$hg = \sqrt{h \times g} \tag{3-3}$$

（4）*A*-index：*A*-index 考虑了文章被引用的真实数量，并强调了高被引论文的重要性。该指数定义上涉及那些引用次数显著的论文（即高被引论文），计算的是这些论文中文献被引用的平均次数，但该方法可能会过度“惩罚”

高被引论文。其计算公式为：

$$A = \frac{1}{h}\sum_{j=1}^{h} c_j \qquad (3-4)$$

其中，h 是 h-index，c_j 是第 j 篇被引用最多的论文的引用次数。

（5）R-index：金等人提出了 R-index，去掉了 A-index 中关于 h-index 的除法并增加了平方根。然而，R-index 对于仅仅几篇获得极高被引数的论文非常敏感。其计算公式为：

$$R = \sqrt{\sum_{j=1}^{h} c_j} \qquad (3-5)$$

即：

$$R = \sqrt{h \cdot A} \qquad (3-6)$$

（6）o-index：相比 h-index 重点关注发表了大量论文的学者，o-index 更关注的是学者被引最多的论文，可以突出一些隐藏在 h-index 排名中的成功学者。当作者有一篇引用数极高的论文时，它会增长很多。其计算公式为：

$$o = \sqrt{mh} \qquad (3-7)$$

其中，m 是被引最多的论文的引用次数。

表 3－3　h-index 类指标维度指标的取值类型与提取方法

指标	取值类型	提取方法
h-index	数值型	提取特定值
g-index	数值型	提取特定值
hg-index	数值型	提取特定值
A-index	数值型	提取特定值
R-index	数值型	提取特定值
o-index	数值型	提取特定值

五、学术影响力评价指标体系

参考国内外学者们在学术影响力研究中的一些指标，本研究将不同指标分为三个维度，分别是基于引用量的学术影响力评价指标、基于合作关系的学术影响力评价指标、基于 h-index 类的学术影响力评价指标，并提取了三个维度内较重要的指标建立指标体系，如图 3－1 所示。

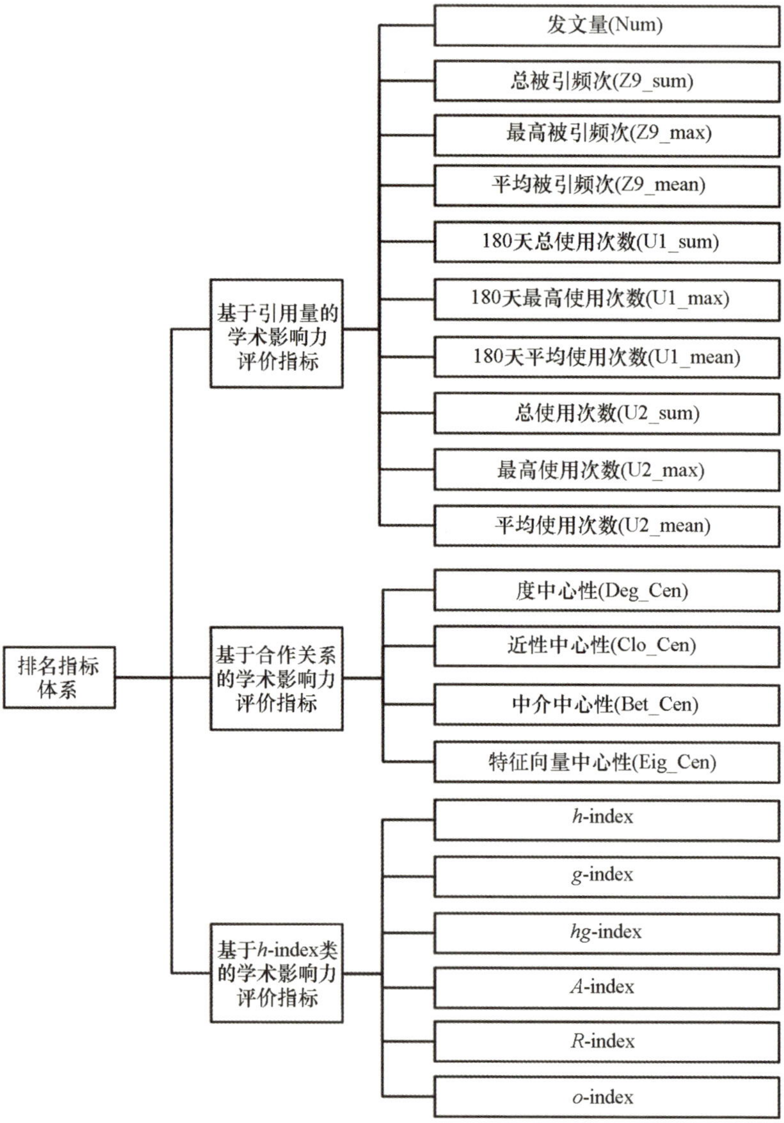

图 3－1 排名指标体系划分

第二节　基于排名列表相似性的指标选择方法

在评价学者学术影响力的指标体系中，部分指标之间有极高的相关性，如发文量（Num）、总被引频次（Z9_sum）和平均被引频次（Z9_mean），三者之间的关系可用公式 Z9_mean = Z9_max/Num 表示。但这三个指标也各自具有不同的特性：发文量对参与科研时间较长的学者更加有利；总被引频次也存在着部分学者仅有一两篇论文被引频次较高，而其他大多数论文不为人知；平均被引频次可以在一定程度上对新老学者进行公平比较，但对那些发表了大量论文且被引量均较高的学者不甚公平。因此，本研究提出了一种基于排名列表相似性的指标选择方法，这种方法采用肯德尔距离来度量不同指标下的排名列表的相似程度，并结合决策者的偏好判定，最终归纳筛选出既全面又精练的指标体系。该方法的具体步骤为：

（1）分别计算各指标下学者的排名列表。

（2）计算各指标下学者排名列表之间的肯德尔距离。肯德尔距离又可称为冒泡排序距离，是两个排名列表之间的逆序数。计算排名列表之间相对位置的变化数，可以反映两个排序之间的相似程度。其计算公式为：

$$K(\sigma,\tau) = \{(i,j) \mid i<j, \sigma(i)<\tau(j),\quad \tau(i)>\sigma(j)\} \tag{3-8}$$

对式（3－8）进行归一化处理，将所得值除以距离最大值，得到一个介于0和1之间的距离量化值，其中0表示两个排序完全相同，1表示两个排序完全不同。

通过计算各指标 i 与其他指标 j 所对应的排名列表 R_i，R_j（以下简称指标排名列表）之间的肯德尔距离 K（R_i，R_j），判断各指标排名列表之间的相似性。

（3）选取肯德尔距离较小的两个指标。肯德尔距离可以反映排序之间的相似性，肯德尔距离越小，排序越相似，通过计算，本研究将肯德尔距离的阈值定为0.15。因此，选取肯德尔距离 K（R_i，R_j）<0.15 的两个指标排名

列表 R_i，R_j，用于下一步分析。

（4）对比所选取的指标与其他指标的相似性。通过对比相似性较高的两个指标排名列表 R_i，R_j 分别与其他排名列表 R_m 的相似性，可以进一步证明两个指标列表之间的相似性。因此，本研究基于肯德尔距离 $K(R_i, R_j)$ 将步骤（3）选取的两个指标排名列表 R_i，R_j 与除 R_i，R_j 以外的其他指标排名列表 R_m 进行相似度度量，若所选取的两个指标排名列表 R_i，R_j 与其他指标排名列表 R_m 的肯德尔距离之差均有 $|K(R_i, R_m) - K(R_j, R_m)| < 0.1$，则表明所选取的两个指标排名列表 R_i，R_j 具有极高的相似度，可以进入步骤（5）依据决策者偏好判定来保留指标；否则，返回步骤（2）重新选取指标。

（5）决策者偏好判定。对所选取的两个指标进行决策者偏好判定，保留符合决策者偏好判定的指标并返回步骤（3），直到所有符合条件的指标均完成对比。

该方法的具体流程及图例如图 3－2 所示。

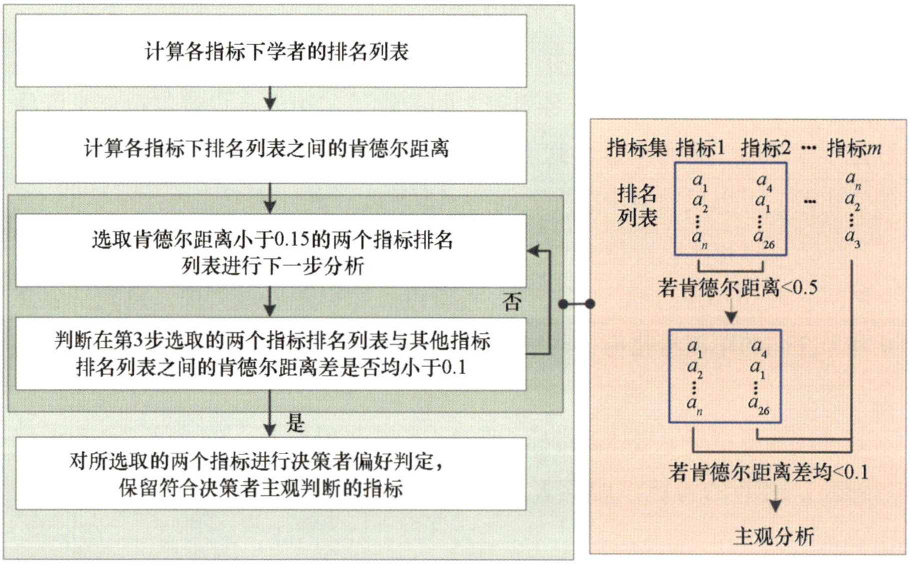

图 3－2　基于排名列表相似性的指标选择方法流程图

该方法的伪代码如下所示：

算法 3-1　基于排名列表相似性的指标选择方法

Require: The academic influence evaluation criteria indicator set $C\ \{c_1,\ c_2,\ \cdots,\ c_p\}$, The scholar set $A\ \{a_1,\ a_2,\ \cdots,\ a_q\}$;

Ensure: indicator selection.

function kendall distance compute
for $i=1$ to p **do**
    for $j=1$ to p **do**
        obtain the kendall distance
        if kendall distance <0.15 **then**
            for m in C and $<>i,\ j$ **do**
                obtain the difference of kendall distance
                if difference of kendall distance <0.1 **then**
                    decision maker preference determination
          end for
      end for
  end for
end function

该方法通过对比指标所对应排名列表两两之间及与其他列表之间的肯德尔距离，可以全面地分析两指标排名列表之间的相似性，筛除相似性高的指标，得到能够全面且可靠地反映学者学术影响力的评价指标体系。

第三节　人力资源管理领域学者学术影响力评价指标体系构建

本节以人力资源管理领域文献数据为例，以学术影响力评价初始指标体系为基础，通过应用基于排名列表相似性的指标选择方法，最终构建人力资源管理领域学者学术影响力评价指标体系。

在所得数据库中，每个作者至少有一条状态记录，且每条完整的状态记录由若干个属性的数据组成。本研究从所有属性中提取了一部分进行研究，且使用 T_j（$j=1, 2, \cdots$）来表示每一个属性。本研究在学者影响力评价方面将文献数据中同一个作者视为一个研究对象，最终包含了 48 502 个作者的数据，一共 37 343 条文献记录。

一、基于引用量的学术影响力评价指标数据分析

本部分基于人力资源管理领域文献数据，对基于合作关系的学术影响力评价指标进行提取及分析。表 3－4 展示了基于引用量的学术影响力评价指标中各数值型指标的基本描述统计结果。这些指标均值大于中位数，因此皆呈正偏态分布。发文量是目前评价学者学术贡献的一项重要指标。实验数据集中学者平均发文量为 6.43 篇，总体取值在 3 到 98 之间，中位数为 5。由此可知，至少有 50% 的学者发文量在 5 篇以下，且发表论文数量超过 7 篇的学者不足 25%。

表 3－4　引用量指标基本描述统计结果

指标	均值	标准差	极大值	极小值	25% 分位	50% 分位	75% 分位
Num	6.43	5.87	98.00	3.00	3.00	5.00	7.00
Z9_sum	173.04	342.95	9 914.00	6.00	32.00	70.00	165.75
Z9_max	78.92	139.28	2 204.00	3.00	17.00	35.00	79.00
Z9_mean	25.97	41.77	873.33	0.75	7.33	14.00	27.83
U1_sum	24.88	33.11	858.00	0	7.00	15.00	30.00
U1_max	9.83	11.19	196.00	0	4.00	6.00	12.00
U1_mean	3.81	3.50	52.50	0	1.67	2.83	4.80
U2_sum	253.28	323.98	8 710.00	4.00	91.00	158.00	292.00
U2_max	86.66	83.85	1 297.00	2.00	40.00	63.00	106.00
U2_mean	38.73	28.39	454.20	1.00	21.00	32.00	47.90

论文被引频次是引用分析中最具代表性的指标，通常被认为是学术影响力的标志。图 3 -3 为被引频次合计相关指标的取值分布。Z9_sum 总体取值在 6 到 9 914 之间，指标均值为 173.04，近 61% 的学者论文被引频次低于 100，只有 6% 的学者论文被引频次高于 600。Z9_max 可以反映学者所发表代表作的质量，该指标取值在 3 到 2 204 之间，近半学者单篇最高被引频次低于 30，且只有 13% 的学者单篇最高被引频次超过 150。而 Z9_mean 的取值范围则为 0.75 到 873.33，53% 的学者该项指标低于 15，且仅有 6% 的学者论文平均被引频次高于 75 次。由上可知，大部分学者论文的被引量都较低，且只有极少部分学者论文被引量非常高。

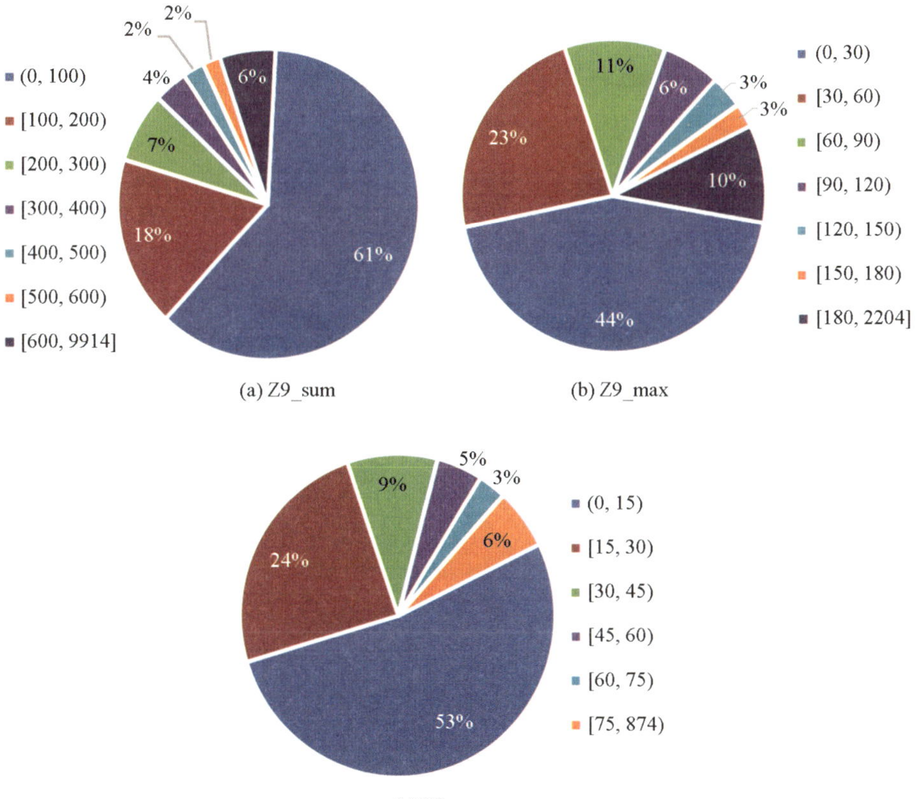

图 3 -3　被引频次合计相关指标的取值分布

最近180天使用次数（U1）表示论文最近半年内在WOS数据库中被访问或保存的次数，反映了该论文在最近半年内的热度。图3－4为最近180天使用次数相关指标的取值分布。U1_sum的取值范围为0到858，平均值为24.88，而180天内被使用次数高于75次的作者仅占6%，近半学者该指标在0到15之间。U1_max总体取值在0到196之间，64%的学者该指标小于10，且只有5%的学者单篇最高使用次数超过30次。U1_mean的取值在0到52.5之间，过半学者所发论文平均使用次数低于3次，且只有2%的学者平均每篇论文使用次数高于15次。

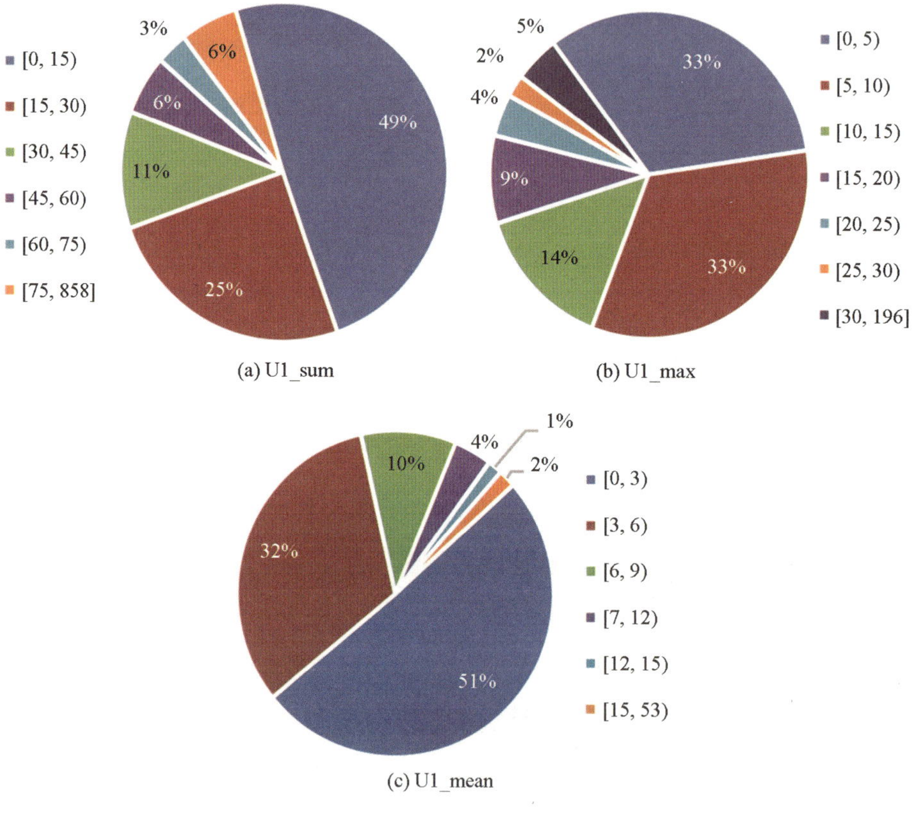

图3－4　最近180天使用次数相关指标的取值分布

WOS数据库平台从2013年2月1日开始记录某文献被访问或保存的次

数，即使用次数，因此文献使用次数也表示 2013 年至检索日的使用次数，该指标可以反映文献的热度。图 3－5 为使用次数相关指标的取值分布。U2_sum 的取值在 4 到 8 710 之间，近半学者该指标低于 150，只有不足 4% 的学者该指标高于 900。U2_max、U2_mean 的取值范围分别为 2 到 1 297、1 到 272. 33，同样地，只有极少数学者 U2_max、U2_mean 值远高于其他学者。

通过上述统计分析可知，在发文量、被引频次及使用次数等方面，大多数学者的指标取值均比较接近，且处于较低水平，只有少部分学者的数据比较突出，明显高于其余学者。

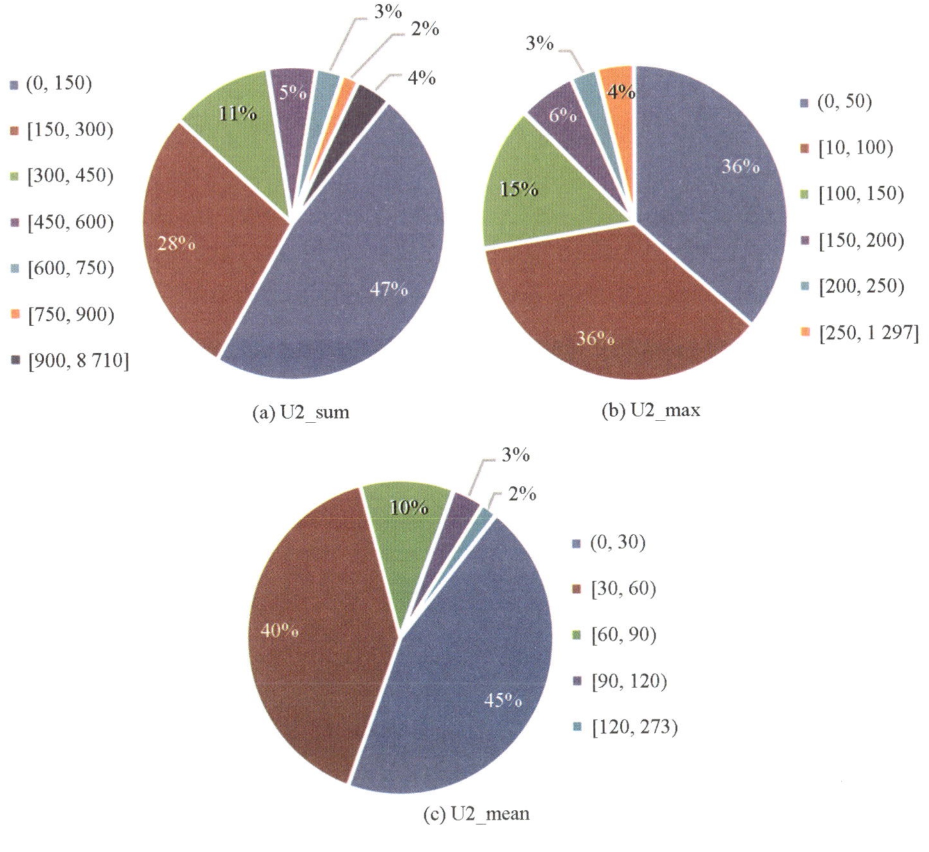

图 3－5　使用次数相关指标的取值分布

二、基于合作关系的学术影响力评价指标数据分析

本部分基于人力资源管理领域文献数据，对基于合作关系的学术影响力评价指标进行提取及分析。表3－5和图3－6分别展示了基于合作关系的学术影响力评价指标的基本描述统计结果以及取值分布情况。从中可以看到，除中介中心性为中位数大于均值，呈正偏态分布外，其余三种指标均是中位数小于均值，呈负偏态分布，大部分值大于均值。Deg_Cen 均值为 8.02×10^{-4}，总体取值范围为0到 1.10×10^{-2}，其中47%的学者该指标在0到 5.00×10^{-4} 之间。而Clo_Cen、Bet_Cen、Eig_Cen的均值分别为 1.33×10^{-1}、5.31×10^{-4}、7.18×10^{-4}，取值区间分别为0到 2.19×10^{-1}、0到 3.20×10^{-2}、4.86×10^{-47} 到 2.13×10^{-1}。通过上述统计分析可知，大部分学者在合作网络中的中心性都处于较低的位置，只有少部分学者有很高的中心性，在学术界有较高的权威性。

表3－5　合作关系指标基本描述统计结果

指标	均值	标准差	极大值	极小值	25%分位	50%分位	75%分位
Deg_Cen	8.02×10^{-4}	8.54×10^{-4}	1.10×10^{-2}	0	3.05×10^{-4}	6.09×10^{-4}	9.14×10^{-4}
Clo_Cen	1.33×10^{-1}	5.72×10^{-2}	2.19×10^{-1}	0	1.29×10^{-1}	1.52×10^{-1}	1.67×10^{-1}
Bet_Cen	5.31×10^{-4}	1.43×10^{-3}	3.20×10^{-2}	0	0	9.26×10^{-5}	4.61×10^{-4}
Eig_Cen	7.18×10^{-4}	1.23×10^{-2}	2.13×10^{-1}	4.86×10^{-47}	2.29×10^{-8}	3.78×10^{-7}	1.89×10^{-6}

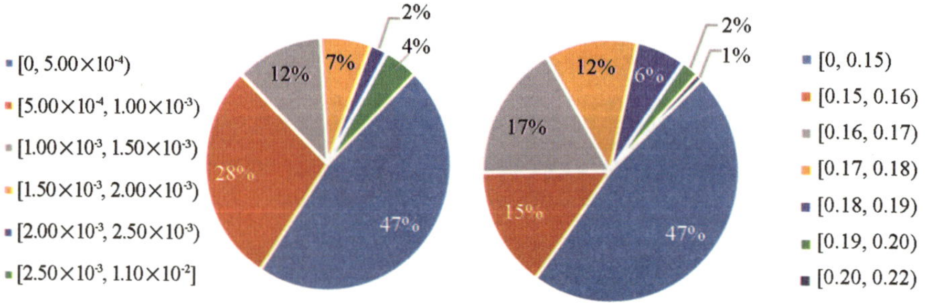

(a) Deg_Cen　　(b) Clo_Cen

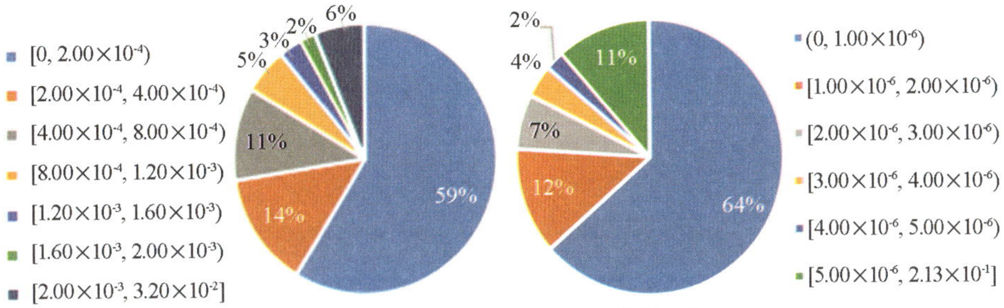

(c) Bet_Cen　　(d) Eig_Cen

图 3－6　合作关系指标的取值分布

三、基于 *h*-index 类的学术影响力评价指标数据分析

本部分基于人力资源管理领域文献数据，对基于 *h*-index 类的学术影响力评价指标进行提取及分析。表 3－6 和图 3－7 分别展示了基于 *h*-index 类的学术影响力评价指标的基本描述统计结果和取值分布。

表 3－6　*h*-index 类指标基本描述统计结果

指标	均值	标准差	极大值	极小值	25% 分位	50% 分位	75% 分位
h-index	3. 89	2. 67	43. 00	2. 00	2. 00	3. 00	4. 00
g-index	5. 86	4. 68	89. 00	2. 00	3. 00	4. 00	7. 00
hg-index	4. 74	3. 46	61. 86	2. 00	2. 83	3. 46	5. 29
A-index	34. 82	50. 19	1 143. 00	3. 00	11. 33	20. 31	38. 67
R-index	10. 42	7. 60	95. 17	2. 45	5. 48	8. 19	12. 65
o-index	15. 27	14. 61	193. 57	2. 45	6. 63	10. 58	18. 00

在该类指标中均出现了中位数小于均值的情况，因此所有指标数据均呈正偏态分布。本研究所使用的数据集中 *h*-index 的均值为 389，取值范围为 2 到 43，84% 的学者该项指标小于 6，且只有 1% 的学者 *h*-index 高于 15。学者的 *g*-index 值在 2 至 89 之间，其中 54% 的学者 *g*-index 值小于 5，且只有 1% 的学者该指标值不低于 25。学者 *hg*-index 指数在 2 至 61. 86 之间，*A*-index指数

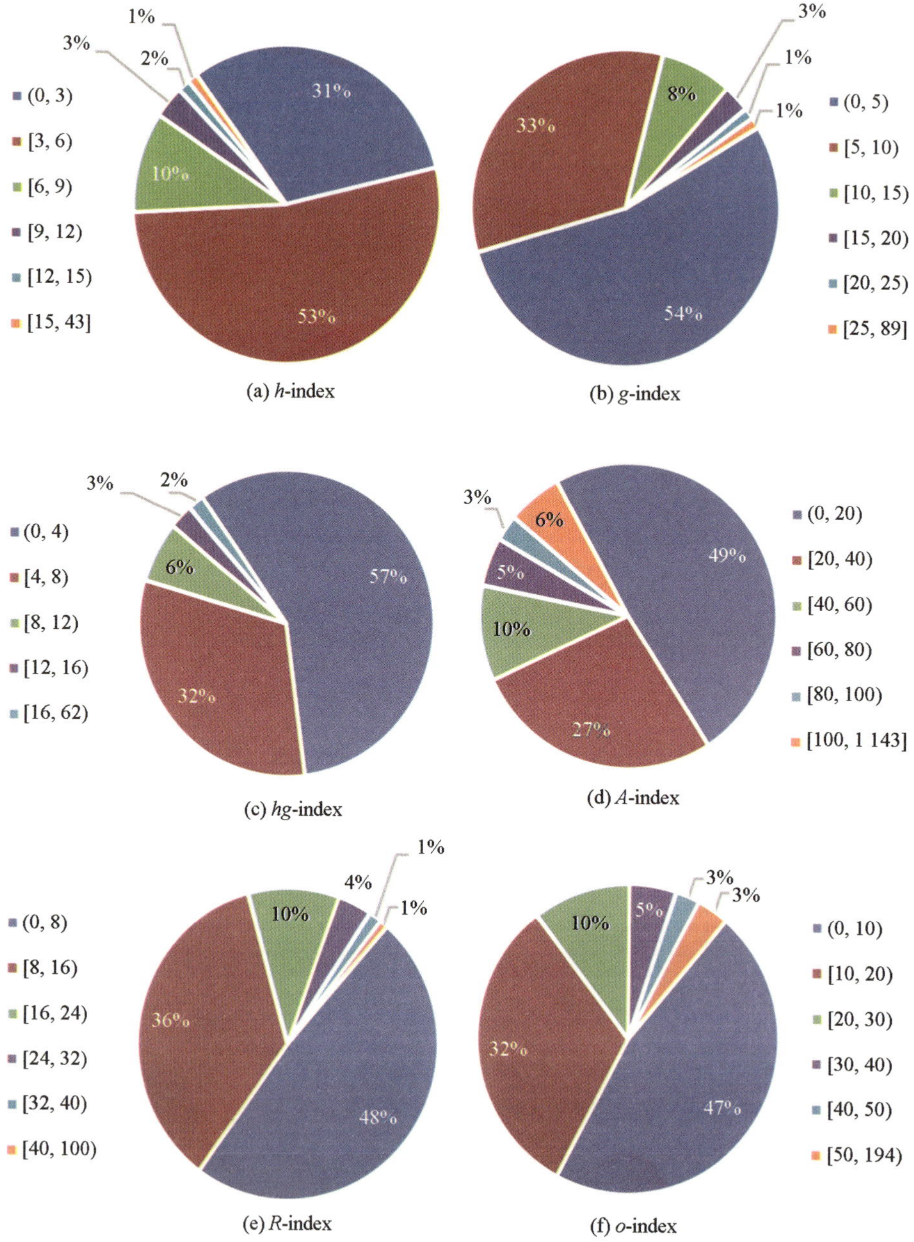

图 3－7　*h*-index 类指标的取值分布

在 3 至 1 143 之间，*R*-index 指数在 2. 45 至 95. 17 之间，*o*-index 指数在 2. 45 至 193. 57 之间，且上述 4 个指标中均有近半学者的指标值处于第一范围区间。通过上述统计分析可知，大部分学者的 *h*-index 类学术影响力评价指标较低，且只有少部分学者在该类指标中的优势较为明显。

四、基于排名列表相似性的指标选择

本部分使用基于排名列表相似性的指标选择方法，选取有效的学者学术影响力评价指标。基于 20 个学术影响力评价指标和人力资源管理领域的6 566 名学者的数据，得到各指标排名列表之间的肯德尔距离，如图 3 – 8 所示。

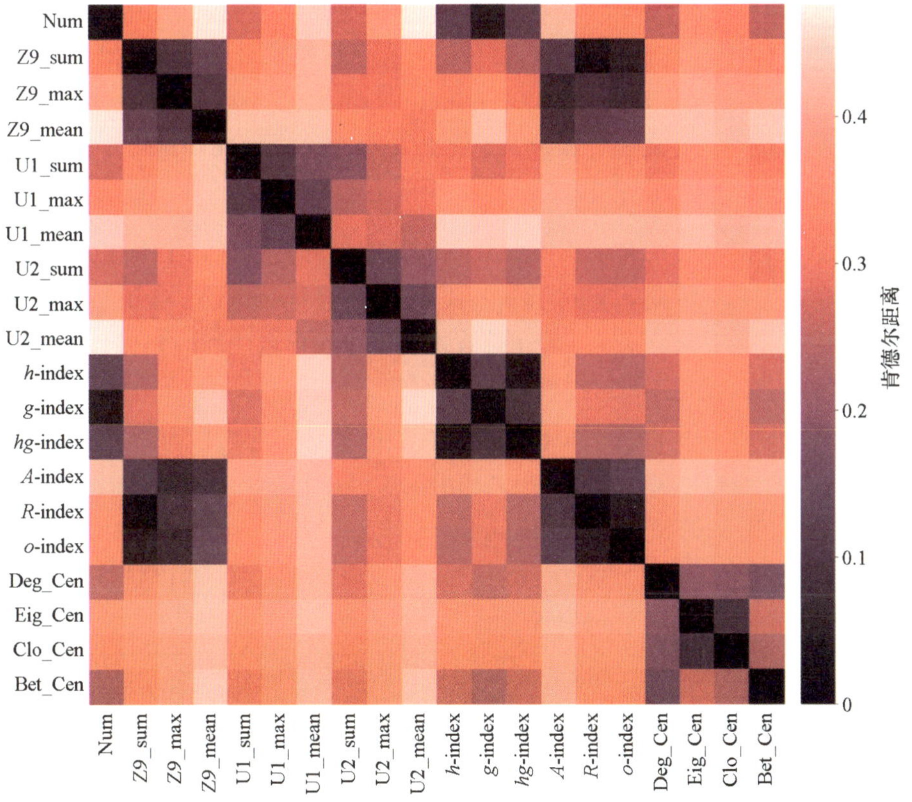

图 3 – 8　指标间排序相似性对比

从图中可以看出，指标 Z9_sum、Z9_max 以及 Z9_mean 所对应的排名列表具有较高的相似性，其中，Z9_max 和 Z9_mean 之间虽然不可以通过计算直接转换，但它们之间的相似性较高，均通过论文被引频次进行计算所得，且与其余指标的相似性也较为接近，因此，本研究选择保留 Z9_sum 和 Z9_max。

U1_sum、U1_max 与 U1_mean 分别表示学者所发表的论文在 180 天内的总使用次数、最高使用次数和平均使用次数，其中前两个指标排名列表之间的肯德尔距离为 0. 118 722，其排序的相对位置变化较小，且与其他指标之间的相似性的差值处于 0. 001 237 与 0. 063 8 之间，因此，本研究选择仅保留其中一个指标，即 U1_sum。

Num 与 *h*-index、*g*-index 以及 *hg*-index 所对应的排名列表的相似性较高，但 Num 和另外三种指标的排名列表分别与其余指标排名列表的相似性有较大差别，因此保留该指标。而对于 *h*-index、*g*-index 以及 *hg*-index，这三个指标的排名相似性较高，且在定义上也具有很高的相似性，均与发文量和论文被引量有关，可通过公式 $hg=\sqrt{h\times g}$进行计算。但 *g*-index 可以显著提高高被引论文对学者的排名影响，且在与其他指标的相似性上和另外两个指标有较大差别，因此 *g*-index 保留。而 *h*-index 与 *hg*-index 的排名列表之间肯德尔距离只有 0. 030 474，且分别与其余各指标排名之间的相似性接近，因此，本研究仅保留 *h*-index 这一指标。

A-index、*R*-index 以及 *o*-index 三个指标之间的计算均与 *h*-index 有关，所对应排名列表两两之间的肯德尔距离均小于 0. 15，且与其余指标之间的相似性也较高，因此本研究仅保留 *A*-index 这项指标。

Deg_Cen、Bet_Cen、Eig_Cen 以及 Clo_Cen 均为网络中心性度量值，代表了该学者在合作网络中的重要性。其中，Deg_Cen 与 Bet_Cen、Eig_Cen 与 Clo_Cen的排名列表之间较相似，且分别与其他指标的排名列表之间的相似性接近，故本研究选择保留 Deg_Cen 和 Clo_Cen。

五、指标体系构建

综上所述，本研究最终构建了学者学术影响力评价指标体系，如图 3－9 所示，该体系共包含 3 个维度，分别是基于引用量的学术影响力评价指标、基于合作关系的学术影响力评价指标、基于 *h*-index 类的学术影响力评价指标。其中，基于引用量的学术影响力评价指标共 8 项，基于合作关系的学术影响力评价指标共 2 项，基于 *h*-index 类的学术影响力评价指标共 3 项，总计 13 项影响力评价指标。

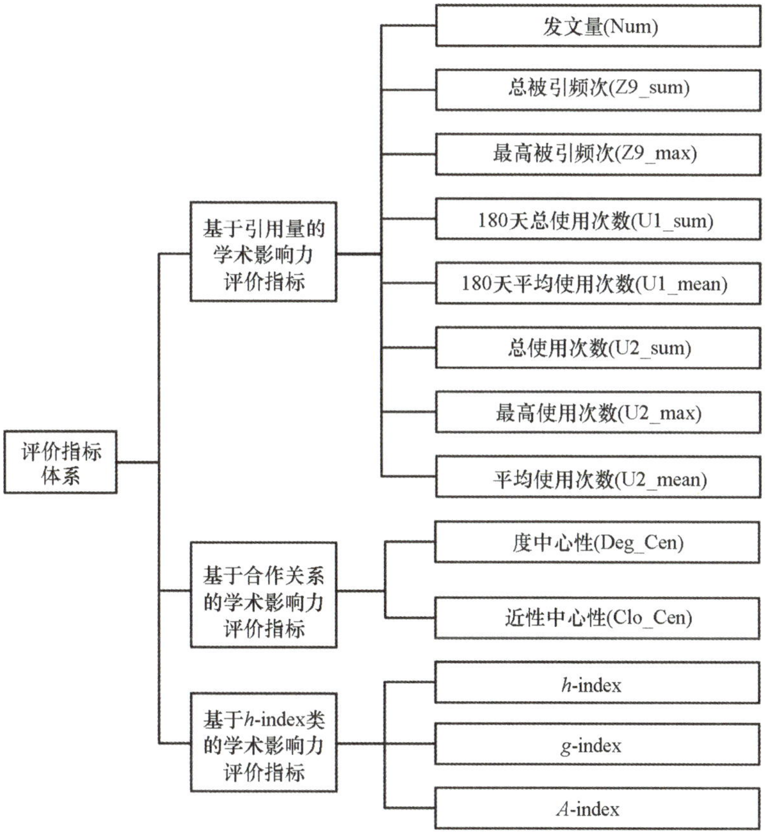

图 3－9　学术影响力评价指标体系

参考文献

[1] 路甬祥. 学科交叉与交叉科学的意义[J]. 中国科学院院刊,2005, 20(1): 58-60.

[2] 肖宇. 基于PK图的排名聚合方法及其应用研究[D]. 长沙:国防科学技术大学,2016.

[3] BAKKER A B, DEMEROUTI E, VERBEKE W. Using the job demands-resources model to predict burnout and performance [J]. Human Resource Management, 2004, 43(1): 83-104.

[4] CHEN C M, CHEN Y, HOU J H, et al. CiteSpace Ⅱ: identification and visualization of new trends and dynamics in scientific literature [J]. Journal of Intelligence, 2009, 28(3): 401-421.

第四章 学术影响力综合评价排名聚合

本章主要提出了一种学者学术影响力排名聚合方法。首先，使用学术影响力评价指标分别对人力资源管理领域学者进行排名；然后，使用了5种排名聚合方法对各指标的排名列表进行聚合，并对5种方法形成的聚合列表进行有效性分析；最后，对最终形成的学者排名列表进行了学术影响力分析，得出一些有参考价值的结果。

第一节 学术影响力综合评价问题定义和方法

学者的学术影响力可以通过两个方面体现：一是基于文献计量学的指标，主要以学者所发表的论文数量和质量为基础；二是基于网络科学中心度的指标，主要通过建立作者合作网络以及文献共引网络，对学者的中心性进行度量。以上两种方法虽然已经从客观角度对学者进行评价，但仍具有一些局限性，如 *h*-index 会在一定程度上削弱高被引论文的影响，而 *g*-index 则对高被引论文有很强的敏感性。因此，如何将各项评价指标的优势集成起来，对学者的学术影响力进行综合评价，是目前更需要考虑的一个问题。

排名聚合方法的核心思想是“总体大于部分之和”，它可以将不同的排名列表聚合为一个新的、更加公平的聚合列表。将排名聚合方法引入学术影响力问题的研究中，可以为该类问题提出新的解决思路。基于排名聚合方法的学术影响力评价问题可定义如下：在学术影响力评价指标集 $C=\{c_1, c_2, \cdots, c_j, \cdots, c_m\}$ 下，对学者集 $A=\{a_1, a_2, \cdots, a_i, \cdots, a_n\}$ 进行评价，并得到第 j 个指标下 n 名学者的排名列表 R_j（$j=1, \cdots, m$）。采用第 k 种排名聚合方法对 R_j 进行集成，最终可以得到学者学术影响力排名列表 R_k^A。

为了比较各排名聚合方法在学术影响力问题研究中的有效性，本研究基于肯德尔距离对五种排名聚合方法的有效性进行计算，将各排名聚合方法所得到的排名聚合列表 R_k^A 与所有待聚合列表 R_j 之间的肯德尔距离之和 S_k 作为排名聚合方法有效性测量标准，即：

$$S_k = \sum_{j=1}^{m} K(R_k^A, R_j) \quad (4-1)$$

其中，K（R_k^A，R_j）表示聚合列表 R_k^A 与待聚合列表 R_j 之间经过归一化处理的肯德尔距离，S_k 越小表示该排名聚合方法的聚合有效性越好。

本章使用排名聚合方法对人力资源领域学者学术影响力进行综合评价，方法流程如图 4-1 所示。

该方法共包括以下几个阶段：

（1）数据获取及数据预处理

在第三章，对从 WOS 核心数据库获取的人力资源管理领域全量数据进行了预处理，并通过基于排名相似性的指标选择方法对评价指标进行筛选，最终保留了 13 项学术影响力评价指标和人力资源领域 6 566 名学者所发表的 22 441 篇文献数据。

（2）学者学术影响力排名聚合

这一阶段主要使用排名聚合方法对不同指标下的排名列表 R_j 进行聚合，本研究所使用的排名聚合方法包括波达计数法（Borda cound method，BM）、平均排名法（average ranking method，ARM）、道达尔排序法（Dowdall method，DM）、最小冲突排名法（minimum violations ranking，MVR），以及基

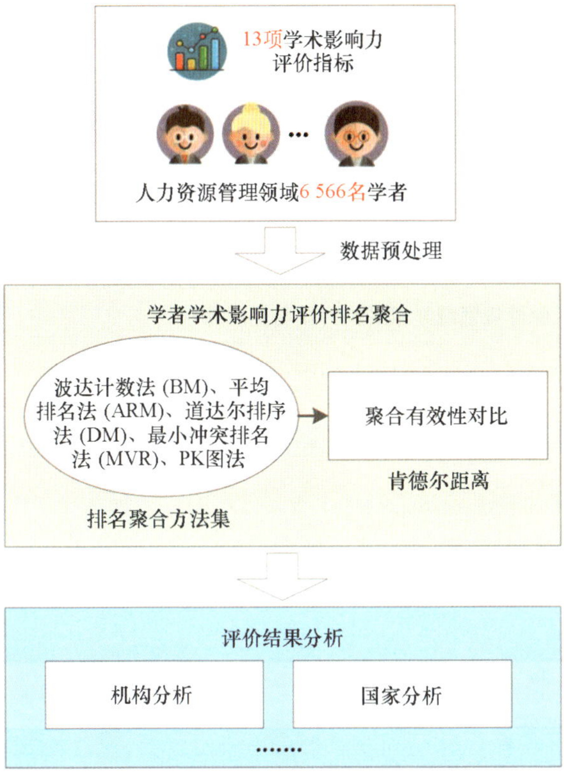

图 4-1　人力资源领域学者学术影响力评价排名聚合方法

于 PK 图的排名聚合方法。在得到各个排名聚合列表 R_k^A 后，再基于 S_k 对五种排名聚合方法的聚合有效性进行计算和分析。

(3) 评价结果分析

在上一阶段，通过对各排名聚合方法的有效性进行分析，可以得到最佳的排名聚合方法及聚合列表，即最佳的学者学术影响力综合评价结果。本研究对这一结果中学者所属机构、国家以及表现指标值进行分析，进而得到一些有价值的结论，为领域内的学者提供参考。

第二节 学者学术影响力综合评价算法

根据问题定义和方法流程，学者学术影响力评价算法的伪代码如算法4－1所示。

算法4－1 人力资源管理领域学术影响力排名生成算法

Require: The performance evaluation criteria set $C\ \{c_1, c_2, \cdots, c_j, \cdots, c_m\}$, The scholar set $A\ \{a_1, a_2, \cdots, a_i, \cdots, a_n\}$;

Ensure: individual synthetic rankings.

function generating rankings.

construct ranking aggregation method set T (contains BM, ARM, DM, MVR, PK)

for $i=1$ to n **do**

  for $j=1$ to m **do**

    obtain performance evaluation matrix $M_{i \times j}$

    transfer matrix $M_{i \times j}$ to ranking matrix $R_{i \times j}$

    for $k=1$ to 5 **do**

      using the kth method in T on $R_{i \times j}$

      obtain the aggregated ranking lists R_k^A

    end for

  end for

end for

end function

通过这一算法，可以综合考虑各评价指标对学术影响力的影响，得到5种排名聚合方法下人力资源领域学者学术影响力的综合评价指标值排名结果，如表4－1所示，5种方法下排名情况如表4－2所示。

表 4－1　TOP 10 学者综合评价指标排名结果

学者姓名	Num	Z9_ sum	Z9_ max	U1_ sum	U1_ mean	U2_ sum	U2_ max	U2_ mean	*h*-index	*g*-index	*A*-index	Deg_ Cen	Clo_ Cen
A. B. Bakker	2	1	39	1	399	1	63	248	1	1	88	1	48
E. Demerouti	14	2	54	2	366	2	98	352	8	4	101	18	183
D. P. Lepak	76	4	15	3	207	5	13	111	26	36	66	36	9
G. R. Ferris	4	9	216	17	2 906	6	34	1 630	3	3	278	3	16
P. M. Wright	45	5	33	18	941	14	49	685	4	13	139	22	15
W. B. Schaufeli	47	3	40	5	476	7	64	282	5	14	129	41	643
F. Luthans	42	13	94	11	834	4	67	209	11	12	236	34	144
F. O. Walumbwa	187	16	55	26	309	9	3	54	37	118	173	115	86
B. J. Avolio	327	12	56	39	179	10	4	21	71	267	89	348	254
E. Salas	28	14	83	8	896	13	214	844	14	8	219	51	1 428

表 4－2　TOP 10 学者各方法排名列表

学者姓名	BM	ARM	DM	MVR	PK
A. B. Bakker	2	2	1	1	2
E. Demerouti	4	4	3	2	4
D. P. Lepak	1	1	2	3	1
G. R. Ferris	75	75	8	4	75
P. M. Wright	10	10	15	5	10
W. B. Schaufeli	9	9	14	6	9
F. Luthans	8	8	17	7	8
F. O. Walumbwa	3	3	11	8	3
B. J. Avolio	6	6	18	9	6
E. Salas	33	33	23	10	33

本研究通过计算聚合结果 R_k 与各原始排名列表 R_j 之间肯德尔距离 $K(R_k, R_j)$之和 S_k，对比各排名聚合方法在该问题中的聚合有效性，认为聚

合有效性最佳的排名聚合方法是肯德尔距离值最小的方法。

图4－2展示了5种排名聚合方法的聚合有效性对比结果。从图中可以看出，使用最小冲突排名法（MVR）得到的聚合列表与指标排名列表之间的肯德尔距离之和最小，可以得到聚合有效性最高的排名列表。波达计数法（BM）、平均排名法（ARM）以及基于PK图的排名聚合方法（PK）的聚合有效性相近，且通过对排名列表的分析可知这三种方法得到的聚合列表完全相同。而通过道达尔排序法（DM）得到的排名聚合列表的聚合有效性最差。

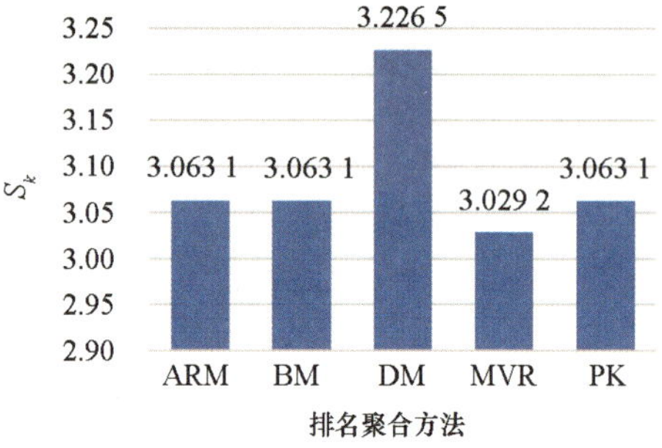

图4－2　排名聚合方法聚合有效性对比

第三节　人力资源管理领域学者学术影响力综合评价结果分析

本节从各评价指标对聚合结果的影响以及聚合结果两方面入手，对人力资源管理领域学者学术影响力评价排名聚合结果进行展示及分析。

一、各评价指标对聚合结果的影响

在得到最终的聚合列表后，通过计算聚合列表与各指标排名列表之间的肯德尔距离，即评价聚合列表与指标排名列表之间的相似性，可以分析出各指标在学者学术影响力评价问题中的重要性（见图4－3）。

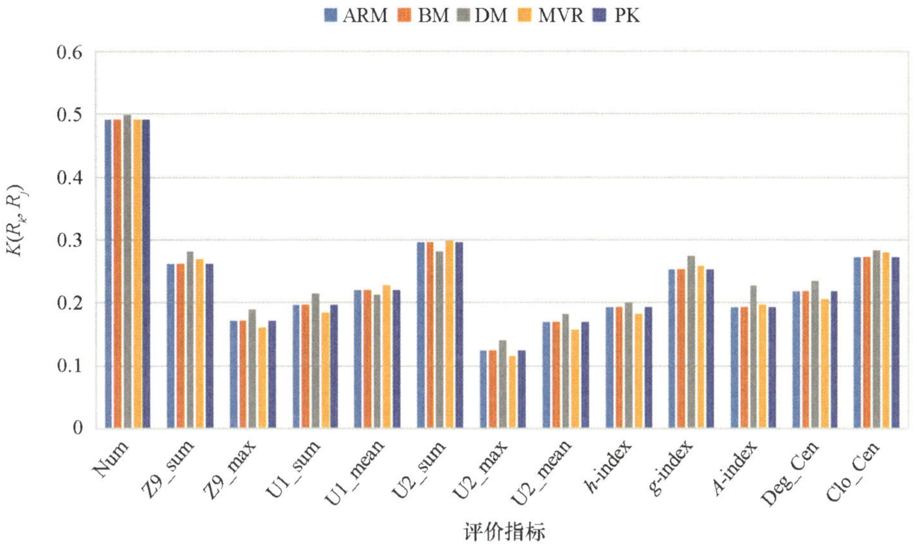

图 4－3　聚合列表与各指标排名列表的相似性对比

在图 4－3 中，横坐标表示评价指标，纵坐标表示该评价指标与聚合列表的肯德尔距离，不同颜色的条形表示不同的排名聚合方法。从图中可以看出，各方法的走势大致相同，无论哪种聚合方法，与聚合列表最相似的 5 个排名列表所对应的指标分别是最高使用次数（U2_max）、平均使用次数（U2_mean）、最高被引频次（Z9_max）、*h*-index 和 180 天总使用次数（U1_sum），这意味着这些指标更能决定学者总的学术影响力表现。从中可以得出以下结论。

（1）提升论文质量可以更快地提高学者学术影响力

论文被其他学者引用可以直接地肯定被引学者的工作，而论文被其他学者所使用（点击、保存）的次数则可以衡量其他学者对该论文的兴趣程度。与聚合结果相似度最高的指标多数都与文章的被引频次和使用次数相关，从一定程度上说明努力提升所发表的论文质量，使其成为高被引、高使用量论文，才是提升学者在领域内学术影响力的“正途”。

（2）论文时效性十分重要

180 天总使用次数（U1_sum）表示了该学者所发表论文在 180 天内被其

他学者所使用的次数，能够代表该学者研究的时效性。由图4－3可知，该指标对聚合结果具有较高的影响，这表示具有时效性的研究也非常重要，会提高学者在短期内得到大量关注的可能性，所以仅靠历史发表成果的积累也是不够的。

（3）发文量对学术影响力的影响较低

许多学者认为较高的发文量可以代表其学术水平。然而，在图4－3中，评价指标“发文量（Num）”所对应的排名列表与聚合列表的相似性最低，这意味着该指标对聚合结果的影响力较低，说明仅通过提高发文量并不能对学术影响力的提升有很大的帮助，学术“灌水”并不可取。

二、聚合结果分析

在得到人力资源管理领域研究人员学术影响力的最终排名后，本研究进一步对排名靠前的学者情况进行分析，对高学术排名的产生机理和影响因素进行探讨。研究机构作为学术研究的大本营，对于推动科学研究的发展起着至关重要的作用。本研究对人力资源管理领域学术影响力排名前50的作者进行所属机构和国家的分析。表4－3展示了前20位学者（TOP 20）的所属机构和国家，其余学者的情况可见附录B.1。

图4－4是人力资源管理领域学术影响力排名前50（TOP 50）学者所属国家的饼状图。由图可知，这些学者分别来自12个不同的国家，其中，有54%的学者来自美国，美国成为进入学术影响力排名前50的学者数量最多的国家，其次为荷兰和英国，各有5名学者进入了前50。但值得注意的是，排名最高的两名学者均来自荷兰。除此之外，还有来自中国、加拿大、澳大利亚、法国、南非、芬兰、比利时、爱尔兰以及以色列的学者进入了前50。

本研究对排名前2位的荷兰学者Bakker和Demerouti做了进一步的调研和分析。虽然这两名学者来自不同的科研机构，但是两者之间却有大量的合作，共同发表论文21篇。其中，合作论文“Using the job demands-resources model to predict burnout and performance" 的被引次数最多，为 731 次，该文章通过使用工作需求－资源模型对员工的职业倦怠和工作绩效进行预测。

表 4－3　TOP 20 学者所属机构及国家

排名	学者姓名	机构	国家
1	A. B. Bakker	鹿特丹伊拉斯谟大学	荷兰
2	E. Demerouti	乌特勒支大学	荷兰
3	D. P. Lepak	罗格斯大学	美国
4	G. R. Ferris	佛罗里达州立大学	美国
5	P. M. Wright	康奈尔大学	美国
6	W. B. Schaufeli	乌特勒支大学	荷兰
7	F. Luthans	内布拉斯加大学	美国
8	F. O. Walumbwa	内布拉斯加大学	美国
9	B. J. Avolio	内布拉斯加大学	美国
10	E. Salas	中佛罗里达大学	美国
11	F. P. Morgeson	密歇根州立大学	美国
12	D. C. Feldman	佐治亚大学	美国
13	K. F. Jiang	罗格斯大学	美国
14	S. E. Jackson	罗格斯大学	美国
15	H. De Witte	西北大学	南非
16	C. Brewster	雷丁大学	英国
17	J. A. Lepine	亚利桑那州立大学	美国
18	T. D. Allen	南佛罗里达大学	美国
19	Y. Baruch	鲁昂商学院	法国
20	J. Zhou	莱斯大学	美国

同时，学术影响力排名前 10 的学者所属国家只有荷兰和美国，这可能与国家内部学者之间的合作关系较为密切有关，容易形成强强联合的局面，也

意味着合作数量和质量对学者学术影响力具有很大的影响。

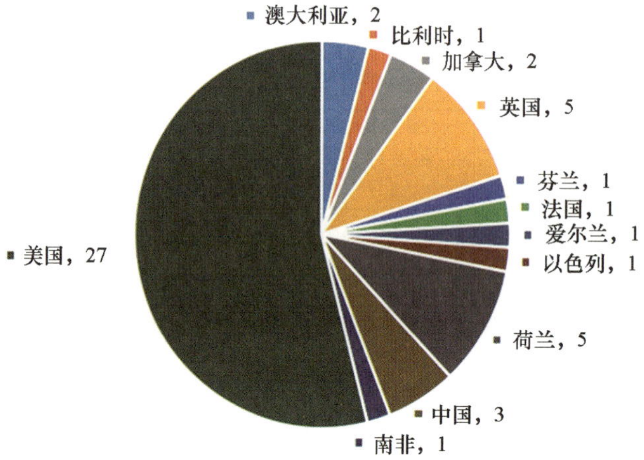

图 4－4　TOP 50 学者所属国家

学术影响力排名前 50 的学者来自 41 个不同的机构，其中人数最多的是罗格斯大学、内布拉斯加大学，各有 3 名学者的排名进入前 50。而亚利桑那州立大学、佛罗里达州立大学、俄亥俄州立大学、波特兰州立大学、乌特勒支大学均有 2 名学者排名进入前 50。这可以说明这些机构在该领域内具有较高的影响力，在优秀的团队中更有可能成为优秀的学者，也说明了团队在学者发展中起到了重要的作用。同时，进一步印证了合作数量和质量对学者学术影响力所带来的影响。

在排名前 50 的学者中，大部分的学者发文量超过了 10 篇，只有 3 名学者例外。排名第 24 位的 Humphrey，发文量只有 5 篇，这导致了该学者 *h*-index、*g*-index 以及网络中节点中心性并不会很高，但该学者的总被引频次为 1 503，最高被引频次为 683，同时 180 天总使用次数、180 天平均使用次数等指标值也非常高。这也证实了提升所发表论文的质量比提升数量更有效。

参考文献

[1] ALONSO S, CABRERIZO F J, HERRERA-VIEDMA E, et al. *hg*-index: a new index to characterize the scientific output of researchers based on the *h*- and *g*-indices [J]. Scientometrics, 2010, 82(2): 391-400.

[2] CHARLES V, KUMAR M. Satisficing data envelopment analysis: an application to SERVQUAL efficiency [J]. Measurement, 2014, 51: 71-80.

[3] CHUNG R G, WU C Y. The identification of personnel director's competency profile through the use of the job competence assessment method [J]. African Journal of Business Management, 2011, 5(2): 405-415.

[4] COOK W D, GOLANY B, PENN M, et al. Creating a consensus ranking of proposals from reviewers' partial ordinal rankings [J]. Computers & Operations Research, 2007, 34(4): 954-965.

[5] DOROGOVTSEV S N, MENDES J F F. Ranking scientists [J]. Nature Physics, 2015(11): 882-883.

[6] EGGHE L. Theory and practise of the *g*-index [J]. Scientometrics, 2006, 69(1): 131-152.

[7] HAGEN T, BOGAERTS S. Work pressure and sickness absenteeism among judges [J]. Psychiatry, Psychology and Law, 2014, 21(1): 92-111.

[8] HAKANEN J J, BAKKER A B, SCHAUFELI W B. Burnout and work engagement among teachers [J]. Journal of School Psychology, 2006, 43(6): 495-513.

[9] JIN B H, LIANG L M, ROUSSEAU R, et al. The *R*- and *AR*-indices: complementing the *h*-index [J]. Chinese Science Bulletin, 2007, 52(6): 855-863.

[10] KAUFMAN B E. The historical development of American HRM broadly viewed [J]. Human Resource Management Review, 2014, 24(3): 196-218.

[11] MORENO F G. Who's #1?: the science of rating and ranking[J]. Journal of Artificial Societies and Social Simulation, 2013, 16(4).

[12] NEWMAN M E J. Detecting community structure in networks [J]. The European Physical Journal B, 2004, 38(2): 321-330.

[13] PRINCE M. "If you can't measure it, you can't manage it"—essential truth, or costly myth? [J]. World Psychiatry, 2018, 17(1): 1-2.

[14] QADEER F, ARSHAD S. Core self-evaluation and job performance: the role of anticipated guilt and gratitude [J]. Pakistan Journal of Statistics, 2014, 30(6): 1301-1320.

[15] REHM M, NOTTEN A. Twitter as an informal learning space for teachers!? The role of social capital in Twitter conversations among teachers [J]. Teaching and Teacher Education, 2016, 60: 215-223.

[16] STEVENS G W. A critical review of the science and practice of competency modeling[J]. Human Resource Development Review, 2013, 12(1): 86-107.

[17] STORDEUR S, D'HOORE W. Organizational configuration of hospitals succeeding in attracting and retaining nurses [J]. Journal of Advanced Nursing, 2007, 57(1): 45-58.

[18] VENZ R A, GARDINER E. It pays to be well-connected: the moderating role of networking ability on the relationship between core self-evaluations and income[J]. Personality and Individual Differences, 2017, 110: 85-89.

[19] YAN X F, YANG K J, SU J K, et al. Mediating role of emotional intelligence on the associations between core self-evaluations and job satisfaction, work engagement as indices of work-related well-being [J].

Current Psychology, 2018, 37(3): 552 – 558.

[20] ZENG A, SHEN Z S, ZHOU J L, et al. The science of science: from the perspective of complex systems[J]. Physics Reports: Review Section of Physics Letters, 2017, 714: 1 – 73.

第五章

基于社区检测的学术影响力评价

本章首先使用社区检测算法将关键词共现网络划分为不同的研究方向，并对各研究方向内学者的学术影响力进行评价。其次，由于考虑到不同研究方向之间存在的差异，于是对传统的排名聚合方法进行了改进，考虑多研究方向平衡的学者学术影响力评价方法。最后，将人力资源管理领域 6 566 名学者的数据重新代入本章设计的方法中，并对新的排名结果进行分析。

第一节 学者学术影响力评价方法架构

伴随着科学研究的不断深入，学科研究内容间呈现出高度分化又深度融合的特点，不同研究方向间知识的交叉和融合被认为是推动科学创新发展的关键因素。对学者学术影响力研究问题而言：一方面，研究方向的高度分化导致不同研究方向间呈现出研究热度、研究程度的差异，进而体现出不同研究方向间学者学术成果的差别；另一方面，进一步研究学者的跨领域合作能力，可以作为展示学者知识创新能力的一个新的维度。为了对不同研究方向内的学者进行更加平衡的学术影响力评价，本研究提出了基于社区检测的学者学术影响力评价方法，如图 5 - 1 所示。

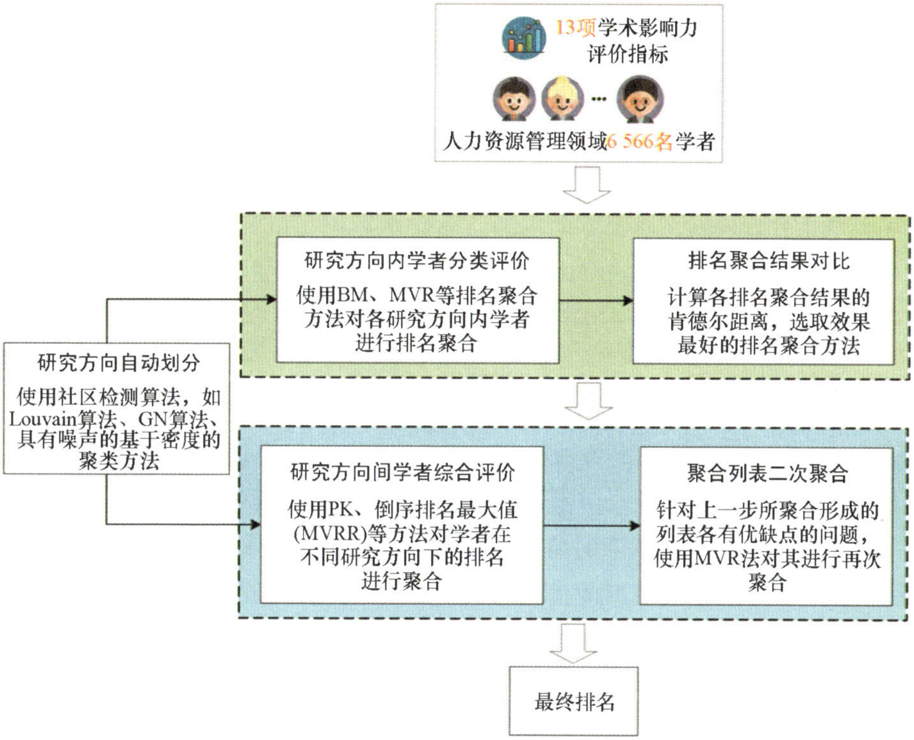

图 5 - 1　学者学术影响力评价方法架构

基于社区检测的学者学术影响力评价的具体流程为：

(1) 数据获取及预处理

从 WOS 核心数据库获取人力资源管理领域全量数据，并对数据进行预处理，通过基于排名相似性的指标选择方法对评价指标进行筛选，最终保留了 13 项学术影响力评价指标和人力资源领域 6 566 名学者所发表的 22 441 篇文献数据。

(2) 研究方向自动划分

首先，对预处理后的文献数据构建关键词共现网络，并基于社区检测算法将关键词共现网络自动划分为不同研究方向。然后，按照聚类数据分类结果将数据按照研究方向进行划分，并对各研究方向内学者的评价指标进行计算和排名。

（3）研究方向内学者学术影响力分类评价

基于构建的评价指标体系分别对各研究方向内的学者进行排序，其中被评价者（学者）$A=\{a_1, a_2, \cdots, a_n\}$，评价者不是传统意义上的人，而是 k 项评价。在得到各研究方向内的 k 个排名列表后，使用排名聚合方法将 k 个排名列表聚合，得到该研究方向内的学者学术影响力聚合排名列表。之后可以通过聚合有效性评价方法对比各聚合方法的聚合有效性。

（4）研究方向间学者学术影响力综合评价

该部分提出了三种可以将不完整排名列表进行聚合的方法，使用这三种方法对不同研究方向内学者的学术影响力排名列表进行聚合，形成三个不同的聚合列表。为了综合三种方法的优点，本研究使用最小冲突排名法（MVR）对聚合列表进行了二次聚合，得到了一个更加公平的聚合列表。

此方法可以推至更广泛的情况，即将研究方向进一步细分，通过层层递进的方法得到覆盖范围更广的排名列表，为决策者对不同研究方向内学者学术影响力评价提供新的解决方法。

第二节　基于社区检测算法的学者研究方向划分

本节提出一种基于社区检测算法的科研领域方法模型分类探测方法，用来动态地、自适应地对某一领域的学者研究方向进行划分。这一方法通过构建关键词共现网络并使用社区检测算法对关键词共现网络进行分类，然后根据数据分类体系分别将学者及其所发表论文划分至不同的研究方向中。

一、学者研究方向分类方法

基于社区检测算法的科研领域方法模型分类探测方法主要过程分为三步：

首先，采集全量领域数据，进行数据预处理；然后，基于全量关键词构建关键词共现网络，基于社区检测算法对关键词共现网络进行划分；最后，对不同算法的划分结果进行技术指标对比以及专家打分，评选出表现最好的分类算法。具体流程如图 5－2 所示。

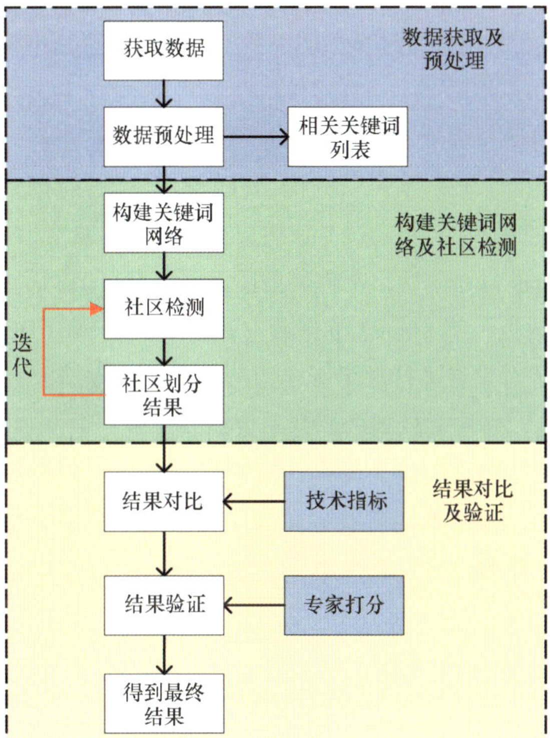

图 5－2　研究方向划分流程图

（1）在数据获取及预处理阶段，首先从 WOS 核心数据库中导出相关文献数据，去除无关键词文献、重复文献等无效数据，并筛除与研究无关的文献。抽取出文献数据中的所有关键词后，得到关键词列表。该部分的主要产出包含可用的文献数据和关键词列表。

（2）在构建关键词网络及社区检测阶段，主要分为三个步骤：

步骤 1：基于 Citespace 及 Gephi 构建文献关键词共现网络。

步骤2：使用社区检测算法将生成的关键词共现网络进行类别划分。本研究选用的社区检测算法包括 Louvain 算法、GN（Girvan-Newman）算法、具有噪声的基于密度的聚类方法（density-based spatial clustering of application with noise，DBSCAN）、CNM（Clauset-Newman-Moore）算法、团渗透法（clique percolation method，CPM）和标签传播算法（label propagation algorithm，LPA）。

步骤3：通过不断调整每种算法的参数，选出每种算法中模块度最高的结果作为社区划分的结果。

（3）在结果对比及验证阶段，为了选取最优的算法并验证其实验结果是否能达到人工分类的水平，本研究将使用社区检测算法的相关技术指标对各算法的实验结果进行对比，并通过专家调查法分别对实验结果进行验证。

在对研究方向进行划分后，文献数据还是以文献（TI）为单位进行划分，每篇文献为一条数据，其中包含了作者（AU）、关键词（DE）等信息。如图5－3所示，为了对学者进行学术影响力分类评价，本研究按原数据集中的作者信息进行分割，将按文献划分的各条数据以作者和论文为单位进行规整。而后，在基于社区检测算法对关键词共现网络进行社区划分后，将社区定义为同一类研究方向，得到不同研究方向的文献数据。最后，基于研究方向划分结果对作者进行分类。

二、分类算法对比分析

由于人力资源管理领域内文献数据量大、学者数量多，所构建的关键词共现网络为一个包含3万个节点、100万条边的巨型网络，不利于对结果进行对比验证。为了能够快速地验证研究方向划分方法的有效性，本研究使用人力资源管理领域方法模型类数据集进行实验。在37 343篇人力资源管理领域文献数据的基础上，标注出使用次数为2次以上的所有与方法模型有关的关键词，得到与方法模型有关的关键词279个。最后再次使用正则表达式，抽取出包含这279个关键词的3 131篇文献数据，经过数据清洗后剩余2 872篇文献。处理方法如图5－4所示。

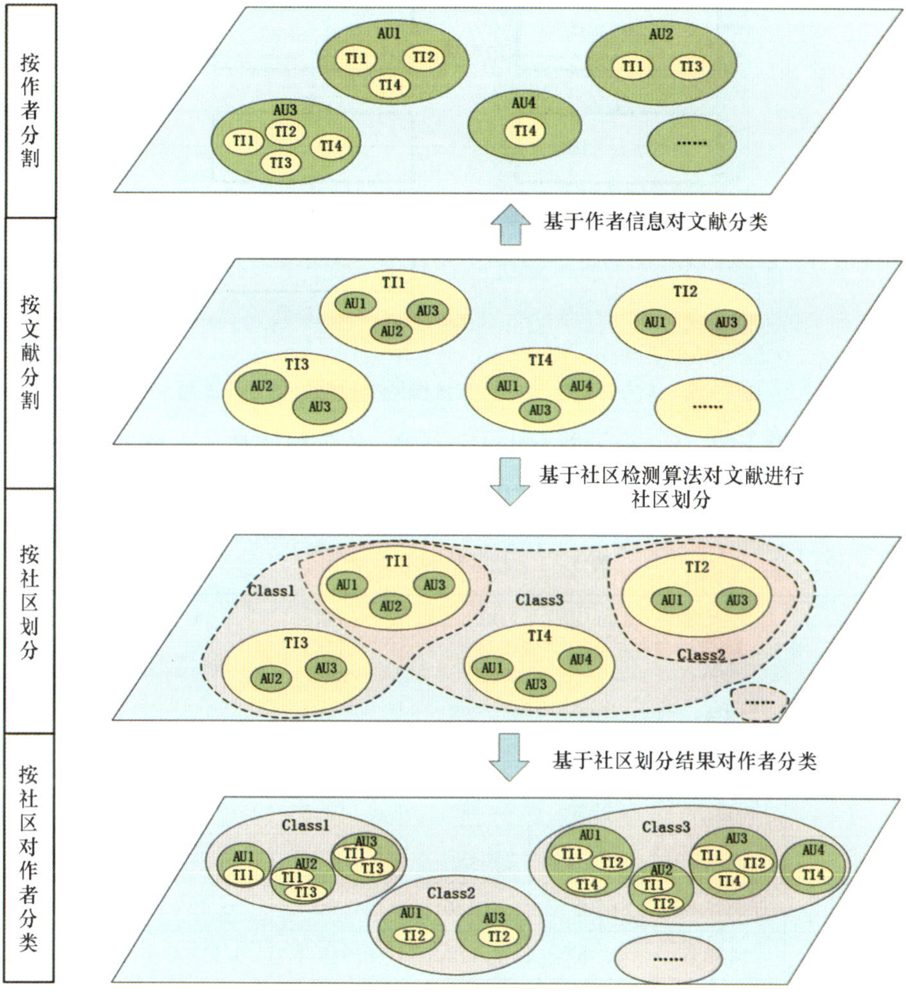

图 5－3　数据分类体系图

在得到人力资源管理领域方法模型类数据后，将数据集按照算法流程进行实验，得到算法实验结果。在结果对比环节，将从技术指标对比和专家评比两方面对社区检测结果进行对比分析。

（1）技术指标对比

表 5－1 展示了社区检测结果技术指标。其中，C_i 表示社区数量，C_{max} 表

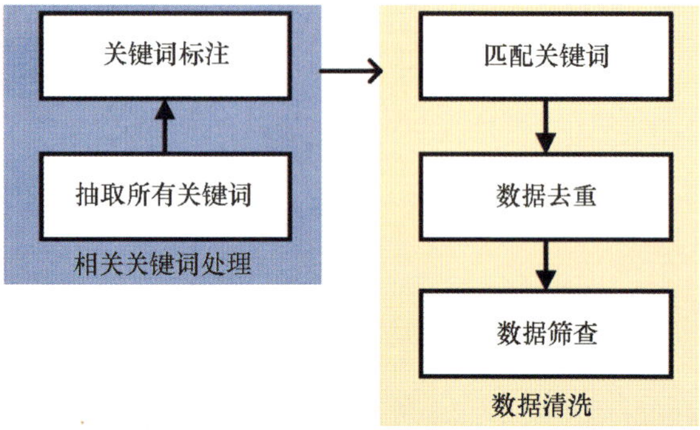

图 5－4　人力资源管理领域方法模型类数据处理方法流程

示最大社区节点数，C_{min}表示最小社区节点数，R 表示极差（range），S^2 表示节点数方差，t 表示运行时间（execution time），Q 表示模块度（modularity）。

表 5－1　社区检测结果指标

指标	GN	Louvain	DBSCAN	CPM	CNM	LPA
C_i	879	12	14	325	16	5
C_{max}	608	283	588	55	573	1 663
C_{min}	1	60	1	5	1	1
R	607	223	587	50	572	1 662
S^2	419. 121 3	6 053. 355	23 006. 82	10. 438 3	34 517	440 631. 4
t	3 031. 44	0. 05	0. 36	0. 06	5. 16	0. 36
Q	0. 186 6	0. 362	0. 118 3	0. 319 9	0. 333 4	0. 001 5

值得注意的是，在本实验中 C_i，C_{max}，C_{min}，R，S^2 只作为参考，并不代表其值越大（越小）越好。举例来说，社区数量 C_i 的多寡并不能单一维度地评价算法效果：若社区数量过多，如 GN 算法将关键词细分至 879 类，这虽可能精细地区分了研究方向，但也可能导致过度分割，造成紧密相关的研究关键词不必要的隔离；反之，如 LPA 算法仅将所有方法模型归为一类，虽然简化了分类结构，却可能忽略了重要的子领域差异，尽管这种极端分类展现了

最低的方差 s，即 0。由此可见，数值的大小并不能直接等同于算法质量的高低。因此，并不能简单依靠 5 项指标的值判别算法的优劣，而应与模块度和执行时间进行综合分析。

（2）专家评比

以下使用专家调查法对社区划分结果进行多轮对比验证。首先，将社区划分结果及研究思路送给 5 名领域专家，对评价维度进行调查，并赋予各维度权重，其结果如表 5－2 所示。其中，C_i 表示社区数，C_n 表示社区内节点数，RiC 表示社区内关键词的关联性，RoC 表示社区间关键词的关联性。

表 5－2　社区分类评价维度及权重

维度	C_i	C_n	RiC	RoC
权重	15%	15%	60%	10%

在得到各个维度的权重值后，建立如表 5－3 所示的专家打分表，专家将对各评价维度进行打分，分数区间为［1，5］。最后，通过加权求和法可以得到各个社区检测算法的最终得分。

表 5－3　社区分类专家打分表

维度	GN	Louvain	DBSCAN	CPM	CNM	LPA
C_i	1	5	5	2	5	3
C_n	1	5	3	4	2	1
RiC	1	4	2	3	3	2
RoC	1	4	2	3	2	1
总分	1	4.3	2.6	3	3.05	1

根据技术指标和专家意见，最终确定 Louvain 算法划分的社区效果最佳。它共划分出了 12 个社区，其中最大社区有 283 个节点，最小社区有 60 个节点，每个社区内关键词的数量差相对较小，且分类结果同样也符合专家的认知，每个社区的关键词都属于同一类，并且同一类关键词基本划分

至同一社区内。

由于该数据集是对人力资源管理领域方法模型类关键词进行分析，在使用社区检测算法对关键词进行分类后，从中提取出与方法模型有关的关键词。

表5-4为人力资源管理领域方法模型分类结果，由表可知Louvain算法可以将同一类方法模型分到相同的类别中。

本部分通过对人力资源管理领域方法模型类关键词进行实验，验证了所提出方法的有效性，并证明了在该问题的研究中最佳的社区检测算法为Louvain算法。在后续内容中将直接使用Louvain算法进行实验。

表5-4　方法模型分类结果

类别	方法模型
C1	定性比较分析（qualitative comparative analysis），模糊集定性比较分析（fuzzy set qualitative comparative analysis），比较分析（comparative analysis），定性分析（qualitative analysis），案例研究（case study），交叉案例分析（cross-case analysis），叙事分析（narrative analysis），内容分析（content analysis）
C2	话语分析（discourse analysis），批判性话语分析（critical discourse analysis，CDA），日记研究（diary study），会话分析（conversation analysis，CA），生存分析（survival analysis），事件史分析（event history analysis）
C3	跨文化研究（cross-cultural research），社会身份理论（social identity approach），概念模型（conceptual model），主题分析（thematic analysis），概念分析（concept analysis），解释性现象学分析（interpretative phenomenological analysis，IPA）
C4	多元回归（multiple regression），逻辑回归（logistic regression），层次回归（hierarchical regression），回归分析（regression analysis），多项式回归（polynomial regression），序列分析（sequence analysis），最佳匹配分析（optimal matching analysis）

续表

类别	方法模型
C5	结构方程模型（structural equation model），确认性因素分析（confirmatory factor analysis），长期追踪分析（longitudinal analysis），因素分析（factor analysis），探索性因素分析（exploratory factor analysis），中介效应分析（mediation analysis），潜在剖面分析（latent profile analysis），潜在类别分析（latent class analysis），路径分析（path analysis），结构模型（structural model），潜在生长模型（latent growth model），方差分析（analysis of variance，ANOVA）
C6	元分析（meta analysis），社会网络分析（social network analysis），文献计量学（bibliometrics），引用分析（citation analysis），网络分析（network analysis），复杂网络分析（complex network analysis），科学计量学（scientometrics），元认知（metacognition）
C7	JD-R 模型（job demands-resources model），能力模型（competency model），五因素模型（five factor model），工作分析（job analysis），VRIO（value，rarity，imitability，organization）框架，能力评估（competency assessment），三轴模型（tri-axial model），AMO 模型（ability-motivation-opportunity model）
C8	多层次分析（multilevel analysis），多层次模型（multilevel model），层次线性模型（hierarchical linear model），层次分析法（analytic hierarchy process，AHP），网络分析法（analytic network process，ANP），模糊层次分析法（fuzzy analytic hierarchy process，FAHP）
C9	实证分析（empirical analysis），问卷调查（questionnaire），德尔菲法（Delphi survey），人力资本分析（people analytics），专家评估（expert evaluation），多文化人格问卷（multicultural personality questionnaire），组织人口统计学（organizational demography）

续表

类别	方法模型
C10	仿真模拟（simulation），技术接受模型（technology acceptance model），构建验证（construct validation），展开模型（unfolding model）
C11	核心自我评价（core self-evaluation），决策分析（decision analysis），数据包络分析（data envelopment analysis，DEA），绩效评估（performance assessment），多目标决策（multiple-criteria decision making，MCDM），联合分析（conjoint analysis），主观绩效评价（subjective performance evaluation），团队决策（group decision making）
C12	聚类分析（cluster analysis），模糊逻辑（fuzzy logic），数据挖掘（data mining），基于代理的模型（agent-based model，ABM），自适应神经模糊推理系统（adaptive neuro-fuzzy inference system），情感分析（sentiment analysis）

第三节　学者学术影响力分类—综合评价方法

本节将基于上一节研究方向的分类结果，进一步改进排名聚合算法，考虑因研究方向不同而导致的对学者学术影响力评价的影响。随着决策理论的不断发展，排名聚合方法在将若干排名列表整合成一个具有偏好信息的列表方面得到了广泛的研究，然而对那些具有大规模、带有局部信息的排名聚合问题却鲜有研究。在基于 PK 图的排名聚合方法中，提出了通过图论的方法解决该问题的新思路，但在多研究方向间学术影响力排名方法的研究中，PK 图中可能会出现多个"孤岛"，即在 PK 图中出现多个研究方向间无共同节点的情况。

因此，在多研究方向间学术影响力排名方法的第二层聚合时提出了三种可以将多研究方向间学者学术影响力的不完整排名列表进行整合的方法，并将三种方法所得到的完整列表进行再次聚合，如图 5－5 所示。

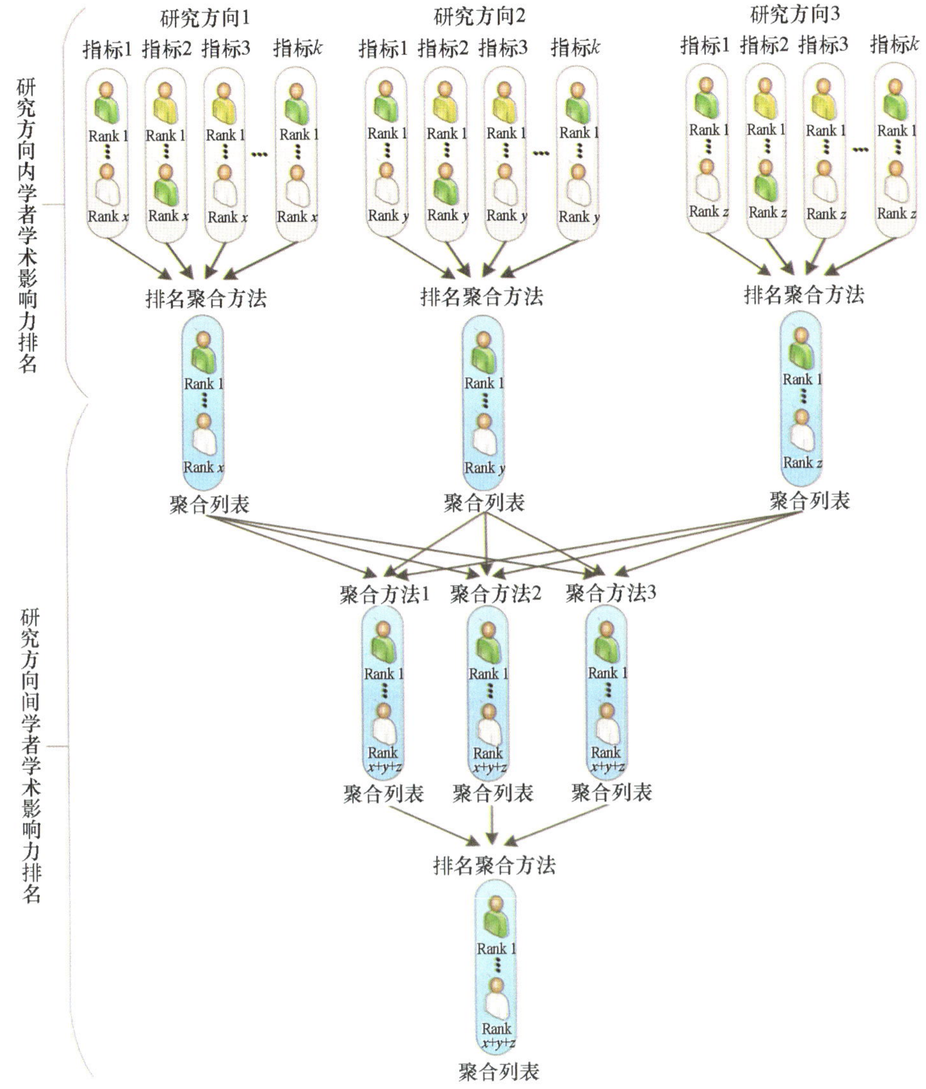

图 5－5 学者学术影响力排名聚合方法示意图

本研究设计了一个示例对该排名聚合过程进行展示，表 5－5 为 10 名学者在 5 个不同研究方向内的排名列表。排名列表长度取决于各领域内学者的数量，空白表示该学者不在对应研究方向。

表 5-5 原始排名列表

学者	研究方向 1	研究方向 2	研究方向 3	研究方向 4	研究方向 5
a1	1		3		2
a2	3		1		1
a3	2		2		3
a4	4			1	
a5		1			
a6		3			
a7	7				4
a8		2		2	
a9	6		4		
a10	5		5	3	

一、基于 PK 图的排名聚合方法

使用基于 PK 图的排名聚合方法，对各研究方向间学者学术影响力排名列表进行聚合，生成新的排名列表。该方法将网络科学引入排名聚合的问题研究中，对大规模、不完全列表的排名聚合问题提供了全新的视角，并显著提高了排名聚合有效性。对所研究的学术影响力排名问题而言，虽然学科交叉融合的发展，各研究方向间联系逐渐增多，但仍有很多研究方向间没有共同的学者，即建立的 PK 图中可能出现多个无共同节点的独立网络。而该方法的本质是对 PK 图中节点加权出入度的对比，虽然可能会出现独立的研究方向，但加权出入度比值仍然可以对不同研究方向的学者进行比较。

该方法的主要过程如下：

（1）将各排名列表进行矩阵化表示，得到排名矩阵 $\boldsymbol{R}=(r_{ij})_{N\times M}$；

（2）基于排名矩阵 $\boldsymbol{R}=(r_{ij})_{N\times M}$，建立 PK 矩阵 $\boldsymbol{P}=(p_{st})_{M\times M}$，其中 p_{st} 为学者 a_s 排名高于学者 a_t 的排名列表的个数；

（3）基于 PK 矩阵 $\boldsymbol{P}=(p_{st})_{M\times M}$，建立 PK 图 $G=(V, E)$，其中节点集为 V，边集为 $E\subseteq V\times V$；

（4）计算各节点的加权出度 d_j^+，加权入度 d_j^-，以及加权出度入度比 η_j，计算公式为：

$$d_j^+ = \sum_{t=1}^{M} p_{st}, \quad s = j \tag{5-1}$$

$$d_j^- = \sum_{s=1}^{M} p_{st}, \quad t = j \tag{5-2}$$

$$\eta_j = \frac{d_j^+}{d_j^-} \tag{5-3}$$

（5）将各节点的出度入度比 η_j 进行正序排序，得到最终的聚合列表。

为更好地理解该方法，以表 5－5 所展示的排名列表进行示例。首先对各领域学者影响力排名进行矩阵化表示，得到排名矩阵 $\boldsymbol{R}=(r_{ij})_{5\times 10}$：

$$\boldsymbol{R}=\begin{bmatrix}1&3&2&4&0&0&7&0&6&5\\0&0&0&0&1&3&0&2&0&0\\3&1&2&0&0&0&0&0&4&5\\0&0&0&1&0&0&0&2&0&3\\2&1&3&0&0&0&4&0&0&0\end{bmatrix}$$

以排名矩阵 $\boldsymbol{R}$ 为基础，得到 PK 矩阵 $\boldsymbol{P}=(p_{st})_{10\times 10}$：

$$\boldsymbol{P}=\begin{bmatrix}0&1&2&1&0&0&2&0&2&2\\2&0&2&1&0&0&2&0&2&2\\1&1&0&1&0&0&2&0&2&2\\0&0&0&0&0&0&1&1&1&2\\0&0&0&0&0&1&0&1&0&0\\0&0&0&0&0&0&0&0&0&0\\0&0&0&0&0&0&0&0&0&0\\0&0&0&0&0&1&0&0&0&1\\0&0&0&0&0&0&1&0&0&1\\0&0&0&0&0&0&1&0&1&0\end{bmatrix}$$

根据 PK 矩阵绘制出 PK 图，并分别计算每个节点的加权出度、加权入度以及加权出入度比值，得到 5 个原始排名列表的最终排序。其中，当加权入度为 0 时，加权出入度比值为加权出度的值。表 5－6 展示了基于 PK 图的排名聚合方法的结果。

表 5－6　基于 PK 图的排名聚合方法聚合结果

学者	加权入度	加权出度	加权出入度比值	排名
a1	3	10	3.33	2
a2	2	11	5.5	1
a3	4	9	2.25	3
a4	3	5	1.67	5
a5	0	2	2	4
a6	2	0	0	9
a7	9	0	0	9
a8	2	2	1	6
a9	8	2	0.25	7
a10	10	2	0.2	8

二、PK 图出入度比值和

该方法在基于 PK 图的排名聚合方法上进行了改变，分别对各研究方向内学者建立 PK 图，计算学者出度入度比之和。具体描述如下：

通过在 m 个研究方向 R_i（$i=1$，…，m）内部分别建立 PK 图 $G_i=(V_i, E_i)$，其中 V_i 表示节点合集，$E_i \subseteq V_i \times V_i$ 表示边合集。$|V_i|$表示节点数量，$|E_i|$表示边数量，网络的邻接矩阵为 $\boldsymbol{P}_i(G) = (p_{ist})_{M_i \times M_i}$，$M_i$ 为该研究方向内排名列表长度，即学者数量。计算各研究方向内学者的出度、入度以及出入度比值。其中，出度、入度计算公式分别为：

$$d_{ij}^{+} = \sum_{t=1}^{M} p_{ist} \quad s = j \tag{5-4}$$

$$d_{ij}^{-} = \sum_{s=1}^{M} p_{ist} \quad t = j \tag{5-5}$$

出入度比计算公式为：

$$\eta_{ij} = \frac{d_{ij}^{+}}{d_{ij}^{-}} \tag{5-6}$$

其中，$j=1$，…，n，表示各研究方向内学者数量。当某个节点在排名列表中为第1时，意味着其直接前驱节点数为0，即入度为0，从而导致其出度与入度的比值理论上为无穷大。当出现这样的情况时，取 $d_{ij}^{-}=0.8$ 进行计算。

通过对比各学者在各研究方向内 y_{ij} 的和，对不同科研方向内学者的排名列表进行整合：

$$\eta_i = \sum_{j=1}^{n} \eta_{ij} \tag{5-7}$$

通过在研究方向内部建立PK图并计算出入度比值，可以得到各研究方向内学者的排名，并在一定程度上提高学术影响力排名靠前学者的相对分数。

为了简洁地展示该方法，以表5-5所示的各研究方向内排名列表为例进行演示。

(1) 根据各研究方向内学者的排名计算邻接矩阵，以研究方向1为例，该方向内的邻接矩阵为：

$$\boldsymbol{P}_i = \begin{bmatrix} 0 & 1 & 1 & 1 & 1 & 1 & 1 \\ 0 & 0 & 0 & 1 & 1 & 1 & 1 \\ 0 & 1 & 0 & 1 & 1 & 1 & 1 \\ 0 & 0 & 0 & 0 & 1 & 1 & 1 \\ 0 & 0 & 0 & 0 & 0 & 0 & 0 \\ 0 & 0 & 0 & 0 & 1 & 0 & 0 \\ 0 & 0 & 0 & 0 & 1 & 1 & 0 \end{bmatrix}$$

(2) 根据各研究方向内的邻接矩阵，分别计算每个节点的出度、入度以及出入度比值，表5-7展示了各研究方向出入度比值。

表 5－7　各研究方向出入度比值

学者	研究方向 1	研究方向 2	研究方向 3	研究方向 4	研究方向 5
a1	7.5		1		2
a2	2		5		3.75
a3	5		3		0.5
a4	1			2.5	
a5		2.5			
a6		0			
a7	0				0
a8		1		1	
a9	0.2		0.33		
a10	0.5		0	0	

注：空白表示该学者不在对应研究方向。

（3）对各方向内出入度比值进行加和，并对出入度比值进行降序排列，得到领域间排名列表（见表 5－8）。

表 5－8　PK 图出入度比值聚合结果

学者	出入度比值之和	排名
a1	10.5	2
a2	10.75	1
a3	8.5	3
a4	3.5	4
a5	2.5	5
a6	0	9
a7	0	9
a8	2	6
a9	0.53	7
a10	0.5	8

三、倒序排名最大值（maximum value of reversed rank, MVRR）

对各研究方向内学者的倒序排名 R_i（$i=1$，…，n）进行 min－max 标准化：

$$r_i = \frac{R_i - \min\limits_{1 \leq j \leq n}\{R_j\}}{\max\limits_{1 \leq j \leq n}\{R_j\} - \min\limits_{1 \leq j \leq n}\{R_j\}} \tag{5-8}$$

$r_i \in [0, 1]$（$i=1$，…，n），其中领域内第一名为 1，最后一名为 0。之后，将各领域内的标准化数值 r_i 求最大值 $\max\limits_{1 \leq i \leq n} r_i$。当出现排名相同时，则对比排名相同作者的第二大的数值。以下仍以表 5－5 的排名列表为例，对该方法进行演示。

（1）对各领域内排名结果进行 min－max 标准化（见表 5－9）。

表 5－9　各研究方向内排名标准化数值

学者	研究方向 1	研究方向 2	研究方向 3	研究方向 4	研究方向 5
a1	1.000		0.500		0.667
a2	0.667		1.000		1.000
a3	0.833		0.750		0.333
a4	0.500			1.000	
a5		1.000			
a6		0			
a7	0				0.000
a8		0.500		0.500	
a9	0.167		0.250		
a10	0.333		0	0	

注：空白表示该学者不在对应研究方向。

（2）统计学者在各领域内排名标准化后的最大值，并对其进行降序排列，得到最终的排序结果（见表 5－10）。

表 5-10　倒序排名最大值聚合结果

学者	最大值	排名
a1	1.000	1
a2	1.000	1
a3	0.833	5
a4	1.000	1
a5	1.000	1
a6	0	9
a7	0	9
a8	0.500	6
a9	0.250	8
a10	0.333	7

四、聚合列表的二次聚合

为了综合上述三种方法产生的聚合排名列表，本研究选择了在第四章实验中聚合有效性最好的 MVR 方法。同样地，使用上述例子进行展示，结果如表 5-11 所示。

表 5-11　排名聚合结果

学者	方法一	方法二	方法三	排名
a1	2	2	1	2
a2	1	1	1	1
a3	3	3	5	5
a4	5	4	1	3
a5	4	5	1	3
a6	9	9	9	9
a7	9	9	9	9
a8	6	6	6	6
a9	7	7	8	7
a10	8	8	7	8

第四节　学者学术影响力分类——综合评价结果及分析

一、研究方向分类结果

在对学者进行研究方向划分的过程中，首先将数据预处理后的36 868个关键词构建关键词共现网络，然后使用社区检测算法对网络进行划分，将学者分为7个大研究方向，并将各研究方向内出现频次最高的5个关键词定为该研究方向的主题词。表5－12展示了各研究方向内的主题词。

通过对研究方向划分结果的分析，发现所划分出的研究方向内依旧包含大量的关键词，每个研究方向间还包括了众多的研究方向。为了能够对研究方向进行更精确的划分，本研究在各研究方向分别建立关键词共现网络，再次使用社区检测算法对网络进行划分，将7个大研究方向内学者分为88个不同的研究方向。

表5－12　各研究方向主题词

研究方向	主题词
1	模型（Model）；性别（Gender）；文化（Culture）；就业（Employment）；女性（Women）
2	管理（Management）；影响（Impact）；人力资源管理（Human-Resource Management）；视角（Perspective）；公司业绩（Firm Performance）
3	质量（Quality）；客户满意度（Customer Satisfaction）；服务质量（Service Quality）；意愿（Intentions）；医院（Hospitals）
4	绩效（Performance）；组织（Organizations）；领导力（Leadership）；信任（Trust）；多样性（Diversity）

续表

研究方向	主题词
5	工作（Work）；工作满意度（Job-Satisfaction）；满意度（Satisfaction）；前辈（Antecedents）；行为（Behavior）
6	洞察力（Perceptions）；性格（Personality）；有效性（Validity）；选择（Selection）；歧视（Discrimination）
7	动机（Motivation）；目标（Orientation）；参与（Participation）；设计（Design）；教育（Education）

二、评价结果分析

在得到多研究方向的学者学术影响力排名后，本研究对高学术影响力的学者进行了进一步的分析，并与不考虑研究方向得到的结果进行了对比。相比基于排名聚合的学术影响力综合评价方法，在使用基于社区检测的学者学术影响力分类评价方法所得到的人力资源管理领域学术影响力排名前50位的列表中新增了15位学者。

鉴于科研机构对学者的重要性，文本首先对人力资源管理领域内学术影响力排名前50位的学者进行了所属机构与国家的分析。表5－13展示了排名前20位学者的机构与国家，其余学者的情况见附录B.4。

表5－13　TOP 20学者所属机构与国家

排名	学者姓名	机构	国家
1	A. B. Bakker	鹿特丹伊拉斯谟大学	荷兰
2	G. R. Ferris	佛罗里达州立大学	美国
3	Y. Baruch	东英吉利大学	英国
4	E. Demerouti	乌特勒支大学	荷兰

续表

排名	学者姓名	机构	国家
5	E. Salas	中佛罗里达大学	美国
6	B. I. J. M. Van Der Heijden	拉德堡德大学	荷兰
7	P. M. Wright	康奈尔大学	美国
8	F. Lievens	根特大学	比利时
9	D. C. Feldman	南卡罗来纳大学	美国
10	F. Luthans	内布拉斯加大学	美国
11	H. Aguinis	印第安纳大学	美国
12	S. H. Kim	首尔大学	韩国
13	T. Bartram	乐卓博大学	澳大利亚
14	W. B. Schaufeli	乌特勒支大学	荷兰
15	C. Brewster	克兰菲尔德大学	英国
16	J. Birkinshaw	斯德哥尔摩经济学院	瑞典
17	R. A. Noe	俄亥俄州立大学	美国
18	A. Newman	莫纳什大学	澳大利亚
19	R. E. Ployhart	南卡罗来纳大学	美国
20	B. J. Avolio	内布拉斯加大学	美国

图 5－6 展示了前 50 名学者所属国家的分布。

（1）学者所属国家及变化

这些学者来自 11 个不同的国家，其中美国依旧是学术影响力排名前 50 的学者数量最多的国家，占比 48%。其次是荷兰和中国，各有 7 名和 5 名学者进入前 50 名。与第四章结果相比，韩国与瑞典出现在了前 50 名，而加拿大、南非以及法国的学者没有再进入前 50 名的榜单中。另外，荷兰、中国以及比利时进入前 50 名的学者数量有了提升，而美国、英国等国家均有学者的

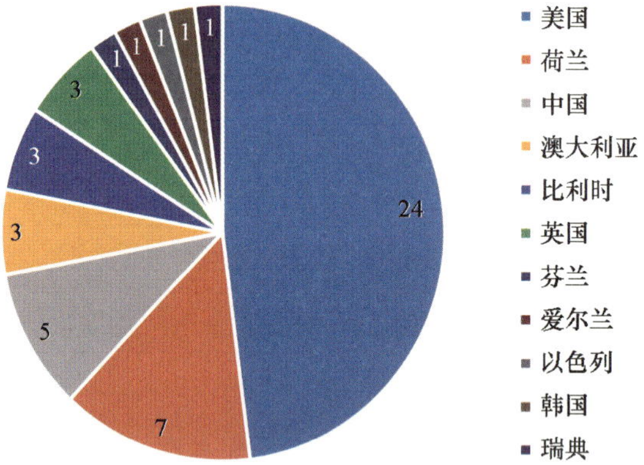

图 5-6　TOP 50 学者所属国家分布

排名掉落至 50 名之后。

（2）合作关系对学术影响力的影响

在所属机构的分析中，有 3 所机构进入前 50 名的学者数量达到 3 名，其中鹿特丹伊拉斯谟大学和北卡罗来纳大学的学者较综合排名有所增长。这也带来了更为复杂的合作关系。由数据可知，前 50 名学者中，来自鹿特丹伊拉斯谟大学的荷兰学者 Bakker 与同样来自该校的 Bal、Paauwe 分别有多次合作，而 Bakker 与来自乌特勒支大学的 Demerouti、Schaufeli 进行过多次合作。这表明，以这 5 名学者为代表，以 Bakker 为中心，形成了一个学术圈，该学术圈通过高质量的合作关系，在人力资源管理领域有着很重要的地位。另外，美国学者 Lepak 与 Patel 分别来自马里兰大学和波尔州立大学，虽然二者所属不同大学，但也有多次的合作。综上可知，高质量、高数量的合作关系对学者学术影响力有着很大的影响。通过与其他学者进行有效合作，可以对各方面专业技能进行综合，对发表高质量论文有很大的帮助。

参考文献

[1] 陈仕吉，史丽文，李冬梅，等. 论文被引频次标准化方法述评［J］. 现代图书情报技术，2012，28（4）：54－60.

[2] ALONSO S，CABRERIZO F J，HERRERA-VIEDMA E，et al. *hg*-index：Anew index to characterize the scientific output of researchers based on the *h*- and *g*-indices［J］. Scientometrics，2010，82(2)：391－400.

[3] DOROGOVTSEV S N，MENDES J F F. Ranking scientists［J］. Nature Physics，2015(11)：882－883.

[4] EGGHE L. Theory and practice of the *g*-index［J］. Scientometrics，2006，69(1)：131－152.

[5] HIRSCH J E. An index to quantify an individual's scientific research output［J］. Proceedings of the National Academy of Sciences of the United States of America，2005，102(46)：16569－16572.

[6] JIN B H，LIANG L M，ROUSSEAU R，et al. The *R*- and *AR*-indices：Complementing the *h*-index［J］. Chinese Science Bulletin，2007，52(6)：855－863.

第六章

社会科学领域人力资源管理研究

在各种学科门类分类体系中，人力资源管理无一例外地都被划分到社会科学领域，在 Web of Science 对学科的体系划分框架下，人力资源管理并没有专门的学科分类，而是隶属于社会科学大类下的管理类学科。因此，对人力资源管理的研究文献主体也自然而然地分布在社会科学研究相关学科中。本研究对于浩如烟海的社会科学领域人力资源管理研究，无意着墨太多，重点聚焦于交叉研究，关注多学科研究内容总结和对比，因此，对于前者主体内容仅作概略性阐述。

第一节　社会科学研究中人力资源研究概况

人力资源管理过去作为维持组织正常运作的一项管理职能，如今已发展到了企业的战略管理层次，具有与财务管理、市场营销、投资分析等工作同等重要的地位。人力资源管理对于企业绩效提高的作用已逐渐被人们认可，其在战略层次上与企业绩效的正相关关系也为国内外企业实践所证实。随着人力资源管理实践的深入，人力资源管理已经发展成为一门关于企业管理的新兴交叉学科，成为管理学的一个重要学科分支。现在国内外工商管理硕士（master of business adminstration，MBA）培养都把人力资源管理作为一门核心课程，大量的相关教材涌现，国内管理类学术刊物有关人力资源管理的论文也越来越多。

目前，人力资源管理的研究与实践已经超越了员工招聘与挑选、培训与开发、工作设计、业绩考评、薪酬设计等传统内容，形成了多个新的发展方向，包括：战略人力资源管理（将人力资源管理与组织发展战略目标的实现结合在一起）；国际人力资源管理（强调经济全球化情况下跨文化的人力资源管理）；人力资源管理中的雇佣关系（探讨企业文化、非正式组织的活动对人力资源管理的影响）；实证人力资源管理；人员评估；等等。这些方向的研究正在改变已有人力资源管理的概念、分析框架，促进人力资源管理理论体系的形成与完善。图 6－1 展示了社会科学领域人力资源管理研究主题。

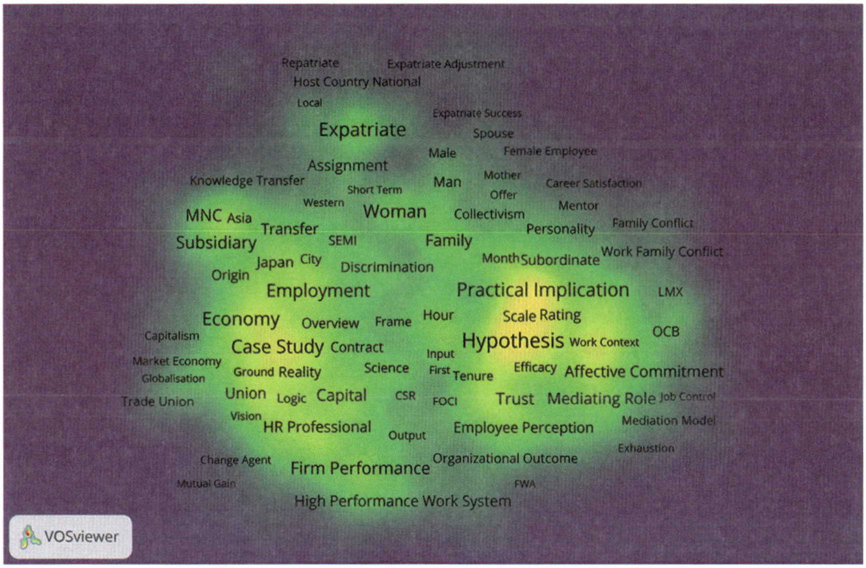

图 6－1　社会科学领域人力资源管理研究主题热力图

第二节 战略人力资源管理研究概况

社会科学学科门类下的战略人力资源管理研究文献计量核心主题如表6－1所示。

表6－1 战略人力资源管理研究文献热点

<table>
<tr><td colspan="3">方向：战略人力资源管理</td></tr>
<tr><td>主题域</td><td colspan="2">创新、组织绩效、人力资本、领导能力、公司绩效、沟通、竞争优势、能力、灵活性、权力、战略人力资源管理、管理实践、薪酬、人力资源管理职能、组织文化</td></tr>
<tr><td rowspan="2">方法域</td><td>研究设计</td><td>纵向数据、深入的案例研究、聚类分析、案例研究、定量分析、辅助数据、档案数据、实验室、结构化问卷、横截面、纵向案例研究、单例研究、虚构案例研究</td></tr>
<tr><td>分析方法</td><td>偏最小二乘路径建模、结构方程分析</td></tr>
<tr><td rowspan="2">角色域</td><td>个体参与者</td><td>人力资源经理、负责人、人力资源专业人员、直线经理、首席执行官、人力资源从业者、团队成员</td></tr>
<tr><td>群体参与者</td><td>利益相关者、中型企业、人力资源部门、制造公司、董事会、小公司、西班牙公司、大公司</td></tr>
<tr><td rowspan="2">应用域</td><td>行业</td><td>制造、工程、会计、高科技行业、制药行业</td></tr>
<tr><td>区域</td><td>发达国家、纽约</td></tr>
</table>

许多学者认为，企业的人力资源是使得企业获得持续竞争力的潜在核心资源。他们从基于资源的企业观点出发，认为传统的资源几乎不能使企业获得持续的竞争优势。但是，掌握人力资源的价值创造过程是极其困难的，因为它具有路径依赖性和因果关系的不确定性。也就是说，人力资源的价值创造过程由于其社会与历史根源所产生的复杂性，目前很难按照工程方法测试出来的。人力资源的价值创造过程是企业可持续竞争的优势这一观点，促进

了从提高企业竞争力的角度研究人力资源的战略管理，产生了战略人力资源管理概念。

战略人力资源管理将人力资源视为一种获取竞争优势的首要资源，系统地将人与企业联系起来。它强调通过人力资源规划、政策及具体实践，获取能与企业战略及企业活动匹配的具有竞争优势的人力资源配置，并强调所有的人力资源活动都是为了完成企业的目标。诸多研究发现，人力资源管理实践对竞争力和财务绩效产生了积极的直接影响。

在对战略人力资源管理进行研究的过程中，有三种较为普遍的研究方法：第一种方法是简单地把战略和人力资源管理对组织财务绩效的贡献联系起来加以考虑；第二种方法是在管理组织的竞争环境中考虑组织的战略选择，以及这些选择的方式对组织人力资源管理系统的影响；第三种方法是通过调查确定组织战略和人力资源管理实践在政策方面的“适应”程度对组织输出的影响。学者关于战略人力资源管理特定问题的研究有着不同的目的，由此造成在“战略”的研究上产生了很大的差异：第一种研究方法是关注人力资源管理对企业财务行为的影响；第二种研究方法是关注企业在所处竞争性环境中采用的战略选择，以及这些战略选择中的哪一种战略应该在企业的人力资源管理中得到体现；第三种研究方法是考察企业战略与企业人力资源管理政策和实践之间的匹配程度，该研究假定“外部匹配”和“内部匹配”都对企业业绩有着重要影响。

无论是以财务绩效还是组织绩效来衡量，在战略人力资源管理方面，人力资源管理总是强调与组织的战略目标紧密对接。他们需要深入了解组织的业务需求和市场环境，通过制定相应的人力资源战略和政策，为组织提供符合战略方向的人才支持和人力资源解决方案。这可以帮助组织在竞争激烈的市场中获得竞争优势。战略人力资源管理职能也包括塑造和维护组织文化。组织文化是指共享的价值观、信念和行为准则，它对员工的行为和态度产生重要影响。人力资源经理和从业人员应该通过培训、沟通和激励等手段，塑造积极向上、创新和团队合作的组织文化，以提升组织绩效。

从战略人力资源视角看，人力资本在创新和组织绩效方面起着至关重要的作用。人力资本是指员工的知识、技能、经验和能力，它是企业实现创新的基础。通过有效的人力资源管理，企业可以激发员工的创造力和创新能力，为企业带来持续的竞争优势。领导能力和沟通能力同样也在战略人力资源管理中扮演着重要角色。优秀的领导者能够激励和引导团队成员，使他们发挥出最佳水平。他们能够根据组织的战略目标和市场需求，制定相应的人力资源战略，以确保组织能够吸引、培养和留住优秀的人才。良好的沟通能够促进信息的流动和共享，以及准确传递和理解，增强团队协作和组织绩效。

合理分配和使用权力可以帮助组织建立高效的管理实践和决策机制，战略人力资源管理的一个重要议题是确保权力的合理行使和公正分配，以推动组织的发展和绩效提升。此外，薪酬设计与管理也是战略人力资源管理关注的一个重要方面。公平、合理的薪酬体系，能激发员工的工作动力和积极性，是薪酬与战略目标达成的核心契合点。

在不同行业和区域，战略人力资源管理的方法和实践也会有所差异。例如，在制造、工程和高科技行业，人力资源部门需要更加注重技能人才的招聘和培养，以满足行业的技术需求和创新能力。而在会计和制药行业，人力资源管理则需要更加关注员工的专业知识和合规能力，以确保企业的业务准确性和合法性。在发达地区，人力资源管理的挑战更加复杂和多样化。由于竞争激烈和市场变化快速，人力资源部门需要更加灵活和敏捷地应对各种挑战。

战略人力资源管理的研究采用多种分析方法。在研究设计来看，纵向数据和深入的案例研究有利于深入了解人力资源管理的过程和效果。聚类分析和结构方程分析等定量分析方法也是相关研究理清不同变量之间的关系和影响的重要方法。辅助数据和档案数据是战略人力资源管理研究中常用的数据来源，通过收集和分析现实场景中的数据，准确地评估人力资源管理的实际效果和影响因素。

总之，战略人力资源管理在创新、组织绩效和竞争优势方面起着至关重要的作用。学者们希望通过灵活运用权力、发展领导能力、优化沟通和塑造良好的组织文化，人力资源部门可以帮助企业建立强大的人力资本，提高员工的创新和工作绩效，从而促进企业的持续发展和竞争优势，支撑组织战略目标达成。

第三节　国际人力资源管理研究

自20世纪以来，关于人力资源管理实践及其应用在不同国家之间有不同的主题研究，且数量不断增加。这表明，随着网络信息技术的发展带来全球化浪潮的进一步扩大，人们对国际人力资源管理研究的需求日渐强烈，如外籍人士、不同国家或地区的人力资源管理，以及大企业的国际人力资源管理。表6-2从主题、方法、涉及角色和应用展示了这一方向的研究热点。

表6-2　国际人力资源管理研究文献热点

<table>
<tr><td colspan="3">方向：国际人力资源管理</td></tr>
<tr><td>主题域</td><td colspan="2">文化、全球化、绩效管理、国际任务、国际人力资源管理、调动、人员配备、外派、东道国、职业发展、适应、人才管理、国际化、制度理论、合法性</td></tr>
<tr><td rowspan="2">方法域</td><td>研究设计</td><td>深入访谈、探索性研究、调查结果、定性方法、原始数据、定量研究、跨文化研究、邮件调查、定性案例研究、实地调查、深入分析、文件分析、详细案例研究</td></tr>
<tr><td>分析方法</td><td>层次多元回归分析</td></tr>
<tr><td rowspan="2">角色域</td><td>个体参与者</td><td>外籍人士、外籍经理、配偶、东道国国民、中国雇员、导师</td></tr>
<tr><td>群体参与者</td><td>跨国公司、本地子公司、跨国集团、外国子公司、母公司、日本公司、跨国公司子公司、中国公司</td></tr>
<tr><td rowspan="2">应用域</td><td>行业</td><td>工业部门</td></tr>
<tr><td>区域</td><td>中国、中国香港、中国台湾、美国、印度、日本、韩国、新加坡、马来西亚、新西兰、南非、亚洲、北美、非洲</td></tr>
</table>

国际人力资源管理研究涉及许多主题，如文化、全球化、绩效管理、国际任务、国际人力资源管理、调动、人员配备、外派、东道国、职业发展、适应、人才管理、国际化、制度理论、合法性等方面。其中，文化与人力资源管理的关联及应用研究最为普遍，文化会影响到人力资源管理的方方面面，从招聘到培训再到员工激励，都需要考虑到文化差异。另外，随着企业的全球化，国际任务和外派员工的问题也成为国际人力资源管理研究的热点问题，需要解决员工适应和跨文化交流等方面的挑战。在绩效管理方面，如何评估员工的表现并制定激励措施也是一个重要的议题。同时，人才管理也成为越来越关注的领域，企业需要采取有效的方法来吸引、留住和发展人才。

方法方面，研究设计包括深入访谈、探索性研究、调查结果、定性方法、原始数据、定量研究、跨文化研究、邮件调查、定性案例研究、实地调查、深入分析、文件分析、详细案例研究等，分析方法有层次多元回归分析等。其中，深入访谈和实地调查是收集数据的主要方法。在国际人力资源管理研究中，由于涉及不同文化和国别，因此跨文化研究也是非常重要的。例如，对于一些文化差异导致的问题，可以通过比较不同国家或地区的情况来得出结论。同时，定量研究也有助于更好地理解国际人力资源管理中的一些问题。例如，通过问卷、统计数据等方式，可以了解不同国家员工对某些政策的反应，以及他们对公司文化、管理方式等方面的看法。

角色方面，个体参与者包括外籍人士、外籍经理、配偶、东道国国民、中国雇员、导师等；而群体参与者则包括跨国公司、本地子公司、跨国集团、外国子公司、母公司、日本公司、跨国公司子公司、中国公司等。这些参与者在国际人力资源管理研究中都扮演着重要的角色。例如，跨国公司在国际人力资源管理中有着更大的挑战和责任，需要制定适合各种文化和国别的管理方式并且考虑员工的个人生活。而在不同组织之间，也存在着员工流动、技术创新、知识转移等方面的互动，这些都需要适应不同文化背景和管理方式。

应用方面，国际人力资源管理研究的范围非常广泛，涵盖了各种行业和工业部门。例如，在制造业中，跨国公司需要考虑员工的安全、工作环境和培训计划，以确保员工能够胜任特定的工作岗位。而在服务业中，关注的重点可能是如何提高员工的服务质量和客户满意度。无论是哪个行业，员工的职业发展和适应能力都是非常关键的问题。

地域方面，国际人力资源管理研究的范围涵盖了中国、美国、印度、日本、韩国、新加坡、马来西亚、新西兰、南非等地。不同的国别和文化会影响到人力资源管理的方式，因此需要针对特定地域进行研究。例如，中国的企业文化往往比较注重团队合作和忠诚度，而美国则更注重个人表现和自由竞争。

第四节　实证人力资源管理

实证人力资源管理主要关注员工的观点、态度和行为等方面的主题，研究人力资源元素如何影响员工的工作体验，将人力资源的各个方面（例如弹性工作时间）与员工体验（例如感知的组织支持）和员工态度（例如工作满意度）联系起来。这些经历体验和工作态度通常与个人层面的因素有关，包括组织公民行为、自愿离职、退缩行为和工作努力。表 6－3 从主题、方法、涉及角色和应用展示了这一方向的研究热点。

研究的热点主题包括承诺、工作满意度、组织承诺、员工离职、离职意图、冲突、保留、员工感知、奖励、情感承诺、自主权、心理契约、压力、组织支持和敬业度等。其中，承诺是该领域中的重要研究内容之一。研究发现，组织承诺和情感承诺可以显著地提高员工的工作满意度、降低员工的离职意图，并促进组织公民行为和工作努力。此外，员工感知的组织支持也是影响员工工作体验和工作态度的重要因素之一。这些因素在一个模型中普遍被考虑。有关人力资源管理和压力的研究表明，职责过高或超出员工能力范围的工作会给员工造成压力。此外，针对不公平性研究的文献表明，当人力资源信息和实践传达给员工的隐含承诺不能兑现时，员工会感到愤怒。在人力资源政策方面，例如正式的职业指导、决策参与、公平的奖励和成长机会

表 6－3　实证人力资源管理研究文献热点

方向：实证人力资源管理		
主题域	承诺、工作满意度、组织承诺、员工离职、离职意图、冲突、保留、员工感知、奖励、情感承诺、自主权、心理契约、压力、组织支持、敬业度	
方法域	研究设计	量表问卷、普查数据、纵向研究、社会调查、路径分析、问卷数据
	分析方法	一般回归分析、结构方程建模、层次回归分析、因子分析、多元回归分析、结构方程模型、回归模型、层次线性模型
角色域	个体参与者	主管、同事、中层经理、老师、个人雇员、新雇员、服务雇员、女雇员、老年雇员
	群体参与者	工作组、公共组织、焦点小组、酒店、服务组织、卫生保健组织
应用域	行业	酒店业、服务业、旅游业、建筑业、护理业
	区域	土耳其、伊朗、斯里兰卡

等都可以影响员工对来自组织和直接主管的心理支持的感受。同时，研究也考虑了人力资源实践对工作态度的影响，包括工作满意度、工作参与度、员工敬业度、员工士气、员工忠诚度和组织承诺等方面。而灵活的人力资源政策，例如弹性工作时间、远程办公、育儿支持和办公时间较短等要素，可以缓解工作和家庭之间的冲突，使得员工能够更好地平衡工作和生活。

常见的研究设计包括纵向研究、社会调查、路径分析和案例研究等。研究数据通常采用量表问卷、普查数据、问卷数据等方式进行收集。同时，研究还利用各种分析方法进行数据处理，包括一般回归分析、结构方程建模、层次回归分析、因子分析、多元回归分析、结构方程模型、回归模型和层次线性模型等。

该主题下人力资源管理对个体参与者的关注包括主管、同事、中层经理、老师、个人雇员、新雇员、服务雇员、女雇员、老年雇员等。对群体参与者的关注包括工作组、公共组织、焦点小组、酒店、服务组织、卫生保健组织等。

第五节 雇佣关系

雇佣关系集群通常采用与战略人力资源管理集群相同的经济假设，但它与管理层的关联度较低。雇佣关系研究涉及员工和管理层之间的利益矛盾问题，以及政府、工会和劳动力市场等机构对管理控制的限制。这一方向的文章通常采用多元主义的观点，认为工人和管理层之间的冲突是利益矛盾的必然结果。多元主义观点与单一主义观点形成鲜明对比。从多元主义角度来看，集体谈判和集体发声机制有助于实现公平的工人待遇。而统一论者认为，管理层和员工有着共同的事业，冲突是因为沟通不畅或管理理念过时。与雇佣关系集群相关的文章通常要求政府、工会和劳动力市场限制管理控制的程度，这一主题的常见话题包括“政府”“工会化”“雇佣关系”“雇员参与”“雇员声音”“雇员参与”“管理控制”。它们反映出相关研究的观点的对立。基于雇佣关系的观点经常批评逐渐蔓延的管理主义，并警告人力资源管理学者不要成为“权力的仆人”。表 6－4 从主题、方法、涉及角色和应用展示了这一方向的研究热点。

在雇佣关系研究中，涉及的主题包括培训、薪酬、政府、机构、劳动力市场、人力资源管理政策、晋升、雇佣关系、高性能工作系统、合同、工资、劳资关系、声音、员工参与度等。其中，员工参与度和声音等主题非常重要，因为它们关系到员工对组织的认同感和满意度，同时也有助于企业实现更好的业绩。

雇佣关系研究涉及的个体参与者包括老年工人、临时工人、临时雇员、技术工人和中介工人等，涉及的群体参与者则包括工会、银行、呼叫中心、公共部门组织、理事会、地方政府、服务公司、客户组织和劳动理事会等。常用的研究方法包括员工调查、面板数据、工作场所雇佣关系调查、面试数

表 6－4　雇佣关系研究文献热点

方向：雇佣关系		
主题域	培训、薪酬、政府、机构、劳动力市场、人力资源管理政策、晋升、雇佣关系、高性能工作系统、合同、工资、劳资关系、声音、员工参与度	
方法域	研究设计	员工调查、面板数据、工作场所雇佣关系调查、面试数据、代表调查、雇主雇员数据、公司层面数据、克瑞特调查
	分析方法	比较分析、波动分析、聚类
角色域	个体参与者	老年工人、临时工人、临时雇员、技术工人、中介工人
	群体参与者	工会、银行、呼叫中心、公共部门组织、理事会、地方政府、服务公司、客户组织、劳动理事会
应用域	行业	公共部门、私营部门、服务部门
	区域	澳大利亚、德国、西班牙、加拿大、爱尔兰、英国、法国、荷兰、瑞典、欧洲

据、代表调查、雇主雇员数据、公司层面数据和克瑞特调查等。雇佣关系研究的经济假设通常采用比较分析和波动分析等分析方法来研究员工和管理层之间的利益冲突问题。同时，随着人工智能和大数据技术的发展，雇佣关系研究也开始采用更加先进的数据收集和分析方法，例如面板数据和聚类分析等。雇佣关系研究区域应用主要集中在以欧洲国家为主的发达国家，包括德国、西班牙、加拿大、爱尔兰、英国、法国、荷兰、瑞典等。

第六节　人员评估

人员评估集群主要讨论人力资源实践如何评估和响应人员之间的差异。该集群的主要子主题与员工选择、评估工作绩效和个体差异有关。表 6－5 从主题、方法、涉及角色和应用展示了这一方向的研究热点。

表 6 - 5　人员评估研究文献热点

方向：人员评估		
主题域	面试、选择、动机、多样性、招聘、个性、尊重、性别、工作表现、适合度、绩效评估、公平、反馈、人员选拔、身份	
方法域	研究设计	现场研究、实验、情景判断测试、结构化访谈、样本量、实验设计、实验研究、定性分析、调查研究、生物数据
	分析方法	验证性因素分析、内容分析、因素模型、增量效度、逻辑回归分析
角色域	个体参与者	女性、求职者、候选人、下属、男性、评估者、招聘者、面试官
	群体参与者	大型组织、个人组织
应用域	行业	
	区域	美国、瑞士

人员评估研究的主题涉及多个方面，包括面试、选择、动机、多样性、招聘、个性、尊重、性别等。人员评估研究较多采用验证性因素分析和逻辑回归分析等分析方法来研究员工之间的差异问题。常用的设计与研究方法包括现场研究、实验、情景判断测试、结构化访谈、样本量、实验设计、实验研究、定性分析、调查研究和生物数据等。分析方法则包括验证性因素分析、内容分析、因素模型、增量效度和逻辑回归分析等。同时，随着生物数据技术的发展，人员评估研究也开始采用更加先进的数据收集和分析方法，例如基因测序和神经影像学等。

在人员评估研究中，个体参与者和群体参与者都扮演着重要角色。例如，对女性和求职者等个体参与者的研究有助于了解不同类型员工的特点和需求；而对大型组织和个人组织等群体参与者的研究，则有助于了解不同组织及其对员工的影响。人员评估研究在招聘和员工选拔领域可以为企业提供更好的人才管理策略，在绩效评估和反馈领域可以为员工提供更好的职业规划和发展机会。

招聘环节的人员评估既侧重于招聘以及如何评估潜在的求职者，也侧重于确定最佳的招聘程序。许多文章都在讨论用于评估申请者个性特征和认知能力的测试是否有效，以及探讨（结构化）面试是否是一种有效的选择技术，心理选择测试是否可信赖，招聘决策在多大程度上基于面试官的次级人组织适合性评估。研究中常用的方法包括面试、人格和认知能力测试等。这些方法需要经过验证性因素分析和逻辑回归分析等分析方法的支持，以确保它们有助于识别出最佳的候选人。此外，还需要考虑到人员评估的公平，例如在招聘过程中是否存在歧视行为。许多与“平等就业机会”相关的文章考虑了招聘行为是否会导致对妇女、少数民族、移民和残疾人的就业歧视现象等，以确保招聘程序的公正性和客观性。

人员绩效评估是另一个关注重点，包括个性和认知能力、主管评级、绩效评估和工作绩效评级等。大多数文章侧重于探讨绩效评估系统和反馈策略，其中一些文章考虑了员工对被评估的反应。此外，还有一些文章涉及人力资源部门如何设计绩效评估，以尽量减少歧视并最大限度地提高员工多样性。也有一些替代方案，例如前馈访谈，试图与雇员进行对话，讨论如何创造更成功的环境。人员评估通常会将个性和认知能力的差异、公民行为、适得其反的工作场所行为与核心工作绩效的评估联系起来。尽管大部分研究都以“大五”人格（即内－外向性、宜人性、谨慎性、情绪稳定性、开放性）为主，但部分研究也考虑了更细微和更聚合的人格维度的预测能力。

参考文献

[1] 赵曙明. 人力资源管理研究[M]. 北京:中国人民大学出版社, 2001.

[2] CHARAN R. It's time to split HR[J]. Harvard Business Review, 2014, 92(10): 33－34.

[3] COHEN D J. HR past, present and future: a call for consistent practices

and a focus on competencies[J]. Human Resource Management Review, 2015, 25(2): 205-215.

[4] DRUCKER P F. The practice of management[M]. London: Routledge, 2007.

[5] GALLARDO-GALLARDO E, NIJS S, DIRES N, et al. Towards an understanding of talent management as a phenomenon-driven field using bibliometric and content analysis[J]. Human Resource Management Review, 2015, 25(3): 264-279.

[6] HUSELID M A. Celebrating 50 years: looking back and looking forward: 50 years of human resource management[J]. Human Resource Management, 2011, 50(3): 309-312.

[7] JEUNG C W, YOON H J, PARK S, et al. The contributions of human resource development research across disciplines: a citation and content analysis[J]. Human Resource Development Quarterly, 2011, 22(1): 87-109.

[8] JO S J, JEUNG C W, PARK S, et al. Who is citing whom: citation network analysis among HRD publications from 1990 to 2007[J]. Human Resource Development Quarterly, 2009, 20(4): 503-537.

[9] MARKOULLI M P, LEE C I S G, BYINGTON E, et al. Mapping human resource management: reviewing the field and charting future directions[J]. Human Resource Management Review, 2017, 27(3): 367-396.

[10] MCCRACKEN M, O'KANE P, BROWN T C, et al. Human resource business partner lifecycle model: exploring how the relationship between HRBPs and their line manager partners evolves[J]. Human Resource Management Journal, 2017, 27(1): 58-74.

[11] PINDEK S, KESSLER S R, SPECTOR P E. A quantitative and qualitative review of what meta-analyses have contributed to our understanding of human resource management[J]. Human Resource Management Review, 2017,

27(1): 26-38.

[12] VOSBURGH R M. Closing the academic-practitioner gap: research must answer the "SO WHAT" question[J]. Human Resource Management Review, 2022, 32(1):1-11.

[13] WANG G G, GILLEY J W. The "science of HRD research": reshaping HRD research through scientometrics[J]. Human Resource Development Review, 2012, 11(4): 500-520.

[14] ZHU C J, WARNER M. The emergence of human resource management in China: convergence, divergence and contextualization[J]. Human Resource Management Review, 2019, 29(1): 87-97.

第七章

工程与技术领域的人力资源管理研究

本章参照 Martín-Alcázar、Mahoney、Ferris 和 Wright 等的人力资源管理研究领域框架的分类体系，对工程与技术领域的相关文献从技术对管理的影响角度进行综述。在这一分类体系中，人力资源管理具有三个认知视角，即事务功能型人力资源管理、战略人力资源管理、国际人力资源管理。因此，本章从这三个视角总结工程与技术领域对人力资源管理的相关研究。

第一节　交叉关系与研究概况

工程与技术这一领域与人力资源管理相关的研究文献分布在 45 个子学科，其中 14 个子学科的论文总量超过 100 篇，研究文献超过 10 篇的子学科有 27 个，计算机相关学科最多，包括 7 个子学科，论文总量超过 1 000 篇，其次是信息科学与图书馆学（881 篇）和工程工业（714 篇）。独立文献总量超过 2 000 篇。工程与技术领域人力资源管理研究主题如图 7－1 所示。

工程与技术在人力资源管理中的应用日益受到关注。随着科技的不断进

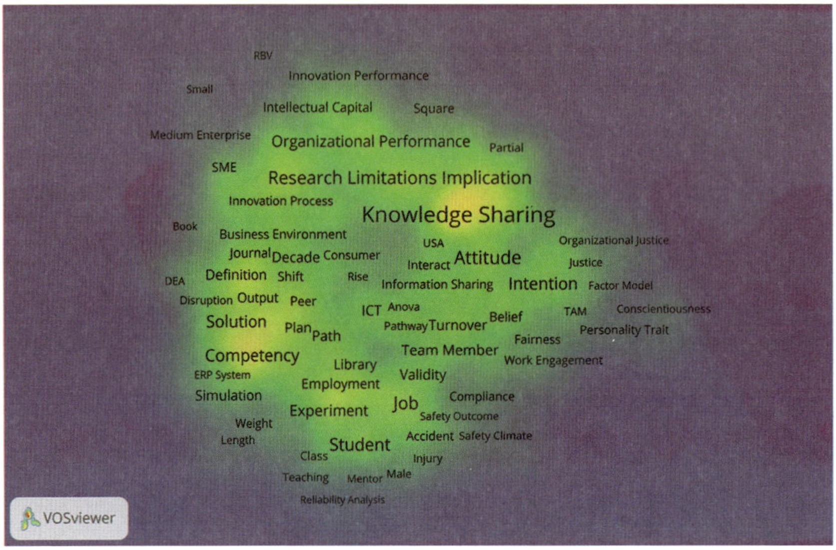

图7－1　工程与技术领域人力资源管理研究主题热力图

步，各种新技术的引入和应用，如云计算、大数据、人工智能等，给人力资源管理带来了新的机遇和挑战。在此背景下，人力资源管理需要不断地创新和改进，以适应快速变化的市场和竞争环境。

根据主题词共现网络及交叉研究主题词的度中心性、频度和中介中心性分析（见表7－1），事务功能人力资源管理方面，工程与技术的应用主要集中在招聘、选拔、培训和发展、绩效管理和薪酬等模块。在招聘和选拔方面，通过互联网招聘平台、人才推荐系统和人脸识别等技术的应用，可以更加高效地筛选和评估候选人。在培训和发展方面，通过在线培训、虚拟现实技术的应用，可以提高培训效率和质量。在绩效管理方面，通过绩效考核软件、绩效数据分析等技术的应用，可以实现绩效目标的量化、绩效评估的客观化。在薪酬管理方面，通过薪酬数据分析、薪酬调查等技术的应用，可以有效地建立薪酬体系和激励机制。

表 7－1　工程与技术领域交叉研究主题词的度中心性、频度和中介中心性

序号	主题词	度中心性	频度	中介中心性
1	知识共享（Knowledge Sharing）	246	117	0.19
2	知识管理（Knowledge Management）	215	121	0.16
3	人力资源管理（Human Resource Management）	84	73	0.07
4	创新（Innovation）	82	77	0.07
5	工作满意度（Job Satisfaction）	74	65	0.06
6	知识转移（Knowledge Transfer）	63	43	0.02
7	绩效（Performance）	56	61	0.05
8	信任（Trust）	51	54	0.04
9	案例研究（Case Study）	45	48	0.03
10	组织承诺（Organizational Commitment）	44	34	0.02
11	动机（Motivation）	43	47	0.03
12	结构方程建模（Structural Equation Modeling）	42	51	0.04
13	可持续性（Sustainability）	40	75	0.07
14	组织文化（Organizational Culture）	39	45	0.03
15	企业社会责任（Corporate Social Responsibility）	38	57	0.06
16	组织绩效（Organizational Performance）	38	40	0.02
17	中国（China）	36	40	0.03
18	项目管理（Project Management）	33	34	0.06
19	领导力（Leadership）	31	37	0.02
20	人力资源（Human Resource）	31	30	0.01
21	社会资本（Social Capital）	30	34	0.02
22	中小型企业（Small and Medium Enterprises）	29	37	0.03
23	性别（Gender）	29	32	0.02
24	社交网络（Social Network）	29	23	0.03
25	人力资本（Human Capital）	28	33	0.01

续表

序号	主题词	度中心性	频度	中介中心性
26	协作（Collaboration）	27	27	0.01
27	离职意向（Turnover Intention）	25	32	0.01
28	外包（Outsourcing）	24	26	0.01
29	吸收能力（Absorptive Capacity）	23	20	0.01
30	知识工作者（Knowledge Worker）	23	21	0.01

战略人力资源管理方面，工程与技术的应用主要涉及战略规划、组织设计、人才储备、知识管理等方面。通过信息化系统的建设和应用，可以实现战略规划的有效落地，支持组织结构的灵活性和流程的优化，促进人才储备和知识共享。此外，大数据和人工智能等技术的应用，可以帮助企业更加清晰地了解业务环境和市场趋势，为人力资源规划和管理提供更加科学的依据。

国际人力资源管理方面，工程与技术的应用主要涉及海外人才招聘、跨文化管理、移民政策等方面。在海外人才招聘方面，通过互联网、社交媒体等平台的应用，可以拓展海外人才招聘渠道，提高人才招聘的效率和质量。在跨文化管理方面，通过跨文化培训、多语言支持等技术的应用，可以有效地应对不同文化背景下的沟通和管理挑战。在移民政策方面，通过对移民法律法规的了解和运用，可以帮助企业更好地管理境外员工的签证、居留和就业手续，避免因政策问题而影响业务的正常开展。

随着新技术的不断涌现和应用，人力资源管理也将面临更多的机遇和挑战。人力资源管理研究也必然融入技术驱动的社会发展大潮中，以适应这个快速变化的时代。多专业人士的密切合作、探索和实践，将创造出更新的人力资源管理方法和工具，为企业创造更大的价值和竞争优势。

表7－2列出了工程与技术领域各学科与人力资源领域相关的研究热点主题，以及学科体系内较为独特的主题。

表 7－2　工程与技术领域各学科研究热点主题与独特主题

学科	学科交叉主题词	学科特点主题词
信息科学与图书馆学	知识共享；知识管理；知识转移；信任；创新；案例研究；人力资源管理；组织学习；动机；组织文化；智力资本；社会资本；社交媒体；知识管理系统；信息技术；绩效；组织承诺；工作满意度；知识创造；学习	信息系统；知识共享行为；知识管理实践；知识贡献；学术图书馆；开放式创新；信息管理；知识获取；通信技术；知识隐藏；IT 专业人士；IT 劳动力；障碍；信息安全；分布式团队；在线社区；关系资本；感知有用性；知识保留；偏最小二乘法
运筹学与管理科学	人力资源管理；知识管理；绩效评估；员工敬业度；内在动机；知识共享；心理授权；中国文化；约旦；语境绩效；中国员工；正统领导；就业体系；能力发展；超凡领导力；质量管理；系统评价；中文；员工多元化；服务绩效	新产品开发；基于代理商的模型与仿真；战略领导力；决策支持；组织绩效；知识管理能力；员工分配；知识创新过程；项目计划；优化；元启发式；拉模型；推模型；随机建模；项目投资组合；高层团队；变革领导；德国人；系统原型
工程：工业	人力资源管理；创新；知识管理；知识共享；工作满意度；绩效；组织文化；中国；组织学习；组织绩效；组织承诺；人力资源；精益制造；建筑业；案例研究；合作；吸收能力；精益生产；文献综述；结构方程模型	项目管理；供应链管理；劳动和人事问题；供应链整合；信息系统；施工管理；安全文化；项目业绩；人为因素；产品开发；开放式创新；组织问题；新产品开发；技术管理；决策支持系统；服务化；联络；建筑项目；建筑工人；精益实施

续表

学科	学科交叉主题词	学科特点主题词
计算机科学：信息系统	知识共享；知识管理；案例研究；信任；性别；社交网络；离职意向；知识；人力资源管理；动机；信息系统；工作满意度；离职；组织学习；外包；绩效；知识转移；竞争优势；虚拟团队	IT劳动力；计算机支持的通信；知识贡献；敏捷软件开发；离岸外包；IT专业人员；进化心理学；游戏化；技术采用；接受度；IT职业；IT商业价值；IT外包；认知；知识应用；价值；在线社区；软件开发
计算机科学：跨学科应用	知识共享；人力资源管理；知识管理；创新；工作满意度；组织绩效；人力资源；组织承诺；社交网络；变革型领导力；绩效；社交网络分析；知识转移；组织文化；组织公民行为；中国；社交媒体；电子学习；教育；合作	信息系统；交互式学习环境；模糊逻辑；脸书；供应链管理；项目管理；多准则决策分析；新产品开发；胜任力模型；教育媒介；远程教育和远程学习；文献计量学；企业资源规划；网络分析；社交媒体使用；隐性知识共享；工作周转率；展开的周转模型；领导者授权行为；决策支持系统
电子电器工程	知识共享；知识管理；工作满意度；创新；人力资本；模型；胜任力；知识工作者；知识转移；组织绩效；绩效；公司业绩；组织承诺；电子学习；民意调查；决策；中小企业；内容分析；组织识别；文献综述	本体论；基于状态的维护；状态监测；脸书；飞机维修；硬/软信息融合；模糊TOPSIS；人为因素；数据挖掘；专业文献；专家系统；产学研合作；粗糙集论；项目管理；模糊AHP；路径延迟；分布式能源资源；地理信息系统；信息技术

续表

学科	学科交叉主题词	学科特点主题词
计算机科学：理论与方法	知识共享；电子学习；知识管理；人力资源管理；动机；信任；知识；社交网络；知识转移；人力资源；性别；信息和通信技术；知识创造；胜任力；组织；教育；合作；服务质量；内容分析；组织绩效	敏捷软件开发；项目管理；知识保留；测量工具；劳动力分析；软件过程改进；全球软件开发；测量因子；IT 人员；游戏化；职位推荐；IT 专业人士；IT 职业；产学研合作；众包；能力管理；专业文献；知识管理；决策支持系统；社会学习网络
绿色与可持续科学技术	可持续性；企业社会责任；环境管理；工作满意度；绿色人力资源管理；中小企业；人力资源管理；组织公民行为；组织承诺；可持续人力资源管理；结构方程模型；创新；领导；绩效；环境可持续性；韧性；组织识别；组织绩效；社会责任；吸收能力	可持续发展；企业社会责任；企业可持续发展；可持续绩效；组织可持续性；行为；可持续运营管理；可持续旅游；三重底线；可持续发展绩效；关键成功因素；工作参与度；永续经营；自恋；生态设计；制度环境；可持续制造；可持续发展报告；可持续发展的事业；环境绩效
工程：多学科	知识共享；创新；中国；人力资源管理；知识管理；人力资源；评估；学习；中小企业；文化；案例研究；胜任能力；研发；发展中国家；创业；智力资本；知识；沟通；企业社会责任；组织结构	工程教育；技术管理；开放式创新；研究与开发；项目管理；组织弹性；业务流程；模糊 AHP；模糊逻辑；创新管理；数据包络分析；AHP 方法；计算机中介通信；匹配；建筑材料；持续改进；知识管理；5G；5G 网络；混响室

续表

学科	学科交叉主题词	学科特点主题词
工程：制造	人力资源管理；精益制造；制造业；精益管理；实证研究；精益生产；知识管理；文献综述；组织文化；工作满意度；绩效衡量；质量管理；民意调查；资源基础观；知识共享；创新；人力资源；中国；运营绩效；合作	人为因素；供应链管理；持续改进；服务化；关键成功因素；产品开发；运营管理；离岸外包；供应链整合；目标管理；行为运营管理；服务机构；永续经营；信息和通信技术；偏最小二乘法；优质公民；制造战略；六西格玛；工程教育；胜任力模型
计算机科学：人工智能	知识管理；知识共享；人力资源管理；绩效；知识转移；组织绩效；人力资本；人力资源实践；胜任力；性格特征；组织氛围；创新；人力资源；胜任能力；决策；沟通；绩效评估；自我效能；人才管理；公司业绩	本体论；胜任力模型；多准则决策分析；人为因素；模糊逻辑；决策试验与评估实验室（DEMATEL）；神经网络；项目管理；决策支持系统；模糊层次分析法（FAHP）；推荐系统；最终用户计算；大学辅导员；游戏化；本体；标杆；效率；情感分析；管理人才；多标准决策
人体工程学	工作满意度；职业安全；安全；绩效管理；组织承诺；知识管理；工作与生活的平衡；培训；压力；离职意向；技术接受模型；社交媒体；弹性工作；远程办公；技术；知识工作者；参与；老龄员工；创造力；工作组织	安全气氛；安全管理；肌肉骨骼疾病；安全文化；持续改进；安全激励；信息系统；职业健康 移动工作；上班族；企业可持续发展；安全行为；同行支持；成本；网络闲逛；项目管理；服务工作；团队领导们；去技能化；任务模棱两可

续表

学科	学科交叉主题词	学科特点主题词
计算机科学：软件工程	知识管理；知识共享；案例研究；知识创造；胜任力；团队合作；实证研究；信息和通信技术；模拟；学习；民意调查；虚拟团队；组织学习；创新；绩效；信任；多元化培训；自我管理；流程改进；终身学习	敏捷软件开发；全球软件开发；软件过程改进；软件工程；人为因素；软件开发；敏捷方法；实证软件工程；项目管理 移动应用程序；游戏；团队组建服务；项目团队组建；知识产权；社会学习网络；职位推荐；成熟；基于项目的学习；年龄刻板印象；偏见
土木工程	建筑业；建造；中国香港；中国；知识共享；创新；绩效；工作满意度；人力资源管理；关系；韧性；知识管理；领导；外派人员；压力源；风险管理；安全；雇员；信息技术；南非	劳动和人事问题；项目管理；施工管理；建筑项目；组织问题；建筑专业人士；建筑信息模型；安全性能；买方－卖方关系；绿色供应链合作；承包商；安全文化；建筑；项目复杂性；项目业绩；建筑工人；机会主义行为；设计；施工采购；行为
运输	安全；工作投入；职业安全；关系；信息和通信技术；伊朗；相互依存；高绩效工作实践；工作价值观；竞争优势；民意调查；企业社会责任；保留；感知到的组织支持；建造；民族文化；结构方程模型；组织绩效；流动性；中国	安全气氛；廉价航空公司；船运；海员；空乘人员；空乘；安全激励；商务旅行；年轻工人；AHP 方法；集装箱运输；安全行为；东盟；航运业；绿色供应链合作；买方－卖方关系；性格－工作契合理论；后勤；商科专业选择；感知可访问性

续表

学科	学科交叉主题词	学科特点主题词
电信	工作满意度；社交网络；互联网；组织承诺；知识工作者；组织学习；知识共享；大学；知识创造；信息共享；知识管理；护士；情感承诺；精益管理；市场导向；关系冲突；系统思考；工作努力；实证研究；决定因素	咨询网络；地理信息系统；路径延迟；项目管理；安全传输；电子商务能力；一致性带宽；性能目标；可靠性；吸收截面；智能床；延迟扩散；企业社会责任；远程医疗；卫生专业人员；社会可持续发展；人为因素；教室；优化；复杂网络
计算机科学：控制论	知识共享；技术接受模型；管理；知识管理；电子学习；决策；效力；服务质量；用处；社会交换理论；信任；工作满意度；知识管理系统；远程办公；信息和通信技术；组织文化；培训评估；年龄多样性；公司业绩；高等教育	控制论；网络闲逛；任务模棱两可；情绪自我跟踪；技术适应；战略信息共享；高参与度的人力资源管理；专家；创造性；技术特点；知识传播效率；知识协作网络；付款纪律；道德工作文化；道德文化；绩效评估/管理；隐性知识共享；游戏；情感分析；模糊逻辑
工程：环境	可持续性；环境管理；绿色人力资源管理；企业社会责任；巴西；绩效；人力资源管理；利益相关者；可持续人力资源管理；民意调查；韧性；结构方程建模；文献综述；组织绩效；印度；中国；转型经济体；社会责任；亲环境行为；看法	可持续运营管理；绿色供应链管理；组织可持续性；永续经营；信息；清洁生产；巴勒斯坦；企业可持续发展；环境绩效；环境培训；环境管理系统；主观警觉性；领英；技术合作；精益六西格玛；六西格玛；人力资源配置；可及性；包容性设计；可持续制造

续表

学科	学科交叉主题词	学科特点主题词
建筑与建筑技术	中国香港；建造；外派人员；建筑业；安全；韧性；绩效；压力源；中国大陆；工作表现；压力；中国；虚拟；能力；供应链；组织生产力；自动调节；合法性；知识经济	劳动和人事问题；组织问题；建筑信息模型；建筑专业人士；建筑项目；项目复杂性；项目管理；建筑工人；施工管理；安全文化；包容性设计；加热；户外的；室内的；心理合同违约；组织弹性；施工队；大脑资源；可及性；安全性能
自动化和控制系统	人为因素；工作满意度；绩效；框架；商业化；并行工程；偏最小二乘回归法；因子分析；过程改进；制造；绩效评估；员工成果；人力资源灵活性；个性特征；团队；知识创造；产品创新；组织公民行为；韧性	关键成功因素；人机协作；通信系统；测量工具；测试覆盖率标准；软件测试；机器学习；标杆管理；协作产品开发；计算机辅助设计；数据共享；最终用户；电子商务能力；测量因子和项目；人力资源管理外包；人力资源数据库；投影寻踪模型；改进的粒子群算法；敏感性分析
能源与燃料	模拟；商业；弹性工作；计划行为理论；巴基斯坦；阿拉伯联合酋长国；Logistic 回归；能源；年龄；组织变革；组织学习；知识管理；工作与生活的平衡；田野调查；印度；性别；工作满意度；人力资源管理	可再生能源；分布式能源资源；微电网；参数估计；国际收购；高新技术产业；存储；造型；区域人才素质、影响因素；非货币激励；金钱激励；环保驾驶；项目成功；区域发展；动态经济调度；障碍；电力系统；智能电网；光伏电池

续表

学科	学科交叉主题词	学科特点主题词
交通科学与技术	关系；中国；信息和通信技术；话语分析；骚扰；大学；远程办公；服务绩效；专业身份；鉴定；相互依存；执行；电子人力资源管理；组织变革；企业社会责任；感知到的组织支持；法国；选择；绩效评估；知识共享	绿色供应链合作；买方－卖方关系；通勤；安大略省；高铁；安全结果；安全性能；安全气氛；组织设计；飞机维修机构；时间表；效率；商务旅行；社会期望；障碍；在家远程办公；安全传输；福利；反恶意软件保护
工程：机械	平衡计分卡；鉴定；跨文化；绿色人力资源管理；企业文化；权力距离；员工参与；绩效评估；知识转移；选择；创新；概念模型；人力资源；员工态度；人力资源管理	协同产品设计与开发；环境参与计划；电子人力资源系统；产学研协同创新；影响因素；员工技能；员工知识；环境管理系统；ISO 14001；社区参与计划；社区反馈；中小型企业；质量计量；参数图；人才主义；人为因素；资源指标；中国大学；人力资源数据库
计算机科学：硬件与架构	电子学习；合作；作业控制；信息共享；学习；测量；组织学习；客户满意度；服务质量；可持续性；知识管理；创造力；知识共享；创新；健康；压力	基于 Web 的人力资源管理；基于 Web 的人力资源管理的实际使用；成功因素；研究信息；信息可视化；研究信息关系图；知识库；成熟度矩阵；开源；团队选择；知识维度；基于案例的推理；语义匹配；机制；虚拟社区网络；社交网站；项目管理；电子政务；公民参与

续表

学科	学科交叉主题词	学科特点主题词
机器人	创新；工作；性格特征；大五人格；态度；沟通；员工参与；知识管理；动机；招聘；人力资源；信任	机器人；以人为本的系统；涟漪效应；社交人机交互；认知人机交互；伦理与哲学；机器人接受度；社会认可；社会代表；人机交互；社交协作；集团与团队；外向；宜人性；共享心理模式；人机界面合作；虚拟代理；社会态度；人为因素
工程：生物医学	组织；信息技术；文化多样性；卫生保健；知识管理	远程医疗；跌倒检测；深度图；IT 平台；教育表现；教育学习小组；稀疏表示；传感器定位；人类活动识别；身体传感器网络；信息和通信技术；心血管疾病；电子健康记录；情境回收；远程工作；机器视觉
工程：航空航天	作业控制；包容性；服务质量；心理学；文化；多样性；健康；中国	团体思维；个人价值观；敬业的员工；包容性环境；天文台人口统计；生产工作；人机交互；任务设计；客户期望；客户满意度；客户感知；市场部门；行业参与者；太空政策；商业的；吸收截面；建筑材料；混响室；5G；5G 网络

第二节　战略人力资源中工程技术应用

在战略人力资源管理视角下，工程技术领域主要的研究包括信息技术对人力资源管理的贡献与局限，知识管理、可持续发展、新技术对工作和就业及人员管理的影响，还包括如何科学定量地计量人员或组织相关绩效指标等问题。这些研究聚焦于改进人力资源管理模式以促进企业竞争力的进一步提升，重视一些无形因素对人力资源管理的影响，如知识、创新等，重点关注绩效、工作满意度、领导力及领导行为等问题，探讨如何评价或提升组织绩效、个人绩效、工作满意度、领导力等，发现组织承诺、组织学习、组织文化、薪酬等对员工行为的影响，提出相关改进建议，设计新的管理体系，并关注如何提高人力资源管理的战略价值和人力资本价值。研究主要采用定性和定量结合的方法，如问卷调查、案例分析、结构方程模型、数据挖掘和统计学等。

一、信息技术与人力资源管理

信息技术与人力资源管理的关系可分为两个层面：应用实践层面和理论研究层面。有研究表明，人力资源管理部门改善通信技术的做法能够影响其与财务业绩之间的关系，信息通信技术实践与公司竞争力有着直接的正向联系，但与财务绩效有着直接的负向联系。

应用实践层面，人力资源信息系统（human resource information systems，HRIS）是信息技术与人力资源管理最主要的关联，可根据技术发展分为四个阶段：大型机阶段、客户端服务器阶段、基于企业资源计划（enterprise resource planning，ERP）系统和网页（web）的阶段以及基于云计算的阶段。各个阶段各有其特点和典型代表。信息系统很早就在人员管理上发挥作用，HRIS 专业领域主要是由支持人力资源流程和功能的技术发展所驱动，从计算机信息系统诞生之初的大型机时代就开始作为存储员工信息记录等工具存在。早期运用 HRIS 进行人员管理一般主要发生在大型组织中，他们实施 HRIS 以实现基本人力资源业务功能的自动化，例如工资单和员工记录保存，技术有助于降低成本，减轻大多数人力资源部门的行政负担。PeopleSoft 是第一个专门设计用于支持人力资源的软件包。在客户服务器时代，信息系统不再局限于人员基础信息的保存，也不再局限于大企业。这一阶段出现了大量的人员管理信息系统，典型代表如 Taleo（招聘）、Kronos（时间和出勤）和 ADP（工资单），信息系统开始在申请人跟踪、绩效评估、培训和开发以及人力资源计划等方面逐步得到大规模应用，以确保员工的技能和能力充分利用，投入产出效益提升。但这一时期各类软件系统层出不穷也带来了系统间不连通的问题，导致烟囱林立，各自割据，由此催生了 ERP 系统，将其整体规划，统一服务，如 SAP、PeopleSoft、Oracle 和 Lawson。由于 Web 技术的普及，互联网招聘等新兴方式极大地影响组织使用人力资源技术的方式以及组织招聘和选择员工的方式。同一时期，出现了员工自助服务，员工通过这一服务可以自助实现信息查询、修改申请等任务，极大地提高了信息精准度和管理效率，同时还改善了员工的满意度和信任度。云计算时代，HRIS 融入云中，集成了更多的人员管理功能，基于 Web 的系统提高了人力资源流程的效率，并扩大了对求职者、员工、退休人员和人力资源经理的访问权限。

理论研究层面，人力资源的研究重点并不在研究如何运用信息技术，而是审查新技术或新系统的有效性和接受度，从某种程度上说，这是滞后于人力资源管理实践的。从 HRIS 的战略价值和采用方面的考虑，学术研究人员开始意识到，就像在其他业务领域一样，实施 HRIS 也为组织提供了转变其人力资源管理手段和提升管理效率的机会。但是，研究尚未表明这些新系统能够使人力资源管理实现吸引、激励和留住员工的主要目标。基于云的 ERP 系统的当前主流供应商包括 Oracle、SuccessFactors 和 Workday。与以前的时代一样，对 HRIS 的研究继续关注技术在人力资源管理中的战略价值以及影响这些系统采用的因素。云计算时代，该领域的研究人员一直专注于 Web 如何改变招聘和选择的方式。在这个时代，最大的变化之一是关于使用基于 Web 的招聘和电子学习的学术研究的爆炸式增长。

信息技术在人力资源管理的使用在不同阶段有着不同的作用和地位。在早期，信息技术只是作为辅助管理工具，能够部分提升管理效率。发展到ERP阶段之后，其对组织整体的信息整合，尤其是以人为中心的信息整合，为组织战略目标的实现提供了技术基础。云计算和大数据时代，信息技术通过对积累的数据开展挖掘分析，对人力资源管理提供辅助决策，为组织发展赋能。

二、知识管理

随着知识经济时代的发展，企业的竞争已转向知识和科技的竞争，因此知识管理是现代人力资源管理最重要的一个方面。相关研究主要分布于信息科学与图书馆学、计算机科学相关学科。早期的很多研究就已经表明，知识是企业竞争和创造独特优势的最重要资源。从基于资源的角度来看，知识工作者是无形的资源，对于实现竞争优势至关重要。随着知识在商业竞争中充当越来越重要的角色，知识管理对人力资源管理的影响和帮助成为研究的热点之一，研究者不断探讨如何将传统的管理范式转变为更具战略性的知识参与的管理，构建管理框架与模型，设计测量知识的方法，提出加强知识共享的机制，尤其注重研发团队中的知识分享，发现有效的知识管理可以提高生产力和效率、提升员工工作绩效、增强团队领导者的领导力，并有助于构建学习型组织，促进创新。以下从三方面对知识管理的影响及贡献进行介绍。

一是知识管理对财务绩效的影响研究，通过分析知识管理是否提升财务绩效来说明知识管理对企业的战略价值和贡献。探寻人力资源管理实践与企业绩效之间的关联是所选文献中研究最多的途径之一。实验研究提供了证据，表明人力资源管理实践可直接影响公司的利润，Theriou 和 Chatzoglou 以实证分析人力资源管理实践、知识管理、组织学习与公司获利能力和市场绩效之间的联系，发现人力资源管理与企业盈利能力、市场表现以及员工对组织的忠诚度（组织承诺）之间存在联系。这种联系是通过提升学习、知识积累和组织能力来实现的。人力资源管理通过组织学习和知识管理能力，包括学习和改进、知识共享、知识创造和获取，来支持利润率、销售、客户满意度和人力资源绩效。

二是知识管理对组织业务绩效的影响研究，通过分析知识管理是否提升业务和组织绩效来说明知识管理对企业的战略价值和贡献。组织业务绩效包括产品或服务质量、产品或服务创新、吸引和保留员工、客户满意度管理和员工关系等。该研究运用定量方法评估知识对业务绩效的贡献，将改进的知识管理与运营和组织绩效联系起来，综合分析了多视角下企业绩效与知识管理的关系。对知识管理实践与企业绩效之间的关系进行了实证研究方面的总结，寻找通过学习、知识和创新来改善组织绩效的方法。人力资源管理通过组织学习、行政和技术创新以及知识管理能力（知识学习和获取、知识共享、知识创造和改进）与公司绩效成果相关联。这些研究大体上确认了普遍的认识，即高度知识密集的人力资源管理实践是管理和组织知识资源的重要手段；以知识为基础的人力资源管理实践、知识管理的技术实践和知识的战略管理是公司创新绩效的重要驱动力。

三是调查确定组织战略和知识管理实践之间的协调程度来间接证明知识管理对企业的战略价值和贡献。这一研究包括通过分析其创新和建立信任的方式对公司直接或间接的影响。研究表明，知识管理对人力资源管理相关实践具有积极促进作用。例如，在组织内部激活知识管理流程能够提升组织效能，建立非人际信任可以增加关系的价值，知识管理实践提升组织承诺能力，以及基于此呼吁增加对知识管理的 IT 支持。另一些研究指出，人力资源管理实践反过来也促进了知识管理效能的提升，例如人力资源管理实践促进知识共享和绩效创新等。

三、可持续发展

可持续发展本身是战略人力资源管理落地的要求，也是企业的一种社会责任体现，绿色人力资源管理这一研究主题与可持续发展联系最为紧密。这些绿色人力资源实践在很多国家和行业展开，如马来西亚开发绿色人力资源管理系统，旅游行业、医疗保健领域以绿色人力资源管理实现可持续发展的变革之路。在组织层面上，通过理论和实证检验，探讨绿色人力资源管理实践如何促进员工集体参与环境保护。结果表明，绿色人力资源管理实践有利于集体层面对环境的自愿行动，有利于指导企业如何利用绿色人力资源管理来增强员工对环境的集体态度和行为。

在工程技术类学科中，尽管学者们采用了一些工程、技术方法进行了很多调查和实证分析，认为企业的人力资源是使得企业获得持续竞争力的潜在的核心资源，是实现组织战略的关键要素，取得了很多扎实的研究基础，但是，掌握人力资源的价值创造过程是极其困难的，其依赖路径和因果关系仍然存在不确定性。

第三节　人力资源选育用留中工程技术应用

工程与技术，尤其是信息技术，对人力资源的改进主要体现在人力资源事务性功能上，这些环节包括招聘、选拔、入职、培训和发展、绩效管理和薪酬。研究人员基于计算机和信息系统等技术实现更加智能的管理，比如通过关系推荐支持自动化的团队人员配置决策、利用数据挖掘和神经网络等方法分析人力资源、结合软件技术和数学统计方法构造专家系统以评价员工、辅助团队人员配置的决策支持、自动化的关系推荐等，甚至构建云工作平台辅助虚拟团队合作。主要在招聘、培训和薪酬管理环节应用较广。这些技术包括信息系统、专家系统、远程办公、Web 2.0、电子学习、社交媒体、移动、社交、数据挖掘、人工智能、预测技术和推荐系统等。Lee 等人对人力资源管理领域的数据挖掘进行了全面系统的梳理，综述了基于数据挖掘的人力资源管理在人员配备、开发、绩效管理和薪酬作为主要内容的四个功能性人力资源领域的应用。

这些研究大体可分为两个方面。一方面研究新技术尤其是信息技术对人力资源管理各环节带来的影响和改变，以及如何提升人力资源管理效率。研究贡献涉及各种人力资源管理活动和流程，例如选择员工、预测员工流动的人员配置功能、确定员工的能力和辅助职业规划。另一方面在于审查新技术和方法的有效性和接受度等。此外，还关注具体领域的人力资源管理问题，如建筑领域等。

一、人员招聘

在招聘环节，技术的影响主要体现在电子招聘。由于信息技术尤其是基于 Web 2.0 体系的互联网的发展，以及社交媒体、社交网络的普及，电子招聘越来越受欢迎，无论是给求职者还是给招聘公司，都带来了极大便利。对德国和韩国的数据研究表明，使用互联网求职的求职者的失业时间较短。互联网极大地改变了求职过程，改善了雇主与求职者之间的沟通渠道。互联网求职值得发扬推广。Janta 和 Ladkin 研究了互联网论坛在跨国求职招聘平台上的积极作用，并表明移民在其中起着桥梁作用。Brouer 等人基于对 Linkedin① 和公司网站信息一致性的对比分析，表明社交媒体和公司网站之间的信息冲突对招聘和吸引有着放大效应。对求职者而言，关于公司的评价，第三方信息被视为更有价值和更可信，当第三方信息与公司宣传不一致时，求职人员更倾向于相信第三方信息，从而放大负面信息，影响公司招聘。当第三方信息与公司宣传的信息一致时，潜在的求职者对公司印象更为满意，从而放大正面信息，公司更具吸引力。Reiners 和 Alexander 也发现了类似的现象。Banerjee 通过分析在线招聘广告的形式和质量研究其对招聘的有效性。研究表明高质量的网络信息展示和设计，包括现实工作预览（realistic job previews，RJP）、博客和视频播客的应用，能有效提升潜在求职者对公司质量和信誉的认知方面的优势，以及由此发展出的组织吸引力和工作意向。Ikram 等的研究表明，由传统招聘策略转变到电子招聘等新型渠道，不仅可以带来更好的业

① Linkedin，中文名“领英”，是一个面向职场的社交平台。

务绩效管理，还可以通过网络社交媒体提高企业的可访问性和声誉。此外，信息技术的使用还可以带来额外的收益，如 Suryanto 等实施决策支持系统预防员工招聘舞弊。

电子招聘对求职者和职位发布方的行为都存在影响。Jansen 等分析了求职者使用网络寻找工作的实际场景和行为，发现找到与所搜索工作主题相关的结果精度并不如预期，仅为52%，并分析了具体的搜索行为，为职位发布方改进招聘广告设计等提供了实证参考。Eveleth 等研究了招聘网站对求职者组织和工作适应感的影响，Kuppusamy 和 Ganesan 分析了影响一代求职者电子招聘有效性的因素。

实践方面，Khosla 等介绍了一个成功应用于澳大利亚企业中的智能销售招聘和基准测试系统（intelligent sales recruitment and benchmarking system，ISRBS）。该系统是一个集成多方技术的电子招聘系统。该系统集成基于心理学的销售行为模型与人工智能技术和计算方法，以分析销售人员行为和特征，进而为招聘和保留销售人员提供智能辅助决策支持。其运用的技术包括专家系统、模糊集、心理测量技术和 AHP 方法等。Buettner 从理论与发展层面介绍了在线社交网络招聘推荐系统的框架。在线招聘也带来了更多创新形式，尤其是虚拟招聘、远程面试和虚拟职业博览会等。

社交网络的普及也对招聘产生了诸多影响。Jing 和 Wang 使用熵权法评估国际专业社交网络人才。社交网络，尤其是国际专业社交网络，不仅为用户提供了宣传自己的机会，还为公司提供了定位国际人才的平台。但是，社交网络在全国各地都有大量用户，每天都会产生大量信息，这使得招聘公司很难找到优秀的国际人才。在这种背景下，有学者基于国际专业社交平台 Linkedin，提出了一种有效寻找国际人才的研究模型。首先，基于在线职业概况，利用一组评价指标建立评价模型。然后，利用模型通过熵权法对用户在每个指标上的 Linkedin 概况以及每个指标的权重进行评价。再将这些价值和权重整合到一个针对用户个人资料的综合评分中，该评分可用于对国际人才进行排名并帮助公司招聘。最后，随机选择一组 Linkedin 用户的个人资料，对这些个人资料进行实验以验证研究模型。

二、人员选拔

招聘选人是人力资源管理的核心内容之一，在智能辅助决策技术的支持下，相关研究取得了很好的进展。

首先，成员选拔决策因素及流程方面的研究有很多。例如，Templeton 等分析了领导者个人通过在线社交网络信息对挑选组织成员决定的影响，Albadan 等使用游戏化的策略构建了人员选拔过程中非程序性决策的模糊逻辑模型。这些研究表明，非程序性决策采取多种方法来尝试捕捉不确定情况下有抱负的人的理性行为。

其次，决策科学相关理论及模型方法还广泛应用在团队成员搭配挑选方面。例如，Huang 等将模糊神经网络应用于人员选拔，Malinowski 等通过一种自动的关系推荐方法对挑选团队人员决策进行支持，Shahhosseini 和 Sebt 则基于胜任力的人员选择与建设项目分配组织团队成员匹配与筛选。此外，Jessop 研究了如何确定人员选拔中各项因素的权重。

最后，团队成员选拔及团队建设方面也有很多研究。例如，Baykasoglu 等采用模糊优化方法的项目团队选择，Gutjahr 等提出了胜任力驱动的项目组合的选择、进度安排和人员分配方法，Park 和 Koo 提出了基于遗传算法的大型设计公司设计团队选择模型，Dahooie 等对基于胜任力的 IT 人员选拔，采用混合 SWARA 和 ARAS-G 方法。

三、培训与开发

在人力资源管理领域，培训是提高员工素质和能力的重要手段。智能技术的发展为企业提供了更多的培训方式和工具。

运用模拟仿真的技术手段对员工进行虚拟培训已经成为一种流行的培训方式，尤其是在制造业等领域。例如，Vergnano 等研究了面向制造系统操作员的交互式仿真培训工具给工业领域培训带来的便利，Stocker 等研究了基于桌面的虚拟现实系统在危险工作环境中培训人员的实用性。除了仿真技术，很多智能技术也得到广泛应用。Clark 等研究了可穿戴技术对餐厅食品从业人员培训效果的影响，并发现增强现实技术显著提高了培训效果。此外，人脸识别甚至表情识别技术也被用来辅助培训视频客户服务代表。

在培训效果的评估方面，很多人工智能技术也得以运用。Wang 等提出了一种基于数据挖掘的模拟培训评估方法，Pourjafar 等则提出了一种神经网络与模糊聚类算法相结合的评估模拟培训效果的方法。这些研究表明，运用智能技术可以有效地改善培训效果和评估方法，提高培训的实用性和有效性。

随着智能技术的不断发展，可以预见，在未来的人力资源管理中，智能技术将在培训方面发挥更加重要的作用，为企业提供更为灵活、高效的培训解决方案。同时，还需要加强对培训效果的监测和评估，以确保培训的质量和实效。

四、绩效管理与评估

对人员的工作结果进行评估，即绩效评估，是人力资源管理中非常重要的一项任务。学者们通过分析影响因素和应用现代技术手段，可以更加精准地评估员工的工作绩效，并采取相应措施提高员工的绩效水平。

在影响因素方面，学者们研究了社交网络、社交媒体和企业博客等具体技术形态对工作绩效的影响。Moqbel 等的研究表明，社交网站使用程度和工作绩效之间存在显著的中介关系。他们认为，社交网站的使用可能通过改善员工的满意度成为一种使员工平衡他们的工作和生活的新方式，从而使组织受益。Landers 和 Callan 则指出，并非所有社交媒体的使用行为都有益于工作绩效。类似的研究还包括对员工使用脸谱（Facebook）等社交网络对绩效的影响研究，以及从正面视角研究如何基于社交媒体的沟通提高项目团队绩效。Lu 等的研究表明，与工作相关的企业博客有助于提高工作绩效，而与工作不相关的博客网络的参与则可能对员工的工作绩效产生负面影响。此外，智能手机、线上线下交流及文化因素和知识共享等因素也被证明对工作绩效产生影响。

在具体技术应用方面，各种技术被广泛应用于绩效评估领域。其中包括采用 Choquet 积分法进行多指标绩效评估、基于工作满意度－绩效矩阵的定量绩效评估模型及其在制造企业中的应用、基于模糊 MCDMA 方法的飞机维修人员绩效评价、将具有交互作用的混合 MCDM 应用于人力资源绩效评估、知识管理绩效评估的集成方法、使用互操作性度量设计过程中协作性能评估、捷克管理咨询公司将 AHP 模型用于员工绩效评估、使用贝叶斯信念网络模型进行员工绩效评估、基于粗糙-AHP 和 TOPSIS 方法的土耳其航空公司绩效评估模型，以及英国制造企业对绩效评估系统的综合有效运用。

这些技术的应用使得绩效评估更加科学和精确。例如，Choquet 积分法可以处理多维度数据并考虑不同因素之间的重要性；定量绩效评估模型可以根据工作满意度和工作绩效矩阵，综合考虑不同因素的影响；而模糊 MCDMA 方法则可以解决因果关系不明确和模糊信息处理问题。此外，贝叶斯信念网络模型以及粗糙-AHP 和 TOPSIS 方法也为评估提供了新思路和新手段。

尽管这些技术在绩效评估中的应用是十分有益的，但也存在一些局限性和挑战。例如，由于不同绩效评估技术的复杂度和适用范围不同，选择合适的技术变得非常重要；同时，需要保障数据的准确性和完整性，否则可能导致评估结果的偏差和误判；此外，技术本身的局限性也会影响到评估的准确性和可靠性，需要注意技术的边界以及应用场景的限制等。

在特定领域中，一些基于 GPS 等技术手段的员工绩效考核评估实践正在逐渐兴起。例如，Simsek 等提出了一个概念框架，利用 GPS 终端对驾驶员工作表现进行测量，以便更好地了解他们的行驶速度、路线和停留时间等因素，并根据这些数据对他们的绩效进行评估。另外，Morte 等基于葡萄牙火车运输公司的案例研究，探讨了多准则决策分析在短途卡车驾驶员绩效评估方面的应用。这些新技术手段为员工绩效考核提供了更加精确和客观的数据支持，可以帮助评估员工的工作表现并制定相应的绩效考核指标。但在实际应用中，也需要注意一些挑战和难点。例如，如何避免因过度依赖数据问题导致评估结果的偏差和误判。同时，还需要考虑员工反感和隐私问题，制定合理的数据收集和使用规范，并保护员工的隐私权和个人信息安全。

人工智能技术在众多领域得以广泛应用。其中，HiSPEED系统是一个集成了多项人工智能技术的绩效评估系统，可使用自动统计、数据挖掘和文本挖掘技术来分析员工绩效数据，辅助人力资源主管和业务领导层回答关键业务问题。HiSPEED系统能够满足诸如提高目标设定过程质量、提高自我评估意见和主管反馈意见质量、发现高质量的监督者建议以改善绩效、发现员工提供的证据以支持他们的自我评估、测量监督者评估质量、了解不良和出色绩效的根本原因、检测个人和系统偏见等业务需求。通过一套数据和文本挖掘技术，HiSPEED系统可以处理数百万个员工的评估数据，并为业务主管提供有用的信息，例如过程域（process area，PA）流程的有效性、个人绩效趋势、基于评估的员工比较研究、员工与其上司之间的沟通质量，以及寻找导致性能异常的根本原因。除了标准报告、图表和向下钻取分析，HiSPEED系统还包括多种专门设计的目标分析算法，目的是从PA系统的数据和文本中挖掘出新颖且可操作的模式和见解，以回答关键的业务问题。这些业务问题主要包括两个方面：一是如何理解员工绩效的细微差别；二是如何衡量公共广播系统对劳动力的影响，以及理解其对劳动力质量与效率的贡献。

信息技术在给招聘带来便捷的同时，也带来了负面影响，包括对隐私保护的担忧、对工作和生活的平衡被打破的焦虑等。Hurrell等的研究表明，雇主对雇员和求职者的社交网站数据的监视成为雇佣关系新的紧张源，员工普遍不认同这一做法，但也有很多人通过积极管理社交网站个人资料来加以应对。Thielsch等的研究表明电子招聘也带来求职的公平性问题。Pike等的研究表明基于社交网站信息的电子招聘在给雇主带来便捷的同时，由于信息质量的参差不齐，也给招聘工作带来很多负面效应。Maier等以电子招聘系统的实施为例，分析其对人力资源领域员工工作满意度和离职意愿的影响，结果表明，如果公司未能成功地树立人力资源信息系统的正面形象，那么员工很容易将人力资源信息系统视为威胁，工作满意度会下降，离职意向会增加。

第四节　国际人力资源管理中工程技术应用与趋势

研究文化、社会和政治的影响如何在国际公司经营的不同环境中发挥作用是国际人力资源管理研究不同于其他研究的地方。工程与技术对国际人力资源管理的助力点主要在于提供技术手段实现其全球的统一模式管理和战略，以及对全球资源的汇集和增值。国际人力资源管理一直注重全球战略和管理流程的统一模式开发问题。Schuler 等都曾经希望在跨国公司总体战略计划的范围内建立一个统一的国际人力资源管理流程，工程与技术为其提供了实现手段。

一、通信技术与跨国协作

通信技术的普及，特别是互联网的广泛应用，使得远程协同工作成为可能。受益于这些新技术手段，企业可以采用更加灵活和高效的工作方式，突破地理空间的限制，实现跨地域的业务合作。例如，Roche、Chae 等的研究表明，互联网技术的广泛应用已经消除了国际企业之间沟通时延，提高了企业的行为效率。

同时，信息技术能力也对企业的业绩具有积极的影响，Zhang 等的研究表明，关键组织能力和信息技术能力对于企业的业绩有着重要的正向影响。电子健康记录（electronic health record，EHR）软件的广泛应用进一步促进了信息交换和共享的便利性，Alcaraz 等指出，该技术可以帮助企业更好地管理员工信息和数据，并在某种程度上减轻公司管理压力。通过实施电子人力资源管理来提升公司效益已经成为跨国公司战略层面的普遍选择，Heikkila 的研究表明，电子人力资源管理不仅可以提高人力资源的管理效率和准确性，还可以增强企业的竞争力和创新力，从而推动公司的长期发展。

二、多元文化与人力资源

在全球化的环境下，跨国企业面临着来自多样性文化背景的巨大挑战。研究表明，文化多样性能够影响团队和创新绩效，但同时会在跨国企业中带来不利影响。为了有效管理多元文化背景下的团队，中小企业成了跨文化管理的研究对象，大量研究探讨了不同文化对跨国企业的影响。

很多国际公司选择使用全球创新团队来实现持续的创新绩效，如 Winkler 和 Bouncken 的研究，从 5 个不同时间点的 5 个创新团队的 105 个访谈中，揭示了全球创新团队内部文化价值和沟通方式差异的影响。研究发现，背景、时间和权力距离的多样性会强烈影响全球团队的表现，但各因素在绩效影响力方面表现存在明显差异。

跨国企业了解国家和组织文化对获得竞争优势有促进作用，而且相比民族文化，组织文化影响力更为重要。一项针对制造业跨国企业的研究，对 8 个国家和组织文化维度对制造业绩效的影响进行了多层次的调查。通过对分布于多个国家和地区的 189 家制造工厂进行方差分析比较，结果表明，工厂内部的组织文化在 3 个维度（权力距离、未来方向和绩效方向）上存在差异。同时发现，组织文化对制造业绩效的影响大于民族文化或二者之间的契合度。国家发展指标，包括经济和基础设施指标对制造业绩效的影响较弱。因此，在全球化时代，发展与高性能制造相一致的内部组织文化，可以帮助组织跨越国界扩展，并具有实际意义。

无论如何，跨国企业运用各地差异性获取竞争优势，提升全球创新绩效一直是其希望达到的效果。同时，要弥合跨国背景下知识转移困境的跨文化能力鸿沟。基于跨文化能力整合和特定知识促进机制使用的框架，可以帮助跨国企业更好地获取和利用知识资源的能力。Duan 等的研究确定了影响跨国知识转移的关键因素。Montazemi 等使用了 31 个实证研究的元分析结构方程模型，分析如何在跨国公司有效共享组织知识，消除阻碍新技术转让的“黏性因素”，以提升跨国企业的竞争优势。

因此，为了有效管理多元文化背景下的团队和提升全球创新绩效，跨国企业需要发展跨文化能力、构建跨国知识转移机制，以及整合内部组织文化。跨文化能力涉及理解和尊重不同文化，处理跨国交流中出现的问题和挑战，并且促进跨国团队之间的沟通与协调。构建跨国知识转移机制可以激发公司内部的创造力和创新力，实现知识的充分利用和共享。同时，整合内部组织文化是帮助公司在国际市场上取得成功的关键因素。通过了解和适应当地文化，可以有效地融入本地市场并取得竞争优势。

研究也表明，面对多样性文化挑战时，仅凭单一方法或策略无法奏效。因此，跨国企业需要采用多种方法和策略，例如构建本土化团队、培训跨文化团队领导力、建立文化交流平台等，以有效应对跨国企业文化差异所带来的影响。

尽管信息系统在跨国企业的管理中起着至关重要的作用，但是使用信息系统同样存在一些障碍。全局控制和协调管理职能的需求经常会遇到本地经理的抵制，他们可能会认为公司标准是一种侵入性的干预。这种情况在跨国公司中比较普遍，并且可能会影响跨国公司的效率和生产力。

一项基于 54 个总部－子公司对之间的管理关系以及各种控制机制的使用研究表明，当子公司依赖跨国公司总部获取资源时，远程分散式技术似乎是有效的，但在其他情况下则与期望的方向相反。因此，跨国企业需要对不同情况进行灵活的管理，并采取相应的策略来实现目标。

针对类似的障碍，有一些相应的应对建议研究。首先，跨国企业可以支持 Web 2.0 技术和战略知识管理计划，以促进跨国之间的交流和沟通。其次，跨国企业可以提供必要的培训，以帮助员工适应新的信息系统，并充分利用信息系统的功能。此外，跨国企业还可以采取一些措施，如建立平衡的权力和控制机制，以确保全球战略和标准在本地执行时得以顺利实施。这样可以消除本地经理的抵制，避免产生对全球战略和标准的反感或排斥情绪。

参考文献

[1] AHN J H, CHANG S G. Assessing the contribution of knowledge to business performance: the KP^3 methodology[J]. Decision Support Systems, 2004, 36(4): 403-416.

[2] AKTEPE A, ERSÖZ S. A quantitative performance evaluation model based on a job satisfaction-performance matrix and application in a manufacturing company [J]. International Journal of Industrial Engineering Theory Applications and Practice, 2012, 19(6): 264-277.

[3] ALBADAN J, GAONA P, MONTENEGRO C, et al. Fuzzy logic models for non-programmed decision-making in personnel selection processes based on gamification[J]. Informatica, 2018, 29(1): 1-20.

[4] ALCARAZ J M, DOMÈNECH M, TIRADO F. eHR software, multinational corporations and emerging China: exploring the role of information through a postcolonial lens[J]. Information and Organization, 2012, 22(2): 106-124.

[5] AYDOGAN E K. Performance measurement model for Turkish aviation firms using the rough-AHP and TOPSIS methods under fuzzy environment[J]. Expert Systems with Applications, 2011, 38(4): 3992-3998.

[6] BALASURIYA U C S, JAYALAL S. Impact of social network usage on the job performance of IT professionals in Sri Lanka[C]//Proceedings of the Fifteenth International Conference on Advances in ICT for Emerging Regions, 2015: 214-219.

[7] BANERJEE S. Influence of consumer personality, brand personality, and corporate personality on brand preference: an empirical investigation of interaction effect[J]. Asia Pacific Journal of Marketing and Logistics, 2016,

28(2): 198 – 216.

[8] BAUM T. Sustainable human resource management as a driver in tourism policy and planning: a serious sin of omission? [J]. Journal of Sustainable Tourism, 2018, 26(6): 873 – 889.

[9] BAYKASOGLU A, DERELI T, DAS G S. Project team selection using fuzzy optimization approach [J]. Cybernetics and Systems, 2007, 38 (2): 155 – 185.

[10] BENITEZ-AMADO J, PEREZ-AROSTEGUIM N, TAMAYO-TORRES J. Information technology-enabled innovativeness and green capabilities [J]. Journal of Computer information Systems, 2010, 51(2): 87 – 96.

[11] BOHLOULI M, MITTAS N, KAKARONTZAS G, et al. Competence assessment as an expert system for human resource management: a mathematical approach [J]. Expert Systems with Applications, 2017, 70: 83 – 102.

[12] BROUER R L, STEFANONE M A, BADAWY R L, et al. Losing control of company information in the recruitment process: the impact of LinkedIn on organizational attraction [C]//Proceedings of the 48th Hawaii International Conference on System Sciences, 2015:1879 – 1888.

[13] BUETTNER R. A framework for recommender systems in online social network recruiting: an interdisciplinary call to arms [C]//Proceedings of the 47th Hawaii International Conference on System Sciences, 2014: 1415 – 1424.

[14] CALLEJAS Z, RAVENET B, OCHS M, et al. A computational model of social attitudes for a virtual recruiter [C]// Proceedings of the 2014 International Conference on Autonomous Agents and Multi-agent Systems, 2014: 93 – 100.

[15] CHAE B, PRINCE J B, KATZ J, et al. An exploratory cross-national study of information sharing and human resource information systems [J]. Journal

of Global Information Management, 2011, 19(4): 18 -44.

[16] CHEN L, FONG P S W. Evaluation of knowledge management performance: an organic approach[J]. Information & Management, 2015, 52(4): 431 - 453.

[17] CHOI Y, YU Y N. The influence of perceived corporate sustainability practices on employees and organizational performance[J]. Sustainability, 2014, 6(1): 348 -364.

[18] CLARK J, CRANDALL P, SHABATURA J. Wearable technology effects on training outcomes of restaurant food handlers [J]. Journal of Food Protection, 2018, 81(8): 1220 -1226.

[19] COHEN J F, OLSEN K. Knowledge management capabilities and firm performance: a test of universalistic, contingency and complementarity perspectives [J]. Expert Systems with Applications, 2015, 42 (3): 1178 -1188.

[20] DAHOOIE J H, ABADI E B J, VANAKI A S, et al. Competency-based IT personnel selection using a hybrid SWARA and ARAS-G methodology[J]. Human Factors and Ergonomics in Manufacturing & Service Industries, 2018, 28(1): 5 -16.

[21] DANGL T, COOPER E W, KAMEI K. Development of facial expression recognition for training video customer service representatives [C]// Proceedings of the 2014 IEEE International Conference on Fuzzy Systems, 2014: 1297 -1303.

[22] DAO V, LANGELLA I, CARBO J. From green to sustainability: Information technology and an integrated sustainability framework [J]. Journal of Strategic information Systems, 2011, 20(1): 63 -79.

[23] DUAN Y, NIE W, COAKES E. Identifying key factors affecting transnational knowledge transfer[J]. Information & Management, 2010, 47 (7/8): 356 -363.

[24] EVELETH D, STONE R, BAKER-EVELETH L. The influence of recruitment websites on job-Seeker perceptions of organization and job fit [J]. International Journal of Technology and Human Interaction, 2018, 14(4): 1-22.

[25] FALLAH M H, LECHLER G. Global innovation performance: strategic challenges for multinational corporations [J]. Journal of Engineering and Technology Management, 2008, 25(1/2): 58-74.

[26] FREDERIKSEN L, HEMLIN S, HUSTED K. The role of knowledge management in R&D: a survey of danish R&D leaders' perceptions and beliefs[J]. International Journal of Technology Management, 2004, 28(7/8): 820-839.

[27] FUGATE B S, STANK T P, MENTZER J T S. Linking improved knowledge management to operational and organizational performance [J]. Journal of Operations Management, 2009, 27(3): 247-264.

[28] GAO S, ZHAO S. A research on strategic human resource management: an integrated model [C]//Proceedings of 2009 International Conference on Management Science and Engineering, 2009: 651-656.

[29] GHOLAMI H, REZAEIG, SAMANM Z M. State-of-the-art Green HRM System: sustainability in the sports center in Malaysia using a multi-methods approach and opportunities for future research [J]. Journal of Cleaner Production, 2016, 124: 142-163.

[30] GUO M, LIAO G, LIU R. Contributions organizational identification, job performance and job satisfaction: evidence from china new generation employees [C]//Proceedings of the 4th International Conference on Logistics, Informatics and Service Science, 2015:993-1002.

[31] GURBUZ T. Multiple criteria human performance evaluation using choquetintegral [J]. International Journal of Computational Intelligence Systems, 2010, 3(3): 290-300.

[32] GURBUZ T, ALBAYRAK Y E. An engineering approach to human resources performance evaluation: hybrid MCDM application with interactions[J]. Applied Soft Computing, 2014, 21: 365 - 375.

[33] GUTJAHR W J, KATZENSTEINER S, REITER P, et al. Competence-driven project portfolio selection, scheduling and staff assignment [J]. Central European Journal of Operations Research, 2008, 16 (3): 281 - 306.

[34] HANNA N, RICHARDS D. The impact of virtual agent personality on a shared mental model with humans during collaboration[C]//Proceedings of the 2015 International Conference on Autonomous Agents and Multiagent Systems, 2015:1777 - 1778.

[35] HARANDI S R, ABDOLVAND N. Investigating the effect of online and offline workplace communication networks on employees' job performance: Considering the role of culture[J]. Journal of Global Information Technology Management, 2018, 21(1): 26 - 44.

[36] HEIKKILA J-P. An institutional theory perspective on e-HRM's strategic potential in MNC subsidiaries[J]. Journal of Strategic Information Systems, 2013, 22(3): 238 - 251.

[37] HEISIG P, SURAJ O A, KIANTO A, et al. Knowledge management and business performance: global experts' views on future research needs[J]. Journal of Knowledge Management, 2016, 20(6): 1169 - 1198.

[38] HENTTONEN K, KIANTO A, RITALA P. Knowledge sharing and individual work performance: an empirical study of a public sector organisation[J]. Journal of Knowledge Management, 2016, 20(4): 749 - 768.

[39] HUANG L H. Applying fuzzy neural network in human resource selection system [C]//Proceedings of the IEEE Annual Meeting of The North American Fuzzy Information Processing Society, 2004: 169 - 174.

[40] HURRELL S A, SCHOLARIOS D, RICHARDS J. "The kids are alert":

generation Y responses to employer use and monitoring of social networking sites [J]. New Technology, Work and Employment, 2017, 32 (1): 64 - 83.

[41] IANNOTTA M, GATTI M. Innovating e-recruitment services: an Italian case study [M]//TORRE T, BRACCINI A M, SPINELLI R. Empowering Organizations: Enabling Platforms and Artefacts, Springer, 2016: 103 - 114.

[42] IKRAM A, SU Q, FIAZ M, et al. Big data in enterprise management: transformation of traditional recruitment strategy [C]//Proceedings of the IEEE 2nd International Conference on Big Data Analysis, 2017: 419 - 424.

[43] INKINEN H. Review of empirical research on knowledge management practices and firm performance [J]. Journal of Knowledge Management, 2016, 20(2): 230 - 257.

[44] JABBOUR C J C, JABBOUR A B L dS. Green human resource management and green supply chain management: linking two emerging agendas [J]. Journal of Cleaner Production, 2016, 112(3): 1824 - 1833.

[45] JANSEN B J, JANSEN K J, SPINK A. Using the web to look for work: implications for online job seeking and recruiting [J]. Internet Research, 2005, 15(1): 49 - 66.

[46] JANTA H, LADKIN A. In search of employment: online technologies and Polish migrants [J]. New Technology, Work and Employment, 2013, 28(3): 241 - 253.

[47] JESSOP A. Minimally biased weight determination in personnel selection [J]. European Journal of Operational Research, 2004, 153 (2): 433 - 444.

[48] JING N, WANG J X. Evaluate the international talents in professional social networks using the entropy weight method [C]//Proceedings of the 2015 International Conference on Computational Science and Computational

Intelligence , 2015: 220 – 225.

[49] KHOSLA R, GOONESEKERA T, CHU M-T. Separating the wheat from the chaff: an intelligent sales recruitment and benchmarking system[J]. Expert Systems with Applications, 2009, 36(2): 3017 – 3027.

[50] KONG H. The influence of hotel organizational career management on career competencies [C]// Proceedings of the 2nd Conference on Logistics, Informatics and Service Science, 2013:1019 – 1024.

[51] KRANCHER O, DIBBERN J, MEYER P. How social media-enabled communication awareness enhances project team performance[J]. Journal of the Association for Information Systems, 2018, 19(9): 813 – 856.

[52] KUPPUSAMY J, GANESAN J. A study of factors contributing towards the effectiveness of E-recruitment among generation Y job seekers [J]. International Journal of Advanced and Applied Sciences, 2016, 3(12): 106 – 112.

[53] LANDERS R N, CALLAN R C. Validation of the beneficial and harmful work-related social media behavioral taxonomies: development of the work-related social media questionnaire[J]. Social Science Computer Review, 2014, 32(5): 628 – 646.

[54] LEE I. Modeling the benefit of e-recruiting process integration[J]. Decision Support Systems, 2011, 51(1): 230 – 239.

[55] LEE S, KIM B G, KIM H. An integrated view of knowledge management for performance[J]. Journal of Knowledge Management, 2012, 16(2): 183 – 203.

[56] LEE S Y, LEE S W. The effect of facebook use on office workers' job performance and the moderating effects of task equivocality and interdependence[J]. Behaviour& information Technology, 2018, 37(8): 828 – 841.

[57] LEE V-H, FOO A T-U, LEONG L-Y, et al. Can competitive advantage be

achieved through knowledge management? A case study on SMEs [J]. Expert Systems with Applications: An International Journal, 2016, 65: 136 - 151.

[58] LI H Z. The study on the determinants of fit in strategic human resource management [C]//Proceedings of the Seventh Wuhan International Conference on E-Business, 2008: 2250 - 2256.

[59] LI L, LIN T T C. Examining how dependence on smartphones at work relates to Chinese employees' workplace social capital, job performance, and smartphone addiction [J]. Information Development, 2018, 34 (5): 489 - 503.

[60] LIDINSKA L, JABLONSKY J. AHP model for performance evaluation of employees in a czech management consulting company [J]. Central European Journal of Operations Research, 2018, 26(1): 239 - 258.

[61] LORINCIOVA S, HITKA M, ŠTARCHOŇ P, et al. Strategic instrument for sustainability of human resource management in small and medium-sized enterprises using management data [J]. Sustainability, 2018, 10 (10): 3687.

[62] LU B, GUO X, LUO N, et al. Corporate blogging and job performance: effects of work-related and nonwork-related participation [J]. Journal of Management Information Systems, 2015, 32(4): 285 - 314.

[63] MAAS S, RENIERS G. Development of a CSR model for practice: connecting five inherent areas of sustainable business[J]. Journal of Cleaner Production, 2014, 64: 104 - 114.

[64] MAIER C, LAUMER S, ECKHARDT A, et al. Analyzing the impact of HRIS implementations on HR personnel's job satisfaction and turnover intention[J]. Journal of Strategic Information Systems, 2013, 22 (3): 193 - 207.

[65] MALINOWSKI J, WEITZEL T, KEIM T. Decision support for team staffing:

an automated relational recommendation approach [J]. Decision Support Systems, 2008, 45(3): 429 - 447.

[66] MIN J. Effects of the use of social network sites on task performance: toward a sustainable performance in a distracting work environment [J]. Sustainability, 2017, 9(12):2270.

[67] MINONNE C, TURNER G. Evaluating knowledge management performance [C]//Proceedings of the 6th International Conference on Intellectual Capital, Knowledge Management & Organisational Learning, 2009: 201 - 210.

[68] MONTAZEMI A R, PITTAWAY J J, SAREMI H Q, et al. Factors of stickiness in transfers of know-how between MNC units [J]. Journal of Strategic Information Systems, 2012, 21(1): 31 - 57.

[69] MOQBEL M, NEVO S, KOCK N. Organizational members' use of social networking sites and job performance: an exploratory study [J]. Information Technology & People, 2013, 26(3): 240 - 264.

[70] MORTE R, PEREIRA M T, FONTES D B M M. MCDA applied to performance appraisal of short-haul truck drivers: a case study in a Portuguese trucking company [J]. International Journal for Quality Research, 2015, 9(1): 65 - 76.

[71] NAOR M , LINDERMAN K, SCHROEDER R. The globalization of operations in eastern and western countries: unpacking the relationship between national and organizational culture and its impact on manufacturing performance [J]. Journal of Operations Management, 2010, 28 (3): 194 - 205.

[72] NEGHBAB A P, ETIENNE A, KLEINER M, et al. Performance evaluation of collaboration in the design process: using interoperability measurement [J]. Computers in Industry, 2015, 72: 14 - 26.

[73] PALSHIKAR G K, APTE M M, PAWAR S, et al. HiSPEED: a system for

mining performance appraisal data and text[C]//Proceedings of the 2017 IEEE International Conference on Data Science and Advanced Analytics, 2017: 477 – 486.

[74] PARK S-C, KOO K-J. CBR-genetic algorithm based design team selection model for large-scale design firms[J]. KSCE Journal of Civil Engineering, 2011, 15(7): 1141 – 1148.

[75] PAROUTIS S, SALEH A. Determinants of knowledge sharing using Web 2.0 technologies[J]. Journal of Knowledge Management, 2009, 13(4): 52 – 63.

[76] PAULUZZO R, CAGNINA M R. Bridging the divide: intercultural competences to reconcile the knowledge transfer dilemma in multinational contexts[J]. Knowledge Management Research & Practice, 2017, 15(4): 542 – 550.

[77] PAVLOV A, MURA M, FRANCO-SANTOS M, et al. Modelling the impact of performance management practices on firm performance: interaction with human resource management practices[J]. Production Planning & Control, 2017, 28(5): 431 – 443.

[78] PIKE J C, BATEMAN P J, BUTLER B. Dialectic tensions of information quality: social networking sites and hiring[J]. Journal of Computer-Mediated Communication, 2013, 19(1): 56 – 77.

[79] PINZONE M, GUERCI M, LETTIERI E, et al. Progressing in the change journey towards sustainability in healthcare: the role of "Green" HRM[J]. Journal of Cleaner Production, 2016, 122: 201 – 211.

[80] POURJAFAR L, SADEGHZADEH M, ABDEYAZDAN M. Combination of neural networks and fuzzy clustering algorithm to evaluation training simulation-based training[J]. International Journal of Advanced Computer Science and Applications, 2016, 7(7): 31 – 38.

[81] PRABOWO A, SULISTYOWATI, WINDIARTI I S. Towards the best

method of cross cultural training for IT engineering graduates from eastern Indonesia region: ready to be global engineers[C]//Proceedings of the 2017 IEEE International Conference on Industrial Engineering and Engineering Management, 2017: 115 – 119.

[82] RAHMATI A, NOORBEHBAHANI F. A new hybrid method based on fuzzy AHP and fuzzy TOPSIS for employee performance evaluation [C]// Proceedings of the IEEE 4th International Conference on Knowledge-Based Engineering and innovation, 2017:165 – 171.

[83] RAO M T, BROWN C V, PERKINS W C. Host country resource availability and information system control mechanisms in multinational corporations: an empirical test of resource dependence theory[J]. Journal of Management Information Systems, 2007, 23(4): 11 – 28.

[84] REINERS T, ALEXANDER P. Social network perception alignment of e-recruiters and potential applicants[C]//Proceedings of the 46th Annual Hawaii International Conference on System Sciences, 2013: 4576 – 4585.

[85] REN H, PENG L, YANG M. HRM modes of high-tech SMEs in China and their effects on technology innovation capability[C]//Proceedings of the Twelfth International Conference on Industrial Management, 2014: 215 – 220.

[86] ROCHE E M. Multinational corporations: the emerging research agenda [J]. Journal of Strategic Information Systems, 1996, 5(2):129 – 147.

[87] SAVELA N, TURJA T, OKSANEN A. Social acceptance of robots in different occupational fields: A systematic literature review[J]. International Journal of Social Robotics, 2018, 10(4): 493 – 502.

[88] SCHULER R S, DOWLING P J, DE CIERI H. An integrative framework of strategic international human resource management[J]. International Journal of Human Resource Management, 1993, 4(2): 717 – 764.

[89] SHAHHOSSEINI V, SEBT M H. Competency-based selection and

assignment of human resources to construction projects[J]. Scientia Iranica, 2011, 18(2): 163-180.

[90] SHEIKH A Z, NEWMAN A. Collectivism and traditionality: how do they mediate between rewards and organizational commitment Evidence from China[C]//Proceedings of the 6th International Conference on Innovation and Management, 2009: 407-419.

[91] SIMSEK B, PAKDIL F, DENGIZ B, et al. Driver performance appraisal using GPS terminal measurements: a conceptual framework [J]. Transportation Research Part C: Emerging Technologies, 2013, 26: 49-60.

[92] STANKEVIČIŪTĖ Z, SAVANEVIČIENĖ A. Designing sustainable HRM: the core characteristics of emerging field [J]. Sustainability, 2018, 10(12): 4798.

[93] STOCKER C, SUNSHINE-HILL B, DRAKE J, et al. CRAM it! A comparison of virtual, live-action and written training systems for preparing personnel to work in hazardous environments[C]//Proceedings of the 2011 IEEE Virtual Reality Conference, 2011: 95-102.

[94] STROHMEIER S, PIAZZA F. Domain driven data mining in human resource management: a review of current research [J]. Expert Systems with Applications, 2013, 40(7): 2410-2420.

[95] SURYANTO T, RAHIM R, AHMAR A S. Employee recruitment fraud prevention with the implementation of decision support system[J]. Journal of Physics: Conference Series, 2018, 1028(1):012055.

[96] SUVANKULOV F, LAU C K M, CHAU F. Job search on the internet and its outcome[J]. Internet Research, 2012, 22(3): 298-317.

[97] TAYLOR A, TAYLOR M. Antecedents of effective performance measurement system implementation: an empirical study of UK manufacturing firms[J]. International Journal of Production Research, 2013, 51(18): 5485-5498.

[98] TEMPLETON G F, LUO X, GIBERSON T R, et al. Leader personal influences on membership decisions in moderated online social networking groups[J]. Decision Support Systems, 2012, 54(1): 655 – 664.

[99] THERIOU G N, CHATZOGLOU P. The impact of best HRM practices on performance: identifying enabling factors[J]. Employee Relations, 2014, 36(5): 535 – 561.

[100] THIELSCH M T, TRÄUMER L, PYTLIK L. E-recruiting and fairness: the applicant's point of view[J]. Information Technology and Management, 2012, 13(2): 59 – 67.

[101] TOORANLOO H S, AZADI M H, SAYYAHPOOR A. Analyzing factors affecting implementation success of sustainable human resource management (SHRM) using a hybrid approach of FAHP and Type-2 fuzzy DEMATEL [J]. Journal of Cleaner Production, 2017, 162: 1252 – 1265.

[102] TRIVELLAS P. Work motivation and job performance of frontline employees: the mediating role of organizational commitment [C]// Proceedings of the 2011 IEEE International Conference on Industrial Engineering and Engineering Management, 2011: 1878 – 1882.

[103] TSENG S-M, HUANG J-S. The correlation between Wikipedia and knowledge sharing on job performance [J]. Expert Systems with Applications, 2011, 38(5): 6118 – 6124.

[104] VERGNANO A, BERSELLI G, PELLICCIARI M. Interactive simulation-based-training tools for manufacturing systems operators: an industrial case study[J]. International Journal on Interactive Design and Manufacturing, 2017, 11(4): 785 – 797.

[105] WANG J, LING Y-I, HOU S-Y. A data mining approach for training evaluation in simulation-based training [J]. Computers & Industrial Engineering, 2015, 80: 171 – 180.

[106] WINKLER V A, BOUNCKEN R B. How does cultural diversity in global

innovation teams affect the innovation process? [J]. Engineering Management Journal, 2011, 23(4): 24 – 35.

[107] WU H-Y, CHEN J-K, CHEN I-S. Performance evaluation of aircraft maintenance staff using a fuzzy MCDM approach[J]. International Journal of Innovative Computing, Information and Control, 2012, 8 (6): 3919 – 3937.

[108] WU K-S, YANG L-R, CHIANG I-C. Leadership and Six Sigma project success: the role of member cohesiveness and resource management[J]. Production Planning & Control, 2012, 23(9): 707 – 717.

[109] XIE Y, HUA G Y, XING W R. Employee turnover and perception of incentive: A cross-cultural comparison between China and Australia[C]// Proceedings of the 2010 International Conference on Management Science and Engineering, 2010: 964 – 968.

[110] YANG D, WEN L Y, JIE Y Q. Understanding employee participation in enterprise social networking sites and its impact on work performance[C]// Proceedings of the 2015 International Conference on Management Science and Engineering, 2015: 1071 – 1077.

[111] YU W, CHAVEZ R, FENG M. Green supply management and performance: a resource-based view[J]. Production Planning & Control, 2017, 28(6/7/8): 659 – 670.

[112] ZAID A A, JAARON A A M, BON A T. The impact of green human resource management and green supply chain management practices on sustainable performance: an empirical study [J]. Journal of Cleaner Production, 2018, 204: 965 – 979.

[113] ZHANG M, SARKER Saonee, SARKER Suprateek. Unpacking the effect of IT capability on the performance of export-focused SMEs: a report from China[J]. Information Systems Journal, 2008, 18(4): 357 – 380.

[114] ZHENG W B, KAUR S, WEI J. Empirical contrasting of talents retention

between samples of China and Malaysia [C]//Proceedings of the 16th International Conference on Management Science and Engineering, 2009: 1069 - 1074.

第八章

临床、临床前与健康领域的人力资源管理研究

临床、临床前与健康领域和人力资源管理相关的研究聚焦于几个方面：一是职业健康尤其是心理健康对人力资源管理方面的影响；二是就业歧视，包括生理性和病理性就业歧视；三是运动科学领域通过对体育团队的研究分析团队凝聚力、领导等问题。

第一节　交叉关系与研究概况

在临床、临床前与健康领域，职业健康与人力资源管理紧密相关。除此之外，就业歧视中的生理性歧视、病理性歧视也是主要的研究问题。生理性歧视关注肥胖、外貌等对人员求职的影响。病理性歧视主要聚焦于精神方面的问题，以及残障人士的康复与对应的人力资源问题等。同时，运动科学领域通过研究体育团队分析团队凝聚力、领导力。这一领域还关注特殊人群的

人力资源相关问题。当然，不同职业领域内的人力资源管理问题也是关注的重点，尤其是护理领域集群。临床、临床前与健康领域人力资源管理研究主题如图 8-1 所示。

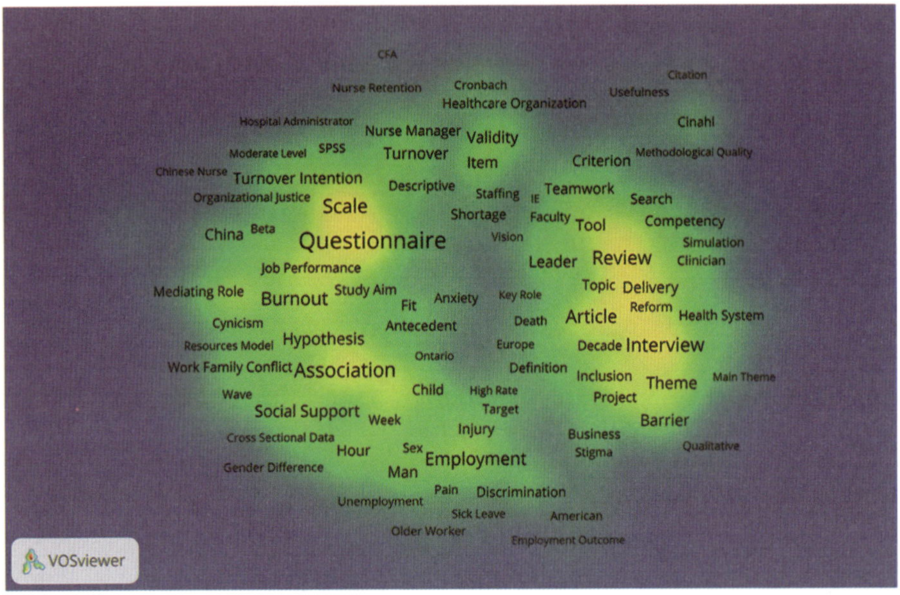

图 8-1　临床、临床前与健康领域人力资源管理研究主题热力图

作为一门综合性学科，人力资源管理的研究覆盖了众多领域。其中，医学与健康是当前备受瞩目的研究领域之一。在医学健康领域，与人力资源管理相关的研究主要聚焦于职业健康、就业歧视和运动科学等方面。

职业健康及心理健康对人力资源管理的影响是人力资源管理研究的重要内容。随着现代社会快节奏生活的到来，越来越多的员工感受到了工作压力，引发了身心负担。因此，如何保障员工的职业健康和心理健康成为企业关注的重点。研究表明，职业健康和心理健康对员工的工作易感性、情绪稳定性和团队协作能力等方面都有着较大的影响。企业应该采取措施来提高员工的职业健康和心理健康水平，从而提高员工的工作效率和生产力，保证经济效益。

就业歧视是一个长期存在的问题，也是人力资源管理研究的关键领域之一。就业歧视包括生理性就业歧视和病理性就业歧视。生理性就业歧视通常涉及年龄、种族、性别和残疾等方面。病理性就业歧视则指企业在用人过程中，将个人的不良行为或个性特点作为评价标准，影响员工职业生涯的发展和晋升机会。对于就业歧视这一问题，人力资源管理领域也在积极地进行研究探索。例如，在招聘过程中采用更为客观的评价标准，避免主观性评价的出现；加强员工培训和教育，提升员工的综合素质和能力。这些措施不仅有利于减少就业歧视的出现，还能提高企业的社会形象和声誉。

运动科学是一个新兴的研究领域，也与人力资源管理密切相关。尤其是通过对体育团队的研究，分析团队凝聚力、领导力等问题，可以为企业管理团队提供很多启示。研究表明，团队凝聚力和领导风格对团队绩效和员工满意度等都有着重要的影响。因此，企业需要关注团队凝聚力的培养和领导风格的塑造，以提高团队的协调性和执行力。

此外，护理人员作为医疗系统的重要组成部分，也是本部分交叉研究的重点内容。护理人员的工作满意度、离职意向及职业发展及其诸多因素的影响都是研究热点，包括领导支持度、人员配置水平、医护协作程度以及晋升机会等，这些因素不仅关系到护士自身的心理健康，还直接影响患者的安全和护理质量。为了促进护士的职业发展并提高患者护理质量，管理者需要采取一系列措施来改善护士的工作环境，比如提供足够的培训和支持以帮助他们有效处理工作中的人际冲突。

通过职业健康、就业歧视和运动科学等方面的研究，不仅能够更好地理解人作为生物人在人力资源管理中所面临的各种问题和挑战，也为企业制定更加科学合理的人力资源管理策略和计划提供了有力支撑。未来有必要进一步深化医学健康与人力资源管理交叉研究的探索，探讨出更多的研究方向和机遇。例如，从遗传学、生物化学、神经科学等方面为企业提供更多的管理思路和方法。同时，医学技术的不断创新也将为人力资源管理带来更多可能性。

根据主题词共现网络，以及交叉研究主题词的度中心性、频度和中介中心性分析（见表8-1），在这一领域，明星热点研究主题包括工作满意度、护士、过度劳累、护理、工作参与度、压力、心理健康等，热点研究主题包括工作场所、工作、质量改进、劳动力等。质量改进、患者安全、抑郁症等研究主题在诸多学科和研究内容之间起到了桥梁作用。

表8-1　临床、临床前与健康领域交叉研究主题词的度中心性、频度和中介中心性

序号	主题词	度中心性	频度	中介中心性
1	工作满意度（Job Satisfaction）	104	107	0.13
2	护士（Nurse）	90	127	0.13
3	过度劳累（Burnout）	80	96	0.09
4	护理（Nursing）	72	124	0.14
5	工作参与度（Work Engagement）	41	63	0.05
6	压力（Stress）	40	67	0.03
7	心理健康（Mental Health）	33	68	0.07
8	就业（Employment）	33	25	0.02
9	领导力（Leadership）	32	69	0.06
10	健康（Well-Being）	31	57	0.05
11	离职意愿（Turnover Intention）	26	48	0.01
12	心理资本（Psychological Capital）	25	37	0.03
13	社会支持（Social Support）	25	33	0.03
14	组织承诺（Organizational Commitment）	24	37	0.01
15	工作家庭冲突（Work-Family Conflict）	22	29	0.02
16	劳动力（Workforce）	21	38	0.01
17	工作环境（Work Environment）	21	32	0.01
18	离职（Turnover）	20	36	0.01
19	工作场所（Workplace）	18	47	0.04
20	保留（Retention）	18	42	0.01

续表

序号	主题词	度中心性	频度	中介中心性
21	抑郁症（Depression）	18	36	0.04
22	管理（Management）	18	27	0.01
23	工作（Work）	17	44	0.02
24	患者安全（Patient Safety）	17	32	0.04
25	质性研究（Qualitative Research）	17	28	0.01
26	质量改进（Quality Improvement）	16	41	0.03
27	职业健康（Occupational Health）	16	29	0.02
28	出勤主义（Presenteeism）	15	26	0.01
29	培训（Training）	15	21	0.03
30	教育（Education）	15	13	0.01

表 8-2 列出了临床、临床前与健康领域各学科与人力资源领域相关的研究热点主题，以及学科体系内较为独特的主题。

表 8-2　临床、临床前与健康领域各学科研究热点主题与独特主题

学科	学科交叉主题词	学科特点主题词
公共、环境与职业健康	工作满意度；倦怠；福利；压力；工作投入；工作与家庭冲突；心理健康；出勤主义；心理资本；健康；社会支持；沮丧；工作场所；情绪疲惫；培训；领导；职业压力；旷工；性别	职业健康；健康促进；安全氛围；预防；心理社会工作环境；工作场所健康；情绪调节；抑郁症状；工作场所健康促进；自我评价健康；疲劳；成本；工作能力；应对行为；职业健康与安全；医生；员工健康；工作量；安全文化；正念

续表

学科	学科交叉主题词	学科特点主题词
护理	护士；护理；工作满意度；倦怠；组织承诺；领导；离职意向；工作环境；工作投入；保留；离职；劳动力；福利；压力；赋权；感知到的组织支持；心理健康；管理；留职意向；参与度	护士长；助产学；护理教育；护士保留；护理人员；护理管理；护士流动率；人员流动；注册护士；护士短缺；护理实践；养老院；患者安全；新毕业的护士；职业健康；护理质量；问卷；初级卫生保健；重症监护
卫生保健科学与服务	患者安全；团队；工作满意度；领导力；质量；医院；医疗保健；人力资源管理；团队合作；卫生保健；定性研究；残疾；组织文化；护理质量；更替；系统审查；劳动力；协调；动机	质量改善；疗养院；初级保健；卫生服务研究；安全文化；专业间学习；疾病管理；高可靠性；护理设置；糖尿病；护士；健康政策；重症监护；市场营销；性能改进；护理协调；专业间教育；与健康有关的生活质量；患者体验
精神病学	倦怠；心理健康；沮丧；工作与家庭冲突；压力；职业压力；工作狂；工作压力；心理资本；社会支持；福利；工作投入；工作满意度；应对策略；职场欺凌；情绪疲惫；工作表现；有效性；就业	正念；抑郁症状；指数分布；项目响应；青少年；工作成瘾；雇主；严重精神疾病；全国健康和营养检查调查；压力管理；Spence 儿童焦虑量表；卫生部门；精神健康护理；智力障碍；社会经济地位；生活质量；职业意向；身体健康；心理健康素养
康复	就业；残疾；工作满意度；歧视；残疾人士；病假；工作场所歧视；积极心理学；工作场所；膳宿；民意调查；态度；社会支持；职业；领导；组织承诺；工作；政策；核心自我评估；评估	智力障碍；职业康复；雇主态度；康复；智障；障碍；精神病学；重返工作岗位；脊髓损伤；职业治疗；可持续就业；住宿；循证实践；知识翻译；背痛；家族；偏见；成本；美国残疾人法案；质量改进

续表

学科	学科交叉主题词	学科特点主题词
内科、普通科	倦怠；护士；工作满意度；压力；医院；质量；伊朗；系统评价；心理困扰；评估；评价；工作动力；定性研究；韧性；情绪疲惫；团队合作；动机；领导－成员交换理论；领导；组织承诺	护理人员；初级保健；医学教育；联合医疗人员；医务人员；人员流动；人类；问卷；职业健康；医生；全科医学；重新验证；成就差异；沟通方式；生活质量；方式；医疗保健服务中心；乐观主义；调查和问卷
体育科学	职业倦怠；运动；工作满意度；团队动态；生活质量；志愿者；凝聚力；专业承诺；确定性因素分析；工作需求－资源模型；领导－成员交流；工作参与度；工作特征；创造力；指导；策略；管理；动机；集体效能	职业足球；支配型；自治支持；控制型；团队心理模型；法理网络；阿喀琉斯腱；土耳其联赛；球员；工作反馈；工作环境感知；工具发展与验证；员工忠诚度；教育投资；体育运动俱乐部；教练员；健康；探索性因素分析
老年医学与老年病学	退休；社会支持；领导；就业；工作满意度；反向指导；就业歧视；文化变革；老化；焦虑；工作环境；生活满意度；家庭与工作之间的冲突；工作条件；心理健康；工作；洞察力；决策；技术	疗养院；养老院；老年；与家庭的关系；代际计划；长期员工；社交孤立；内疚；负担；孤独；数字互动；员工压力；认知障碍症护理；人力；医疗配给；医疗保健质量；工作情境；初级保健；自适应容量；护理质量
医学信息学	内在动机；动机；社会交换理论；培训；信任；基于认知的信任；基于情感的信任；顾问；系统评价；伊朗；声誉；社交媒体；人力资源信息系统；评价；灵活的工作安排；参与度；发展中国家；民意调查；生产率；人事管理	医院信息系统；慢性病；信息管理；实证方法；青少年；员工绩效考核；规划复杂性；数据共享；社交学习；采用信息和通信技术；IT 采用策略；信息保护；战略性信息技术对齐；数据安全；健康信息管理；组织管理；组织和管理；信息安全；信息系统；电子医疗

续表

学科	学科交叉主题词	学科特点主题词
医学、研究和实验	工作动力；工作满意度；社交网络分析；个体差异；临时就业；适应性；组织；人力资源灵活性；实践；发展；医院；知识；职业发展；自我效能；指导；就业能力；福利；空间；承诺；护士	科学团队；问卷；网络干预；研究网络；职业道德；护理质量；性能指标；专业的；劳动力市场激活；转化研究；高支持职业指导；积极心理干预；长期失业者；跨学科团队；多学科团队；护理助理；卫生部门；态度；职业性眼部损伤；内在作业
临床神经病学	沮丧；工作满意度；就业成果；个体差异；生活满意度；工作；工作场所；跨文化研究；雇员；专业发展；年龄；情商；旷工；倦怠；工作与家庭冲突；工作与生活的平衡；工作投入；社会资本；性格	生活质量；严重精神疾病；流行病学；健康与保健；睡眠障碍；卡罗林斯卡睡眠问卷；非正式护理；睡眠剥夺；照顾者；测量仪器；心理测量特性；专业满意度；职业压力源；神经外科医生；心理和社会心理调整；青少年；孩子；智力障碍；概念
外科	模拟；产出；培训；绩效衡量；教育；护理；执行；认识；中国人；反馈	伤口护理；疼痛量表；换药；小儿；弗拉克；倦怠；专业；人员流动；医学美容；面部美学；中国面孔；职业压力源；中式面部美学；脸型；面部轮廓；下巴；流行病学；专业满意度；职业倦怠；障碍
药理学和药学	工作满意度；人力资源管理；哈萨克斯坦；少数民族；厄立特里亚；主题分析；异常行为；定性；国民健康服务体系；角色模糊性；英国；企业家精神；工作压力；专业发展；心理资本；心理赋权；组织变革；女性；薪水；组织氛围	潜在类别分析；津贴；组织无形资产；医疗保健方面的动机；医疗保健服务绩效；破坏性领导；药学教育；持续专业发展；药房员工；就业选择；能力；机会；AMO 模型；工作设施；药剂师；态度；职业；重新专业化；与作业相关的首选项；兼职工作

续表

学科	学科交叉主题词	学科特点主题词
妇产科	焦虑；倦怠；心理困扰；沮丧；评估；心理健康；合作；工作压力；民意调查；赋权；连续性；组织文化；压力；离职意向；工作满意度	助产士；助产学；跨专业；哥本哈根倦怠量表；计划生育；流产后护理；抑郁症状；婴儿潮一代女性；护理；种族灭绝；布基纳法索；专业能力；健康服务；临床表现评估；评估原则（项目）；护士经理；打算退出；黑暗三联征；心理韧性
肿瘤学	系统评价；工作；组织；护理；性少数群体；控制；定性研究；管理；感知到的组织支持；倦怠；变革型领导力；领导；压力；工作满意度	癌症；肿瘤学；健康行为；健康差距；案例研究设计；护士与护士的合作；遗传多态性；风险因素；会议；团队管理；生存；知识和技能框架；癌症遗传学；癌症护理；继续专业教育；辅助医疗专业人员；综合护理服务；跨专业协作实践；医护关系
药物滥用	劳动力；衰退；干涉；产出；评估；裁员；效力；互联网；可靠性；倦怠；文化；公平；压力；有效性	治疗；酒精；大麻；药房；酒保；医疗决策；临时解雇；组织变革准备程度；组织功能；物质滥用治疗；多线人数据；后代冲动行为；酗酒家族史；生活质量；物质依赖性；潜在类别分析；技术成瘾；注意力经济；网络成瘾
放射学、核医学和医学成像	沮丧；教育；情商；导师；指导；保留；情绪疲惫；倦怠；工作投入；职业；人力资源；领导；反馈；多样性；压力；工作满意度	放射科；高级实践；医学教育；居住地；研究生医学教育认证委员会；去人格化；大学生；居民；工作；个人成就；受训者；放射治疗；代表性不足的少数族裔；核医学技术人员；职业选择；颜色偏好；加权相位滞后指数（WPLI）；兼职放射科医生

续表

学科	学科交叉主题词	学科特点主题词
营养与营养学	评估；老化；污名化；方法论；时间；职业倦怠；创业；心理资本；内容分析；歧视；健康；日本	肥胖；基于胜任力的教育；工作能力；锻炼；生活方式；大学生；临床营养与饮食学；食品广告；专业能力；家庭食品安全；小农农业；农村地区；夸祖鲁－纳塔尔省；健康行动流程方法；饮食行为；工人；医疗化；营养声明；健康声明
初级保健	评价；工作条件；国有企业；参与度；定性研究；管理；韧性；同辈；领导；中国	初级保健；全科医学；教育实践；乐观主义；调查和问卷；社区；以患者为中心的护理；共存；仪器开发；下岗工人；失业工人；心理过程；劳动力战略；继续教育；社会心理因素；全科医生；专业教育；重新验证；大规模改进
急诊药品	流程改进；教育；信息技术；工作压力；团队效能；卫生保健	团队培训；过程分析；生命体征；方法；综合评价；化生核灾难；质量改进；灾难；夜班工作；医生的专业；医师；职业健康；患者安全；病人模拟；分类

第二节　职业健康与人力资源管理研究

职业健康尤其是心理健康对员工本身以及人力资源管理方面的影响都很大。这方面最有影响力的模型是工作需求－资源模型（job demands-resources model，JD-R 模型）。该模型认为，根据组织的工作岗位要求和员工的付出可以划分出工作资源需求方和工作资源供给方。工作资源需求是指持续的身体或心理努力，一般包括工作超负荷、情绪需求、不利的工作条件以及工作－

家庭干扰等。而工作资源供给是员工需要具备的生理、心理、社会等要素，一般包括自治、社会支持、与上级的高质量关系以及绩效反馈等因素。一旦工作需求变高而工作资源有限，就会产生工作压力，进而引发倦怠、情绪疲惫、焦虑等不利于工作投入的状况。

学者们持续分析了诸多工作需求与工作资源因素及其影响强度等关系，并提出了对应的解决办法。有研究通过对大型高等教育机构的 1 012 名员工的调查，揭示了 32 种可能的双向互动组合中的 18 种组合的显著性关联。由此，产生了不同的应对策略，如通过兼职而非全职工作来降低工作 - 家庭冲突的影响，通过制定灵活的薪酬策略进行工作倦怠调节，灵活调整员工的工作方式，重新设计工作制度来提高员工绩效，将情绪调节及疏导作为应对负面情绪的干预措施，通过休假制度缓解工作压力和减少倦怠的持续时间等。经过实验证实，这些措施都能缓解员工工作倦怠，对增强工作投入、提升工作效率具有正面作用。这些研究为提高员工工作满意度，改善工作效能，进而提升人力资源管理水平提供了强有力的理论和实践支撑。

第三节　人力资源管理中的就业歧视研究

就业歧视在就业市场普遍存在，歧视原因更是多种多样。很多国家专门立法以限制歧视，但研究表明，就业市场中的歧视并没有得到实质性改善。本节主要介绍生理性就业歧视和心理性就业歧视，包括精神疾病、性取向、生理残障、肥胖甚至外貌等因素。

许多统计数据和研究表明，生理性因素，包括生理残障、肥胖、外貌、种族、年龄、性别、怀孕等，会引起显著的就业歧视。这些因素中，肥胖是就业的普遍障碍。肥胖的人比普通人有更高的工作压力，肥胖个体遭遇工作场所普遍不平等待遇的风险较高，体重偏见对工作环境中个人行为和待遇有较大影响。具体而言，肥胖会造成工作场所待遇不平等的风险因素，限制职业选择，阻碍职业发展，影响应聘就业。更严重的情况是，肥胖症通过影响健康来影响就业，大大增加“由于不是残疾的‘残疾’而无法工作”的可能性。

在大多数社会环境中，肥胖的人通常被认为是懒惰、意志薄弱和不成功的人。这些关于肥胖个体的刻板印象通常会转化为负面态度，从歧视发展到言语甚至身体攻击。这种偏见可能会带来严重的心理后果，包括更易抑郁和较低的自尊，影响自我接受和生活满意度等。诸多研究表明，肥胖的影响不限于心理功能，而是已经延伸到个人生活的几乎每个方面，比如就业、工资、人际关系、医疗服务等。此外，与其他形式的歧视相比，肥胖歧视更容易影响到身体生理健康。肥胖个体可能会通过更不健康的饮食、身体锻炼的回避等方式应对歧视性经历。例如，有报告称由于体重歧视而感到负面情绪的高中生，有更大可能逃避体育锻炼（包括体育课），并增加食物摄入量。这种影响不限于高中生，承受肥胖带来的负面刻板印象影响的成年人更可能暴饮暴食。

精神疾病患者的就业问题也比较严重。有数据表明，精神障碍患者的失业率是非残疾人的三至五倍。美国大约有一半雇主不愿雇用有精神病史或正在接受抑郁症治疗的人，约70%的人不愿雇用有药物滥用史或当前正在服用抗精神病药的人。

尽管有很多国家专门制定法律保护残疾人群，但事实上歧视仍然显著存在。例如，美国虽然制定了《美国残疾人法案》，但关于美国残疾人就业的研究表明，雇用残疾求职者，在残疾等级的函数中，可雇用性等级存在明显差异。英国实施《残疾人歧视法案》也并未缩小就业差距，自法案实施，残疾人与非残疾人之间就业率的差异并没有明显下降。

对于精神疾病患者的就业问题，一些研究者通常建议他们隐瞒精神疾病信息或延迟披露，等待入职后雇主和同事对他们的工作表现感到满意之后再透漏自己的精神疾病。这可能是避免污名和歧视的唯一方法，至少能将负面影响降到最低。

此外，就业歧视的研究还关注工作场所中的因素对职业健康的影响，如职场欺凌、性骚扰等，研究者分析工作场所欺凌对员工的风险及影响，调查工作场所中的歧视、骚扰、虐待。对其他特殊人群歧视的研究发现，女同性恋、男同性恋、双性恋和变性者在工作场所受到了歧视的影响；不同种族的成年人感知到的人际歧视的年龄具有明显差异。

第四节 运动科学与人力资源团队管理研究

运动科学领域通过对体育团队的研究，分析团队凝聚力、领导力等问题。体育竞技，尤其是需要多人合作进行的运动，如篮球、足球，团队的构建和协作对于获胜至关重要。这类竞技运动规则简单明确，实践案例丰富且易于获取，是研究团队凝聚力和领导力等重要内容的天然平台。相关研究从正反两方面分析影响团队竞技表现的因素，进而分析提高竞技表现的途径。

影响团队竞技表现的因素可能非常多，完美主义和团队弹性（team resilience）都在团队绩效表现方面有着明显的影响。完美主义是一种人格特征，已被发现可以预测运动员的运动表现。通过对巴西国家联盟队伍的301名运动员调查后发现，完美主义型人格对团队凝聚力有显著的积极影响。将个人完美主义人格推广到团队，团队完美主义有助于预测团队在比赛中的表现。通过分析竞技赛艇运动员的比赛数据，发现对团队成员施加完美主义标准会促使团队达到更高的绩效水平。另一部分学者分析了团队弹性及其与团队赛事表现的关系，揭示了精英运动队的四个主要弹性特征：团队结构、掌握方法、社会资本和集体效能。对橄榄球联盟世界杯冠军队的案例研究也体现了优秀运动员的团队弹性。

有研究表明，对于团队表现而言，专业知识不一定是最重要的因素，社交因素、团队凝聚力等也是促进团队表现优异的重要因素。通过使用基于社会认知方法的探索性等级线性建模来研究高绩效大学足球队的贡献因素，发现社交因素可能对高绩效足球队有着显著贡献，可以增大竞争优势，从而进一步激发顶级球队的互动能力和赛场表现。研究也表明，团队专业知识始于团队凝聚力的建立。

关于如何提高体育竞技表现，有学者从阻碍体育团队或运动员竞技表现的因素入手。一些研究系统梳理了体育运动员面对的各种可能的组织压力源，并分析了组织压力源以及社会支持对高水平运动中主观表现的影响。这些发现不仅促进了对组织压力过程的理论理解，而且对运动员、教练以及旨在提高压力和苛刻情况下的表现的从业者有重要意义。还有研究关注环境资源、运动员的流动性等因素，以及这些因素如何影响年轻有才华的足球运动员的表现。

参考文献

[1] ARNOLD R, EDWARDS T, REES T. Organizational stressors, social support, and implications for subjective performance in high-level sport[J]. Psychology of Sport and Exercise, 2018, 39: 204 -212.

[2] ARNOLD R, FLETCHER D. A research synthesis and taxonomic classification of the organizational stressors encountered by sport performers [J]. Journal of Sport & Exercise Psychology, 2012, 34(3): 397 -429.

[3] BAKKER A B, DEMEROUTI E. Job demands-resources theory: taking stock and looking forward[J]. Journal of Occupational Health Psychology, 2017, 22(3): 273 -285.

[4] BAKKER A B, DEMEROUTI E, EUWEMA M C. Job resources buffer the impact of job demands on burnout [J]. Journal of Occupational Health Psychology, 2005, 10(2): 170 -180.

[5] BAKKER A B, OERLEMANS W, DEMEROUTI E, et al. Flow and performance: a study among talented Dutch soccer players[J]. Psychology of Sport and Exercise, 2011, 12(4): 442 -450.

[6] BURUCK G, DÖRFEL D, KUGLER J, et al. Enhancing well-being at work: the role of emotion regulation skills as personal resources[J]. Journal of

Occupational Health Psychology, 2016, 21(4): 480 - 493.
[7] DERMOUTI E, BAKKER A B, HALBESLEBEN J R B. Productive and counterproductive job crafting: a daily diary study [J]. Journal of Occupational Health Psychology, 2015, 20(4): 457 - 469.
[8] DERMOUTI E, BAKKER A B, LEITER M. Burnout and job performance: the moderating role of selection, optimization, and compensation strategies [J]. Journal of Occupational Health Psychology, 2014, 19(1): 96 - 107.
[9] ETZION D. Annual vacation: duration of relief from job stressors and burnout[J]. Anxiety Stress and Coping, 2003, 16(2): 213 - 226.
[10] EWTON T A, LINGAS E O. Pilot survey of physician assistants regarding lesbian, gay, bisexual, and transgender providers suggests role for workplace nondiscrimination policies[J]. LGBT Health, 2015, 2(4): 357 - 361.
[11] FARLEY S, COYNE L, SPRIGG C, et al. Exploring the impact of workplace cyberbullying on trainee doctors[J]. Medical Education, 2015, 49(4): 436 - 443.
[12] FILHO E, GERSHGOREN L, BASEVITCH I, et al. Profile of high-performing college soccer teams: an exploratory multi-level analysis [J]. Psychology of Sport and Exercise, 2014, 15(5): 559 - 568.
[13] FILHO E, TENENBAUM G, YANG Y. Cohesion, team mental models, and collective efficacy: towards an integrated framework of team dynamics in sport[J]. Journal of Sports Sciences, 2015, 33(6): 641 - 653.
[14] GIEL K E, THIEL A, TEUFEL M, et al. Weight bias in work settings: a qualitative review[J]. Obesity Facts, 2010, 3(1): 33 - 40.
[15] GOUVIER W D, SYTSMA-JORDAN S, MAYVILLE S B. Patterns of discrimination in hiring job applicants with disabilities: the role of disability type, job complexity, and public contact[J]. Rehabilitation Psychology, 2003, 48(3): 175 - 181.
[16] HILL A P, STOEBER J, BROWN A, et al. Team perfectionism and team

performance: a prospective study [J]. Journal of Sport & Exercise Psychology, 2014, 36(3): 303-315.

[17] HOLMAN D, AXTELL C. Can job redesign interventions influence a broad range of employee outcomes by changing multiple job characteristics? A quasi-experimental study [J]. Journal of Occupational Health Psychology, 2016, 21(3): 284-295.

[18] JONES K P. To tell or not to tell? Examining the role of discrimination in the pregnancy disclosure process at work [J]. Journal of Occupational Health Psychology, 2017, 22(2): 239-250.

[19] KEUSKAMP D, ZIERSCH A M, BAUM F E, et al. Workplace bullying a risk for permanent employees [J]. Australian and New Zealand Journal of Public Health, 2012, 36(2): 116-119.

[20] KINGE J M. Body mass index and employment status: a new look [J]. Economics & Human Biology, 2016, 22: 117-125.

[21] MORGAN P B C, FLETCHER D, SARKAR M. Defining and characterizing team resilience in elite sport [J]. Psychology of Sport and Exercise, 2013, 14(4): 549-559.

[22] MORGAN P B C, FLETCHER D, SARKAR M. Understanding team resilience in the world's best athletes: a case study of a rugby union World Cup winning team [J]. Psychology of Sport and Exercise, 2015, 16: 91-100.

[23] NASCIMENTO J, VISSOCI J, LAVALLEE D, et al. The mediating role of basic needs satisfaction on the relationship of perfectionism traits and team cohesion among elite futsal athletes [J]. International Journal of Sport Psychology, 2017, 48(6): 591-609.

[24] NORRBACK M, DE MUNTER J, TYNELIUS P, et al. The association of mobility disability, weight status and job strain: a cross-sectional study [J]. Scandinavian Journal of Public Health, 2016, 44(3): 311-319.

[25] OKECHUKWU C A, SOUZA K, DAVIS K D, et al. Discrimination, harassment, abuse, and bullying in the workplace: contribution of workplace injustice to occupational health disparities [J]. American Journal of Industrial Medicine, 2014, 57(5): 573-586.

[26] OWENS S, KRISTJANSSON A L, HUNTE H E R. A differential item functional analysis by age of perceived interpersonal discrimination in a multi-racial/ethnic sample of adults [J]. Ethnicity & Disease, 2015, 25(4): 479-486.

[27] POPE D, BAMBRA C. Has the disability discrimination act closed the employment gap? [J]. Disability and Rehabilitation, 2005, 27(20): 1261-1266.

[28] STUART H. Mental illness and employment discrimination [J]. Current Opinion in Psychiatry, 2006, 19(5): 522-526.

[29] VAN RIJSWIJK K, BEKKER M H J, RUTTE C G, et al. The relationships among part-time work, work-family interference, and well-being [J]. Journal of Occupational Health Psychology, 2004, 9(4): 286-295.

第九章

生命科学领域的人力资源管理研究

第一节　交叉关系与研究概况

生命科学与人力资源管理的交叉研究主要是从人作为生物人的角度出发进行的。人力资源管理作为一门涵盖多学科的综合性学科，与生命科学的交叉研究已经是当前研究的热点之一。首先，最为直接的研究联系在于从基因层面研究具备不同基因的人在人力资源管理涉及的部分环节的关系及其影响。例如，研究基因决定的外貌特征与招聘录用的关系，以及特定基因型与工作生活满意度等方面的关联。其次，研究关注作为生物意义上的人的生理因素差异与人力资源绩效表现的关系。最后，研究人以及人力资源管理的服务对象所处的生存环境的和谐共生关系，即可持续发展的绿色人力资源管理，旨在探索如何通过实施绿色政策和实践来减少对环境的影响，同时保障员工的健康和增进员工的福祉。这些研究散落在环境科学、生态学、神经科学、生物学等学科。此外，这些交叉研究涵盖的人力资源问题还涉及多个相关领域，包括农业、林业、肿瘤学、制药业、食品行业等，在这些行业中，人力资源管理面临着独特的挑战，例如如何确保员工在特殊环境中高效工作，或者在处理敏感健康信息时遵守伦理标准；同时，研究极端条件下的人员管理问题，例如如何在高风险或极端气候环境下维护员工的安全与健康。生命科学领域的人力资源管理研究主题如图9－1所示。

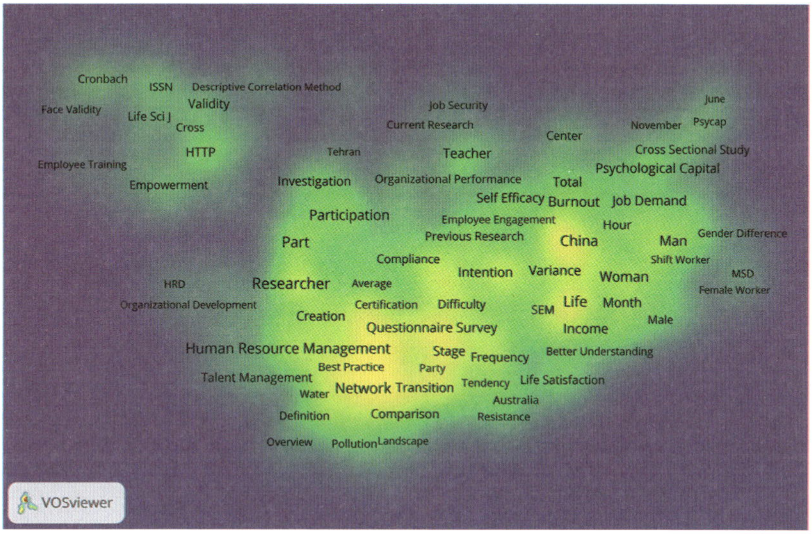

图9－1　生命科学领域人力资源管理研究主题热力图

根据主题词共现网络，以及交叉研究主题词的度中心性、频度和中介中心性分析（见表9－1），生命科学与人力资源管理的交叉研究主要是从生物学和生态学的角度出发，探讨人作为生物人在人力资源管理中所面临的各种问题和挑战。

首先，在生命科学领域，人力资源管理与基因层面的关系备受关注。通过研究不同基因的人在人力资源管理涉及的部分环节的关系和影响，可以更好地理解基因对人力资源管理的影响。例如，通过研究基因与外表的关联，可以更好地理解基因如何影响招聘工作中的选择和偏见。同时，研究基因与工作生活满意度等方面的关联，可以更好地理解基因对员工的工作情况和生活满意度的影响。

其次，人力资源管理还与人的生理因素差异和绩效表现的关系密切相关。通过研究人的生理因素差异和绩效表现的关系，可以更好地理解人的身体状况和工作表现之间的关联。例如，研究人的身体健康状况和工作表现之间的关系，可以帮助企业制订更好的健康保障计划，提高员工的工作效率和绩效。

最后，人力资源管理与可持续发展的绿色人力资源管理之间的联系也备受关注。这主要体现在生态学领域，通过研究人以及人力资源管理的服务对象所处的生存环境的和谐共生关系，可以更好地理解企业在开展绿色人力资源管理方面的需要和意义。例如，在农业、林业、肿瘤学、制药业、食品行业等领域，研究企业如何通过可持续发展的方式进行人力资源管理，以保护环境和保障人类健康，提高社会效益。

表 9－1　生命科学领域交叉研究主题词的度中心性、频度和中介中心性

序号	主题词	度中心性	频度	中介中心性
1	培训（Training）	11	42	0. 39
2	工作满意度（Job Satisfaction）	10	26	0. 16
3	工作家庭冲突（Work-Family Conflict）	9	24	0. 09
4	组织承诺（Organizational Commitment）	9	26	0. 14
5	人力资源管理（Human Resource Management）	9	25	0. 20
6	心理资本（Psychological Capital）	8	19	0. 09
7	精神崩溃（Burnout）	6	28	0. 11
8	压力（Stress）	6	32	0. 07
9	组织公民行为（Organizational Citizenship Behaviour）	6	13	0. 02
10	中小企业（Small and Medium Enterprises）	6	22	0. 13
11	恢复力（Resilience）	6	24	0. 07
12	领导力（Leadership）	6	25	0. 08
13	聘用（Engagement）	5	17	0. 03
14	信任（Trust）	5	20	0. 11
15	林地（Forestry）	5	19	0. 05
16	参与（Participation）	4	14	0. 05

续表

序号	主题词	度中心性	频度	中介中心性
17	工作需求（Job Demands）	4	11	0.03
18	竞争优势（Competitive Advantage）	4	8	0.02
19	职业性紧张（Occupational Stress）	4	11	0.06
20	职业健康（Occupational Health）	4	16	0.03
21	组织支持认知（Perceived Organizational Support）	4	15	0.04
22	出勤主义（Presenteeism）	4	15	0.06
23	持续性（Sustainability）	4	12	0
24	抑郁（Depression）	4	16	0.08
25	创新（Innovation）	4	10	0.02
26	职场霸凌（Workplace Bullying）	4	8	0.01
27	情商（Emotional Intelligence）	3	9	0.01
28	授权（Empowerment）	3	8	0.01
29	人力资源发展（Human Resource Development）	3	6	0
30	健康（Health）	3	21	0.02

此外，在极端条件下的人员管理问题也是人力资源管理与生命科学交叉研究的一个重要领域。例如，在极地、海洋等恶劣环境下，企业如何进行人员招募和管理，以保障员工的安全和健康，提高企业的工作效率和绩效，这些都需要借助生命科学的知识和方法来进行研究和探索。

生命科学与人力资源管理的交叉研究，在理论和实践方面都具有重要意义。通过生命科学和人力资源管理的融合，可以更好地理解人作为生物人在人力资源管理中所面临的各种问题和挑战，为企业制订更加科学合理的人力资源管理策略和计划提供有力支撑。未来，随着科技的不断进步和人类对生命科学的认知不断加深，生命科学与人力资源管理的交叉研究将迎来更多新的研究领域和机遇，为人力资源管理的创新和发展注入新的活力和动力。

表9-2列出了生命科学领域各学科与人力资源领域相关的研究热点主题，以及学科体系内较为独特的主题。

表 9－2　生命科学领域各学科研究热点主题与独特主题

学科	学科交叉主题词	学科特点主题词
环境科学	工作满意度；工作家庭冲突；心理资本；抑郁症；出勤主义；压力；职业健康；中小企业；情绪智力；工作压力；职业压力；适应；敬业度；工作场所欺凌；培训；环境管理；工作场所健康促进；反生产性工作行为；弹性；结构方程建模	用人单位变更；关注环境；抑郁症状；工作障碍；职场开除；健康促进；肌肉骨骼疾病；环境运动；心理社会因素；资源动员；社会运动；食品卫生；普通健康检查；转基因生物；考生满意度；机构组织
行为科学	应变能力；抗拒变革能力；信任；变革；组织变革；理性创造；裁员；个性；行动研究；组织公民行为；敬业度；领导能力；教练；组织承诺；变革型领导；多元化和包容性；员工韧性；关怀分组流程	首席执行官；国际合作；员工福利；关系储备金；金融储备金；食品广告；医疗化；跨文化变更；战略变更实施；调查反馈；作用感知；成员；关注点；外部威胁；关系协调
生物技术与应用微生物学	人力资源管理；培训；员工敬业度；组织承诺；服务业；饭店；客户；GDP；人力资源管理挑战；老年护理；教学；工作倦怠；感知；价值观；组织；公职人员领导；心理资本；生产率	员工参与度；进化博弈；失效知识；OA 企业管理系统；化工企业；非营利性老年护理中心；话音环境；组织与公民行为；信息关联；业务人才；组织健康；建构主义；在职培训；大学篮球；基于能力；特征分析；中小学教师；英语教学；优化与需求
生态学	组织承诺；组织创新；焦虑；倦怠；组织公民行为；亲环境行为；心理困扰；沮丧；心理健康；评估；弹性工作时间；不确定；合作；留职意向；网络；环境管理；员工创造力；工作压力；民意调查；专业发展	助产士；生态产业；助产学；环保产业；科学行动；跨学科的；知识与行动差距；科学传播；科学政策；合作社；路径分析；心智模型；计划生育；集体行动；流产后护理；哥本哈根倦怠量表；跨专业；种族灭绝

续表

学科	学科交叉主题词	学科特点主题词
食品科学与技术	人力资源管理；信息和通信技术；塞浦路斯；人才保留；人才发展；社会责任；冲突解决；风险管理；组织；风险；能力；冲突管理；合作；竞争优势；自治；泰国；战略管理；决策；心理资本；认证	餐厅；开放式创新；食品安全；教学；特性分析；基于胜任力的；建构主义；客户参与；价值共创；食品和饮料行业；计算机辅助；主厨；优化与需求；商业人才；OA 企业管理系统
神经科学	工作需求 – 资源模型；工作要求；内在动机；倦怠；工作与家庭冲突；性格；压力；组织公民行为；个体差异；冗余；跨界；生活满意度；职业倦怠；工作狂；教育；决策；移民；就业资源；跨文化研究	冒险；过度自信；态势感知；行动 – 结果应急；心理测量特性；脑电图；面部肌电图；二元交互；人类服务；团队参与；测量仪器；神经；职业道德；学校道德氛围；组织报复行为；成长型思维；睡眠障碍；卡罗林斯卡睡眠问卷；非正式护理；流行病学
农业经济与政策	竞争优势；雇员；创新；劳动力市场；人力资源管理；人才保留；人才发展；人力资源职能；捷克共和国；员工；供应链；生活满意度；归国人员；管理能力；鉴定；价值创造；组织；发展；能力；全球人才管理	农业；良心；内部的；人力资源品牌化；农业公司；欧洲农业食品行业；资本化；人才识别；任期跟踪；排名；人事决定；合作社；会员承诺；林业；建模；人力资源指数；投资；组织形式
林业	战略；财务表现；员工；胜任力；资源；管理风格；知识交流；发展；洞察力；教育；劳动力多元化；价值观；企业文化；性别多样性；工作生活；参与；管理；可持续性；因子分析；资源基础观	林业；关系；胜任力模型；互动学习；创新集群；非正式互动；正式机制；结构的；生产工人；木材工业部门；林产品行业；方差分析；能力建模；林业部门；未来需求；对员工的期望；木工公司；增值；成本效益；资源评估

续表

学科	学科交叉主题词	学科特点主题词
农业：多学科	智利；信息和通信技术；胜任能力；洞察力；撒哈拉以南的非洲；创业；学习；效力；中小企业；荟萃分析；创新；培训；人力资本；绩效；人力资源管理	大麦；可追溯性系统；茶叶行业；管理会计；博弈论；农业工人；穆尔西亚地区；计划的行为；求职；长期失业的社会福利领取者；农业发展；共同学习；同伴学习；训练输入；加拿大西部；组织因素；变性；适应计划；农业人力资源开发
生物学	培训；组织承诺；人力资源管理；人力资源开发；赋权；参与；知识管理；员工敬业度；信息和通信技术；人口统计；个体差异；职业倦怠；洞察力；组织；服务业；仆人式领导；兼职工作；私有化；当前做法；生产率	知识管理价值链；高效能工作实践；人力资源管理改进解决方案；社区参与；外展计划；大学社会责任；工作满意度和工作绩效；支持治疗；战略计划实施的全面性；婚姻关系质量；性功能障碍；人力资源管理挑战；政治行为；通信技术；计算机辅助；英语教学；建构主义；中小学教师；特性分析

第二节　基因与人力资源管理

生命科学的一个重要视角，是从生物学角度，尤其是基因层面对人进行研究。在生命科学领域，通过研究不同基因背景的个体在人力资源管理各个环节中的关系及其影响，可以更深刻地理解基因如何作用于人力资源管理的各个层面。目前文献研究主要包括外貌吸引力在求职过程及工作中的影响，以及基因影响跨国移民的生活满意度。

外貌会影响求职和就业，但存在行业差异。人的外貌这一主要由基因决定的因素具有重要的社会影响，外貌吸引力的刻板印象广泛存在。有研究表明，面部吸引力具备诸多优势，其中之一就是提升就业机会。在模拟面试中，面部有吸引力的人比不那么有吸引力的人更有可能被雇用。一项研究探讨了阿根廷劳动力市场的问题。学者创建了虚构的简历，还精心创建了合成的照片。学者根据心理学和人类学研究，将有吸引力的候选人的脸部尺寸遵循“黄金法则”标准合成，缺乏吸引力的候选者的照片则不然。结果表明，附有吸引力照片版本的简历比无吸引力照片版本的简历回访率高出 36%。另外，一项来自以色列劳动力市场的类似研究表明，面部吸引力存在较大的男女差异。Ruffle 等针对以色列劳动力市场进行的履历审核研究发现，在简历上附有精美照片的男性得到雇主回电的概率是没有照片或附有普通照片的男性的两倍；但简历上附有精美照片的女性则相反，与没有照片的女性相比，她们的回访率反而要低得多。

除此之外，不同性别在不同职位的求职成功率也存在显著差异。Maurer-Fazio 和 Lei 探讨了中国公司在互联网工作委员会上发布职位空缺的招聘过程中基于性别和应聘者面部吸引力的歧视问题。结果与大部分研究相同，面部吸引力越高的求职者获得回访的概率越高，那些附有精美照片的求职简历在诸多方面的优势明显。但是，不同职位录用比例对性别的要求有着明显的差异。这些数据包括针对六个城市四个职业的职位发布而提交的 24 192 份职位申请简历。数据分析结果表明，四个职业在性别和吸引力上存在显著差异。与 Carlsson 和 Rooth 以及 Booth 和 Leigh 的发现相似，该研究数据表明，在行政助理领域，女性的优势明显高于男性，但女性在申请软件工程职位方面处于不利地位。相对于性别中立的职业，以及会计师、销售代表和行政助理等女性主导的职位，女性是首选。也有部分研究对造成性别差异的原因进行了研究，但这一领域还需要更多的研究来深入理解这些差异背后的社会和心理机制。

除了外貌、性别影响，一项研究也表明，跨国移民的生活满意度不仅与文化有关，还与其基因有关。对从 17 个国家移民到澳大利亚的人员原籍国文化和5－HTT等位基因①频率分布的影响进行多层次纵向分析的结果表明，如果原籍国的人出现5－HTT长等位基因的频率更高，则该移民将更加快乐。研究发现，这归因于该基因变体对大脑中血清素（5－羟色胺）功能的影响。血清素是一种重要的神经递质，与情绪调节、幸福感和社会行为紧密相关。鉴于国际移民面临的压力水平通常很高，在移民面对长期应激的情况下，5－HTT长等位基因的存在可能有助于维持较高的工作生活满意度。这一发现为理解移民群体的工作生活满意度提供了新的视角，并提示了基因在调节情绪和应对压力中的重要作用。

这一方向上的研究文献虽然不多，但确实提供了一些基因层面的生物学证据。这些研究为人力资源管理的研究工作提供了另一种可能的方向：通过对基因与人力资源管理相关因素的关联性进行研究，可以更全面地理解个体差异如何影响员工的行为、态度和工作表现，而且还可以帮助组织更好地理解员工的需求和动机，进而制定出更加个性化和有效的管理策略。例如，通过识别与压力管理、情绪调节相关的基因标记，组织可以为员工提供针对性的健康干预措施，帮助他们更好地应对工作压力。随着生命科学与人力资源管理交叉研究的不断深入，未来有望出现更多基于生物学证据的人力资源管理实践和政策，以更好地支持员工的个人发展和组织的成功。

第三节　生理健康状态与人力资源管理

生命科学与人力资源研究的纽带在于研究对象都包含人，具体而言，生命科学从生物意义上的人的角度出发，研究生理性因素对人的体能、工作能力、工作效率等方面的影响。与临床相比，区别在于临床关注非正常状态的生物人的人力资源表现，而生命科学关注正常状态下的生物个体相关生物特

① 5－HTT等位基因：全称为5－羟色胺转运体基因（serotonin transporter gene），负责编码一种蛋白质，这种蛋白质负责在神经细胞中重新摄取（回收）突触间隙中的血清素（5－羟色胺，5－HT）。

性与人力资源管理的关系。

从生物人的角度来看，人的睡眠、生理亚健康、焦虑、生活习惯等方面的因素都将影响人的工作状态。如神经科学聚焦于焦虑压力和应对，尤其是睡眠质量差甚至睡眠障碍等生理因素对精神层面，如工作满意度等的影响。

一、睡眠质量与工作表现

研究表明，睡眠质量与员工的工作投入和工作效率有明显的直接关系，但这种关系存在明显的个体差异和性别差异。普通工作中睡眠不足会影响判断力，进而影响工作表现；而在一些特殊的工作场所如深空探测等，睡眠问题对工作的影响更为显著，这已经在不同行业实证研究中得到证实。功能性神经影像学研究发现，内侧前额叶皮层在道德判断中起着重要作用，而在睡眠不足期间，该区域的活性显著下降。此外，沃尔特·里德陆军研究所的驻地睡眠实验室通过53小时睡眠剥夺实验也表明，睡眠不足会削弱调节情绪和认知以指导道德判断的能力。

一些安排不当的工作带来的生理变化会导致睡眠问题。对澳大利亚矿山工人及其合作伙伴的样本分析表明，矿工轮班工作、衰老和工作缺乏控制可能是导致睡眠问题增加的因素。这些危险因素也可能相互作用，导致睡眠中断对身体的伤害增加。有研究表明，总体上，对于年轻工人而言，排班计划的调控与睡眠障碍无关，而对于50岁以上的工人而言，频繁调控会导致更多的睡眠障碍。

还有研究分析了护理服务和睡眠障碍的关系。这项研究对瑞典大型社区居民进行了有效睡眠障碍量表（卡罗琳斯卡睡眠问卷）的测量，发现即使是低强度的护理服务也与睡眠障碍有关，但存在性别差异，妇女总体上睡眠障碍水平更高。

这些研究揭示了睡眠质量对工作表现的重要影响，并指出了不同行业和年龄群体中存在的特定问题。这些发现强调了生理因素对人力资源工作效率的重要性，这提示组织应考虑采取相应措施来改善员工的生理状态，以提高工作表现和整体福祉。

二、焦虑与工作投入

焦虑是影响工作投入的重要因素，其来源多种多样，如裁员压力等。有研究着眼于英国的裁员对个人和组织两个层面的影响，个体层面的研究表明这一压力对留任者情感、态度和行为方面的影响以及对管理的影响，而组织层面则主要从组织士气、动机等方面分析了裁员的负面影响。

此外，一项荟萃分析系统地回顾了自我效能感与工作倦怠之间的联系强度。尽管参与者的强度各不相同，但在各个国家都观察到了显著的自我效能感－倦怠关系。根据工作需求－资源模型，研究者探讨了工作特征和倦怠（精疲力竭和犬儒主义）如何有助于解释客观团队绩效的差异。结果表明，缺乏工作资源妨碍了实际目标的实现，导致犬儒主义。基于结构方程模型分析的结果还表明，精疲力竭会调节工作需求与绩效之间的关系，但犬儒主义会调节工作资源与绩效之间的关系，这表明，工作条件，特别是倦怠的态度因素这类中介变量，会对绩效产生显著影响。不过，这些影响都存在个体差异，例如“工作狂”群体等。

这些研究从不同角度揭示了焦虑与工作投入之间的复杂关系，以及不同因素如何影响个体的工作表现。裁员等事件不仅对个人的情感和态度产生负面影响，还可能降低整个组织的士气和员工的积极性。自我效能感与工作倦怠之间的联系表明，员工对自己完成工作任务的信心对于减轻工作压力和倦怠非常重要。工作需求－资源模型进一步说明了工作条件如何通过影响员工的情绪状态来影响团队绩效。然而，这种影响并不是一成不变的，个体差异意味着不同的员工可能会以不同的方式体验和应对压力。例如，工作狂可能会表现出不同于其他员工的行为模式和反应机制。这些发现对于人力资源管理实践具有重要意义，因为它们提示了组织可以通过提供适当的工作资源和支持来减轻员工的焦虑，进而提高员工的工作投入和组织绩效。

三、生活习惯与工作能力

生活习惯和生活方式对于工作能力具有显著影响。适当的运动、良好的睡眠、禁烟、低工作要求、体力劳动量少以及任务资源丰富是保持良好工作能力的关键因素。诸多研究分析了个体生理差异在轮班工作中的容忍度差异，包括年龄、性别、性格、早晚差异等。研究表明，年轻人、男性容忍度差异得分低，高柔韧性和弱容忍度差异得分低，神经质容忍度差异得分低，外向性容忍度差异得分高，以及某些遗传倾向也存在相关性。对身体素质有较高要求的职业可能与身体功能的改善或维持有关，但目前评估老年工人身体机能的方法通常缺乏针对性和与实际工作任务的相关性，所以很多行业或工作岗位低估了年长的工人。其实，在那些不太需要体力而更多依赖经验和知识劳动的行业中，如果采用适当的工作场所策略和工作绩效标准来优化强度并重视老龄化工人的社会保障，老年工人可以有效地表现出甚至比年轻人更好的绩效。

此外，研究还表明，年假制度确实能够有效缓解来自工作的压力，消除或延缓倦怠期。调查显示，团队凝聚力和来自社会和工会的支持也对缓解焦虑和倦怠具有调节作用，进而提高雇员的工作满意度和心理健康水平。因此，雇主应该重视员工的生活习惯和生活方式，提供相应的支持和资源，以提高员工的工作能力和绩效；还应该制定合理的年假制度，并建立良好的团队凝聚力和社会支持系统，以缓解来自工作的压力和减少倦怠期的出现。

总之，睡眠、焦虑、自我效能感、生活习惯和生活方式都对工作投入、效率和绩效产生重要影响。研究者们一直致力于深入探索这些因素的内在机制，为雇主提供更好的指导和支持，以提高员工的工作满意度和生产力。通过理解这些因素如何影响员工的工作表现，组织可以采取措施来营造健康的工作环境，进而提高员工的福祉和组织的整体绩效，以达成人力资源管理目标。

第四节 环境管理与绿色人力资源

可持续发展作为近年人力资源管理研究的热门方向，其与组织战略紧密相关。可持续发展理念的出发点在于改变企业存在的基本假设，其目标不仅是利润最大化，还是健康可持续的发展。在此前提下，学者们对此进行了诸多探讨，包括分析可持续发展的意义、影响可持续发展的因素、技术对可持续发展的贡献和影响等。

绿色人力资源管理在企业可持续发展中扮演着重要的角色，已经成为不同行业、国家和地区的研究和实践焦点。相关学者们从理论和实证两个层面对影响企业可持续发展的人力资源管理因素进行了广泛探讨。

一方面，绿色人力资源管理能够改善公司性能，并提供竞争优势。通过将生态环境目标纳入所有人力资源管理子区域，从就业计划到招聘、选拔、员工激励和发展，再到对其评估和对工作的影响条件，绿色人力资源管理能够确保企业的可持续发展和生态环境保护之间的平衡。此外，高质量的人力资源与采用绿色实践有正相关关系，具体表现为员工能够轻松学习新技术、能够彼此共享知识、能够使用新技术轻松解决问题以及有能力为公司提供新想法这四个方面的素质越高，其绿色实践绩效越好。

另一方面，绿色人力资源管理是一种以环境可持续性和社会责任为核心的管理方法，已经在多个行业、国家和地区得到了实证研究和实践应用。其中，旅游接待行业的可持续性得到了广泛关注，学者们通过实证研究探讨了该行业中绿色人力资源管理的实际应用效果。同时，在瑞典食品体系中，研究人员也关注到了可持续发展企业家的复原力，以及可持续服务创新在打造食品业中的作用。此外，在赞比亚中小型企业中的纵向研究表明，企业社会责任对企业绩效具有积极影响。还有研究探讨了不同国家和地区中绿色人力资源管理的协作能力、绿色产品开发与绩效的相关因素、信息和通信技术的使用、体育中心的可持续发展等。例如，巴西企业开发绿色产品并衡量人员和技术方面的作用，马来西亚体育中心采用多种方法实现可持续发展，而印度信息和通信技术专业人员的意识和实践也受到了关注。此外，还有针对巴勒斯坦制造业中绿色人力资源管理实践的实证研究，以及斯里兰卡旅游业背景下的拟议模型等。

在这些研究中，绿色人力资源管理不仅被视为一种可持续发展的重要手段，同时被认为能够提高企业的绩效和竞争力。此外，一些研究还探索了绿色人力资源管理与其他领域的关联。例如，伊朗制造企业绿色人力资源管理与绿色供应链管理的协同作用，也引起了学者们的兴趣。这些实证研究为绿色人力资源管理的理论和实践提供了宝贵的经验和启示，同时呼吁更多的企业和组织关注环境可持续性和社会责任，积极采取措施推进绿色人力资源管理的实践。

在实践中，绿色人力资源管理需要涉及企业的整个价值链，包括从招聘、培训、激励到离职等各个环节。企业需要根据自身的情况和所处的行业特点，制定符合环境可持续性和社会责任要求的人力资源管理策略和措施。例如，在旅游接待行业中，可以通过减少能源和水资源的使用，鼓励员工采取环保措施等方式来实现绿色人力资源管理的目标。

技术对可持续发展有着显著的贡献和影响。绿色可持续科学技术包括信息技术、供应链管理技术、物联网技术、智能技术等，它们都在促进企业人力资源可持续发展方面有所贡献。一篇《从绿色到可持续发展：信息技术和综合可持续发展框架》的文献为绿色人力资源管理与绿色供应链管理提出一个协同和整合的框架，并为此整合出一个研究议程。人力资源、供应链管理和信息技术的整合资源对企业提高可持续发展能力至关重要，这些能力使企业能够向利益相关者传递可持续发展价值，同时创造价值，并为其自身获得持续的竞争优势，包括对员工也同样存在积极作用。一项基于巴西企业绿色产品开发与绩效表现的研究分析了人力和技术方面的积极作用，利用管理数据实现了中小企业人力资源管理可持续性发展。另一项研究则从实证角度分析了绿色人力资源管理和绿色供应链管理实践对可持续绩效的影响。这项研究从基于资源的角度，开发并实证测试了将绿色供应管理与绩效联系起来的概念框架。实证结果均表明绿色人力资源管理实践对可持续绩效具有直接影响。许多人力资源实践可以有效地传播绿色意识形态并协助推进绿色管理计划。Renwick 等认为，一系列人力资源管理实践可通过在组织内部署环境价值和原则来提高生态绩效。

学者们提出了许多提升企业可持续发展和绿色人力资源管理水平的措施，这些措施能够有效地推动组织可持续发展能力的提升。一方面，学者们认为可以通过采用绿色供应链管理和清洁生产等技术手段，结合信息技术和环境管理体系，来提升绿色人力资源管理水平和效能。绿色供应链管理和清洁生产是绿色人力资源管理中的两个新兴议程，它们可以帮助企业建立可持续的供应链和生产模式，从而降低环境成本和风险，并提高其在市场竞争中的优势。另一方面，有研究探讨了将企业可持续发展整合进战略管理，并将绿色人力资源管理与绿色供应链管理两个新兴议程链接在一起。同时，有研究分析了推动社会责任的人力资源管理的障碍，以及开发了衡量社会企业组织绩效的工具。此外，一些研究还从社会交往和组织可持续发展的综合视角对组织信任、员工－组织关系和创新行为进行了实证研究，并提出了增强可持续发展的方法，如心理资本、可感知的就业能力等。还有一些研究使用管理数据作为实现中小企业人力资源管理可持续性的战略工具，并基于受制度同构影响的双重路径模型，调查了信息系统安全作为电子政务促进可持续发展的重要问题。

尽管绿色可持续人力资源管理作为一个新兴的研究方向，各行各业和诸多国家地区都对此进行了相应实证分析，在实证和因素分析方面做了大量的调研统计和研究工作，但其人力资源的价值创造过程的依赖路径和因果关系仍然不明确，目前的研究还没有完全打开这个黑箱。为了进一步推动绿色人力资源管理的发展，未来的研究需要更深入地探索绿色人力资源管理的具体实施机制，以及如何通过人力资源管理实践来支持可持续发展目标的实现。

参考文献

[1] AIRILA A, HAKANEN J, PUNAKALLIO A, et al. Is work engagement related to work ability beyond working conditions and lifestyle factors? [J]. International Archives of Occupational and Environmental Health, 2012, 85(8): 915 – 925.

[2] ALOLA U V, AVCI T, OZTUREN A. Organization sustainability through human resource capital: the impacts of supervisor incivility and self-efficacy [J]. Sustainability, 2018, 10(8):2610.

[3] BAKKER A B, VAN EMMERIK H, VAN RIET P. How job demands, resources, and burnout predict objective performance: a constructive replication[J]. Anxiety Stress and Coping, 2008, 21(3): 309 – 324.

[4] BARRENA-MARTINEZ J, LÓPEZ-FERNÁNDEZ M, ROMERO-FERNANDEZ P M. Drivers and barriers in socially responsible human resource management[J]. Sustainability, 2018, 10(5):1532.

[5] BAUM T, CHEUNG C, KONG H, et al. Sustainability and the tourism and hospitality workforce: a thematic analysis [J]. Sustainability, 2016, 8(8):809.

[6] BOMBIAK E, MARCINIUK-KLUSKA A. Green human resource management as a tool for the sustainable development of enterprises: polish young company experience[J]. Sustainability, 2018, 10(6):1739.

[7] BOOTH A, LEIGH A. Do employers discriminate by gender? A field experiment in female-dominated occupations[J]. Economics Letters, 2010, 107(2): 236 – 238.

[8] CAMPOS L M S, DE MELO HEIZEN D A, VERDINELLI M A, et al. Environmental performance indicators: a study on ISO 14001 certified

companies[J]. Journal of Cleaner Production, 2015, 99 : 286 – 296.

[9] CARLSSON R, AGERSTROM J, BJORKLUND F, et al. Testing for backlash in hiring: a field experiment on agency, communion, and gender [J]. Journal of Personnel Psychology, 2014, 13(4): 204 – 214.

[10] CHOI M, LEE J, HWANG K. Information systems security (ISS) of e-government for sustainability: a dual path model of ISS influenced by institutional isomorphism[J]. Sustainability, 2018, 10(5): 1555.

[11] CHOI Y, YU Y. The influence of perceived corporate sustainability practices on employees and organizational performance [J]. Sustainability, 2014, 6(1): 348 – 364.

[12] CHOONGO P. A longitudinal study of the impact of corporate social responsibility on firm performance in smes in zambia[J]. Sustainability, 2017, 9(8): 1300.

[13] CHUGH R, WIBOWO S, GRANDHI S. Environmentally sustainable information and communication technology usage: awareness and practices of Indian information and communication technology professionals[J]. Journal of Cleaner Production, 2016, 131 : 435 – 446.

[14] CRUCKE S, DECRAMER A. The development of a measurement instrument for the organizational performance of social enterprises[J]. Sustainability, 2016, 8(2): 161.

[15] DAO V, LANGELLA I, CARBO J. From green to sustainability: information technology and an integrated sustainability framework [J]. Journal of Strategic Information Systems, 2011, 20(1): 63 – 79.

[16] ENGERT S, RAUTER R, BAUMGARTNER R J. Exploring the integration of corporate sustainability into strategic management: a literature review[J]. Journal of Cleaner Production, 2016, 112 : 2833 – 2850.

[17] ETZION D. Annual vacation: Duration of relief from job stressors and burnout[J]. Anxiety Stress and Coping, 2003, 16(2): 213 – 226.

[18] GHOLAMI H, REZAEI G, SAMAN M Z M, et al. State-of-the-art green HRM system: sustainability in the sports center in malaysia using a multi-methods approach and opportunities for future research[J]. Journal of Cleaner Production, 2016, 124: 142-163.

[19] HORNG J S, WANG C J, LIU C H, et al. The role of sustainable service innovation in crafting the vision of the hospitality industry [J]. Sustainability, 2016, 8(3): 223.

[20] JABBOUR C J C, SANTOS F C A. Relationships between human resource dimensions and environmental management in companies: proposal of a model[J]. Journal of Cleaner Production, 2008, 16(1): 51-58.

[21] JABBOUR C J C, JUGEND D, JABBOUR A B L dS, et al. Green product development and performance of Brazilian firms: measuring the role of human and technical aspects[J]. Journal of Cleaner Production, 2015, 87(15): 442-451.

[22] JABBOUR C J C, JABBOUR A B L dS. Green human resource management and green supply chain management: linking two emerging agendas[J]. Journal of Cleaner Production, 2016, 112(3): 1824-1833.

[23] JABBOUR C J C, JABBOUR A B L dS, GOVINDAN K, et al. Environmental management and operational performance in automotive companies in Brazil: the role of human resource management and lean manufacturing[J]. Journal of Cleaner Production, 2013, 47(2): 129-140.

[24] JANSEN N W H, MOHREN D C L, VAN AMELSVOORT L G P M, et al. Changes in working time arrangements over time as a consequence of work-family conflict [J]. Chronobiology International, 2010, 27(5): 1045-1061.

[25] KASHIMA E S, KENT S, KASHIMA Y. Life satisfaction in the new country: a multilevel longitudinal analysis of effects of culture and 5-HTT

allele frequency distribution in country of origin[J]. Social Cognitive and Affective Neuroscience, 2015, 10(1): 50 – 54.

[26] KENNY G P, GROELLER H, MCGINN R, et al. Age, human performance, and physical employment standards[J]. Applied Physiology Nutrition and Metabolism, 2016, 41(6): S92 – S107.

[27] KILLGORE W D S, KILLGORE D B, DAY L M, et al. The effects of 53 hours of sleep deprivation on moral judgment[J]. Sleep, 2007, 30(3): 345 – 352.

[28] KUEI C H, MADU C N, CHOW W S, et al. Determi ts and associated performance improvement of green supply chain management in china[J]. Journal of Cleaner Production, 2015, 95 : 163 – 173.

[29] LARSSON M, MILESTAD R, HAHN T, et al. The resilience of a sustainability entrepreneur in the swedish food system[J]. Sustainability, 2016, 8(6): 550.

[30] LI J, ZHOU L, ZHANG X, et al. Technological configuration capability, strategic flexibility, and organizational performance in chinese high-tech organizations[J]. Sustainability, 2018, 10(5): 1665.

[31] LITTLE A C, JONES B C, DEBRUINE L M. Facial attractiveness: evolutionary based research[J]. Philosophical Transactions of the Royal Society B-Biological Sciences, 2011, 366(1571): 1638 – 1659.

[32] LORINCOVA S, HITKA M, STARCHON P, et al. Strategic instrument for sustainability of human resource management in small and medium-sized enterprises using management data[J]. Sustainability, 2018, 10(10): 3687.

[33] MARDANI A, STREIMIKIENE D, ZAVADSKAS E K, et al. Application of structural equation modeling (SEM) to solve environmental sustainability problems: a comprehensive review and meta-analysis[J]. Sustainability, 2017, 9(10): 1814.

[34] MASRI H A, JAARON A A M. Assessing green human resources management practices in palestinian manufacturing context: an empirical study[J]. Journal of Cleaner Production, 2017, 143 : 474 – 489.

[35] MAURER-FAZIO M, LEI L. "As rare as a panda": how facial attractiveness, gender, and occupation affect interview callbacks at Chinese firms[J]. International Journal of Manpower, 2014,36(1):68 – 85.

[36] MOLINO M, BAKKER A B, GHISLIERI C. The role of workaholism in the job demands-resources model [J]. Anxiety Stress and Coping, 2016, 29(4): 400 – 414.

[37] NEJATI M, RABIEI S, JABBOUR C J C. Envisioning the invisible: understanding the synergy between green human resource management and green supply chain management in manufacturing firms in iran in light of the moderating effect of employees' resistance to change[J]. Journal of Cleaner Production, 2017, 168 : 163 – 172.

[38] PEREZ S, FERNANDEZ-SALINERO S, TOPA G. Sustainability in organizations: perceptions of corporate social responsibility and spanish employees' attitudes and behaviors[J]. Sustainability, 2018, 10(10): 3423.

[39] PINZONE M, GUERCI M, LETTIERI E, et al. Progressing in the change journey towards sustainability in healthcare: the role of "green" HRM[J]. Journal of Cleaner Production, 2016, 122 : 201 – 211.

[40] RENWICK D W S, REDMAN T, MAGUIRE S. Green human resource management: a review and research agenda [J]. International Journal of Management Reviews, 2013, 15(1): 1 – 14.

[41] RUFFLE B J, SHERMAN A, SHTUDINER Z. Gender and beauty price discrimination in produce markets [J]. Journal of Behavioral and Experimental Economics, 2022, 97: 101825.

[42] SACCO L B, LEINEWEBER C, PLATTS L G. Informal care and sleep

disturbance among caregivers in paid work: longitudinal analyses from a large community-based Swedish cohort study[J]. Sleep, 2018, 41(2): zsx198.

[43] SAHEBALZAMANI S, BERTELLA G. Business models and sustainability in nature tourism: a systematic review of the literature[J]. Sustainability, 2018, 10(9): 3226.

[44] SAKSVIK I B, BJORVATN B, HETLAND H, et al. Individual differences in tolerance to shift work: a systematic review[J]. Sleep Medicine Reviews, 2011, 15(4): 221 –235.

[45] SHIN I, HUR W M, KANG S. Employees' perceptions of corporate social responsibility and job performance: a sequential mediation model[J]. Sustainability, 2016, 8(5): 493.

[46] SHOJI K, CIESLAK R, SMOKTUNOWICZ E, et al. Associations between job burnout and self-efficacy: a meta-analysis[J]. Anxiety Stress and Coping, 2016, 29(4): 367 –386.

[47] SIYAMBALAPITIYA J, ZHANG X, LIU X. Green human resource management: a proposed model in the context of Sri Lanka's tourism industry[J]. Journal of Cleaner Production, 2018, 201: 542 –555.

[48] SURIYANKIETKAEW S, AVERY G. Sustainable leadership practices driving financial performance: empirical evidence from Thai SMEs[J]. Sustainability, 2016, 8(4):327.

[49] VAN HOOF B, THIELL M. Collaboration capacity for sustainable supply chain management: small and medium-sized enterprises in Mexico[J]. Journal of Cleaner Production, 2014, 67: 239 –248.

[50] WESTMAN M, BAKKER A B, ROZINER I, et al. Crossover of job demands and emotional exhaustion within teams: a longitudinal multilevel study[J]. Anxiety Stress and Coping, 2011, 24(5): 561 –577.

[51] YU M C, MAI Q, TSAI S B, et al. An empirical study on the organizational

trust, employee-organization relationship and innovative behavior from the integrated perspective of social exchange and organizational sustainability [J]. Sustainability, 2018, 10(3): 864.

[52] ZAID A A, JAARON A A M, BON A T. The impact of green human resource management and green supply chain management practices on sustainable performance: an empirical study [J]. Journal of Cleaner Production, 2018, 204: 965-979.

第十章 理学领域的人力资源管理研究

第一节 交叉关系与研究概况

理学研究与人力资源管理的交叉领域主要在数学、化学和物理领域。数学领域的人力资源管理研究主要集中在方法和模型及其应用上，通过定量分析和模型分析研究人力资源管理相关问题。化学领域主要是通过生化实验过程来确定环境或设备如何影响人的生理和心理效应，从而影响人力资源产出的效率。物理领域主要是通过建立理论物理模型来模拟人的动态过程，包括人的合作、竞争、共享等过程，然后解释其因果关系，并将其应用到人力资源管理实践中，以提高工作效率。此外，他们还研究各自行业范围内的人力资源管理问题。理学领域的人力资源管理研究主题如图 10－1 所示。

人力资源管理是一门旨在提高员工工作效率、促进企业发展的学科。随着科技的不断发展和创新，越来越多的学科交叉和融合，其中与人力资源管理相关的理学领域尤为重要。在数学、化学和物理领域，人力资源管理方面

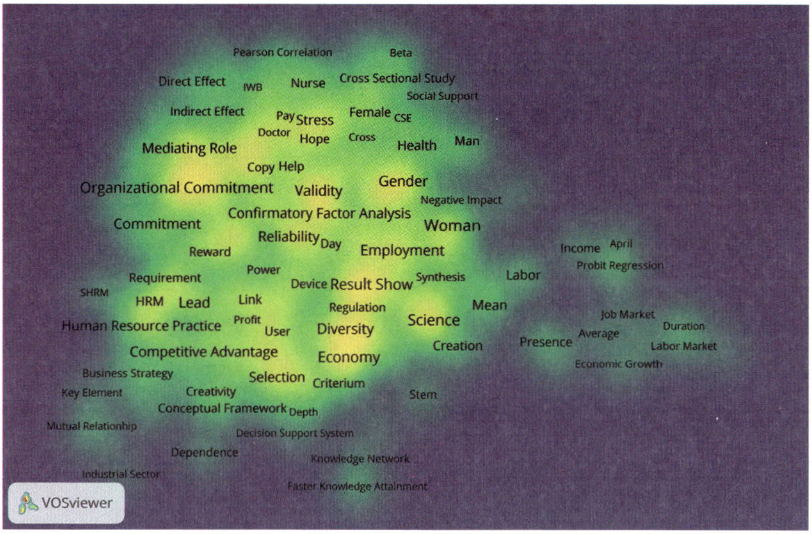

图 10－1　理学领域人力资源管理研究主题热力图

的研究也得到了越来越多的关注。

数学作为一门追求精确与逻辑的学科，其在人力资源管理中的应用主要体现在方法和模型及其应用上。通过定量分析和模型分析，研究人力资源管理相关问题，构建数学模型来预测员工在不同情况下的行为，优化组织结构和人力资源配置，提高员工的工作效率。例如，利用数学模型来评估员工的绩效，确定员工能力和岗位的匹配度，以及制定更加科学合理的激励机制等。

化学作为一门探索物质结构、性质和变化的学科，其在人力资源管理中的应用主要是通过生化实验过程来确定环境或设备如何影响人的生理和心理效应，从而影响人力资源产出的效率。比如，在人力资源管理中，研究员工的情绪和心理状态对工作绩效的影响，根据这些结果设计办公环境和配置设备，以提高员工的工作效率。

物理作为一门研究自然现象和物质运动规律的学科，其在人力资源管理中的应用主要是通过建立理论物理模型来模拟人的动态过程，包括人的合作、竞争、共享等过程，然后解释其因果关系，并将其应用到人力资源管理实践中，以提高工作效率。比如，研究员工的工作行为和协作模式，建立物理模型来模拟员工之间的互动过程，以此来优化团队协作模式，提升团队绩效。

除了上述三个领域，还有很多其他学科和领域的交叉与融合，逐渐成为人力资源管理研究的重要组成部分。这些学科都和人力资源管理密切相关，可以为人力资源管理提供更多的理论和实践支持。人力资源管理需要多学科交叉和融合，不断更新和完善自身理论和方法。在数学、化学和物理这些理学领域，人力资源管理通过建立模型、模拟和实验等方式，能够更加准确地预测和掌握员工的行为和心态，并优化人力资源配置，提升工作效率。未来，随着科技的不断进步，人力资源管理将面临更多新的挑战和机遇，也需要不断地发展和创新，才能更好地适应和引领时代的发展。

从主题词共现网络及交叉研究主题词的度中心性、频度和中介中心性分析（见表10－1）来看，明星热点研究主题包括工作满意度、组织承诺、人力资源管理、组织公民行为、知识共享等，热点研究主题聚焦于管理、信任、组织绩效、马来西亚、组织文化、变革型领导、离职意向，明星研究主题则包括培训与文化、训练等。值得关注的是，雇员、心理契约、情感认同、职业发展这些主题成为连接多个主题的桥梁。

工作满意度是本领域交叉研究的重点之一。工作满意度是衡量员工对工作的情感反应，与工作绩效密切相关。通过对工作满意度的研究，可以了解员工所处的工作环境和情感状态，从而有效地提高员工的工作绩效。同时，组织承诺也是影响员工工作满意度和绩效的重要因素。通过建立有效的组织承诺机制，可以减少员工的离职意向，提高员工的忠诚度和工作表现。

知识共享和团队合作也是企业中重要的人力资源管理策略。在现代企业中，知识共享和团队合作已成为企业成功的标志之一。通过积极促进知识共享和团队合作，企业可以使团队变得更加协调和高效，进而提高企业绩效和市场竞争力。

表 10－1　理学领域交叉研究主题词的度中心性、频度和中介中心性

序号	主题词	度中心性	频度	中介中心性
1	工作满意度（Job Satisfaction）	46	17	0.39
2	组织承诺（Organizational Commitment）	32	11	0.30
3	管理（Management）	22	5	0.14
4	人力资源管理（Human Resource Management）	21	7	0.15
5	信任（Trust）	21	5	0.10
6	培训（Training）	21	4	0.20
7	知识共享（Knowledge Sharing）	20	6	0.13
8	文化（Culture）	20	3	0.08
9	组织绩效（Organizational Performance）	19	5	0.20
10	组织公民行为（Organizational Citizenship Behaviour）	18	7	0.08
11	马来西亚（Malaysia）	17	5	0.06
12	自我效能（Self-Efficacy）	16	4	0.12
13	知识网络（Knowledge Network）	16	4	0.06
14	组织文化（Organizational Culture）	15	5	0.11
15	教育（Education）	15	3	0.03
16	变革型领导（Transformational Leadership）	14	5	0.15
17	离职意向（Turnover Intention）	14	5	0.05
18	雇员（Employees）	14	4	0.16
19	心理契约（Psychological Contract）	14	4	0.11
20	企业绩效（Business Performance）	14	4	0.04
21	组织支持认知（Perceived Organizational Support）	13	4	0.08
22	团队合作（Teamwork）	12	4	0.03
23	直线经理（Line Manager）	12	4	0.03
24	情感认同（Affective Commitment）	12	3	0.04

续表

序号	主题词	度中心性	频度	中介中心性
25	知识动力学（Knowledge Dynamics）	12	3	0
26	职业发展（Professional Development）	11	3	0.04
27	工作绩效（Job Performance）	10	4	0.04
28	Y一代（Generation Y）	10	3	0.02
29	侨民（Expatriate）	10	3	0.02
30	资源基础观（Resource-Based View）	9	3	0.01

有一些其他的研究主题，如基于资源的观点、人力资源外包、心理授权等，都是企业管理中至关重要的因素，可以帮助企业有效地提升人力资源管理能力和企业绩效。

此外，还包括一些其他的研究方法和工具，如潜在类别分析、结构方程模型、元分析、确定性因素分析等。这些方法和工具可以帮助企业更准确地了解员工的心理特征、行为倾向和组织文化，进而有效地制定和实施人力资源管理战略。

人力资源管理是企业成功的重要因素之一，从多个方面展开研究探讨，旨在为企业提供更好的人力资源管理实践，帮助企业提高员工工作满意度、组织承诺、团队合作、离职意向等方面的表现，进而提高企业绩效和市场竞争力。

表10－2列出了理学领域各学科与人力资源领域相关的研究热点主题，以及学科体系内较为独特的主题。

表 10 - 2　理学领域各学科研究热点主题与独特主题

学科	学科交叉主题词	学科特点主题词
多学科科学	工作满意度；组织承诺；知识共享；人力资源管理；管理；马来西亚；变革型领导；组织文化；组织绩效；团队合作；离职意向；业务绩效；业务战略；自我效能感；基于资源的观点；人力资源外包；员工；心理授权；人力资源管理实践；直线经理	心理学；关键绩效指数；大学；成本削减；学者；Probit 回归；工作组多样性；政府审计；可持续的竞争优势；员工态度；角色共识；知识共享行为；科学女性；科学技术转移；石油工业；利比亚；建模；集体智慧
统计与概率	工作满意度；组织公民行为；信任；工作绩效；人力资源管理；人格特质；人力资源管理战略；组织信任；工会承诺；权力下放；公司规模；首席执行官薪酬；简短；学习型组织；环境不确定性；目标；服务氛围；核心自我评估；实证研究	质量培训；管理计划；娱乐活动；公共管理；公务员；面板阈值模型；基于股票的薪酬；多元统计；组织公民行为；学校管理员；员工工作满意度；快餐业；服务业面向组织的公民行为；服务破坏；度量构建；人力资源关系质量；数据包络分析；旅游业
数学：跨学科应用	验证性因子分析；人力资源管理；不稳定的就业；薪酬满意度；结构方程模型；绩效；复杂性；团体表演；性别差异；智力资本；韩国；荟萃分析；客户满意度；社交网络；法国；旷工；组织文化；中国香港；文化；商业策略	测量不变性；数据包络分析；潜在类别分析；自愿披露；信息风险；美国公司；面板数据；计算机建模；风险认知；家庭照顾责任；模糊回归；Shapley 值；人力资源部门的服务共享博弈论；人力资源部客户；基于代理的模型；集体无意识

续表

学科	学科交叉主题词	学科特点主题词
应用数学	高等教育；心理契约；决策；结构方程模型；出现；乐器；政府；离职意向；信任；组织承诺；工作满意度	实证研究；职业技能培训；复杂自适应系统；计算组织理论；基于代理的建模；用户人类学知识共享意图；用户社区；用户支持；主观规范；华人建筑工人；建筑雇主；进化博弈论；毕业生就业能力；知识协作；虚拟实践社区；博弈论；游戏化；模糊逻辑
数学	服务环境；国有企业；验证性因子分析；自我效能；组织公民行为	低端市场颠覆性创新；新市场颠覆性创新；分享行为；关系透明度；服务交付；客户反馈；旅游产业；主观规范；实证研究；用户支持；用户社区；用户人类学知识共享意图；探索性因子分析
物理	本土化；包容性；文化；多样性	硬/软信息融合；基于状态的维护；状态监测；飞机维修；人为因素；增量学习；压缩域；覆盖算法；多重图案；数据融合；天文台人口统计；包容性环境；敬业的员工；图像识别；系统工程；商业托管；社会技术系统
电化学	工作场所；雇员	孤独症谱系障碍；皮肤阻力传感器；蓝牙传感器；蓝牙

第二节　数学与人力资源管理及应用

在人力资源管理领域，数学模型被广泛应用于理解和优化组织内部的各种现象和过程。例如，在研究团队绩效时，有研究者使用了混合推拉人力模型来模拟人员系统中的内部流动性，通过特定的转移矩阵来描述人力系统的动态变化。这种数学方法有助于揭示人力系统在一定条件下的稳定状态，并找到最优的人力资源配置方案。

为了更准确地评估个人对团队整体绩效的贡献，一些研究结合了社会网络理论和资源依赖理论。通过对软件开发公司的数据分析，研究人员发现，个人对团队绩效的影响与其所掌握的知识和技术能力更为紧密相关，而非社交网络结构。这种方法不仅有助于预测团队表现，还可以为企业在组建团队时提供实用的指导。

诸多方法与理论都被广泛应用于人力资源配置优化、人才留存等。如在一项研究中，博弈论被用于人力资源部门的服务分配问题中。通过引入“成本分摊博弈理论”，有研究者构建了一个模型来计算人力资源部门不同客户群之间的服务份额。利用 Shapley 值计算法，实现了人力资源部门资源的最优配置。另一项研究中，结构方程模型在研究人力资源战略管理和人才留任意愿的关系中发挥了重要作用。研究显示，在人力资源管理有效的企业中，人才的留任意愿较高；人力资源管理的不同要素对人才留任意愿有明显但不同的影响；此外，人力资源管理不仅能直接影响人才留任意愿，还能通过提高人才的工作满意度和兑现组织承诺间接提升留任率。

此外，数理方法被用来探索一些特定行业竞争力核心要素的构成，如在航空制造业的核心竞争力综合评价中，研究者提出了将遗传算法与支持向量机相结合的新方法来探索影响核心竞争力的关键因素。

数学领域通常以工作满意度和绩效为研究重点，从企业的角度出发，基于模型和定量分析的方法，主要包括结构方程模型、博弈论、验证性因素分析、数据包络分析、验证性因素分析、计算机建模、潜在分析等。研究主题也很广泛，包括工作满意度和组织承诺、开放式创新氛围、高绩效工作体系、组织认同、工作生活平衡、组织公正、服务氛围、心理契约破裂、组织信任，以及高绩效工作制度对组织公民行为的影响等。大多数研究试图建立一个数学模型来解释个体行为人对整体绩效的相对贡献，并整合其他相关理论，如社会网络理论、资源依赖理论等，进而分析团队绩效贡献个体预测因子的相对有效性。这些研究以工作嵌入、组织支持感和信任感作为中介，探索它们在人力资源实践中与员工绩效的关系。其独特之处在于，采用了许多传统人力资源管理研究者很少采用的方法，如数据包络分析、博弈论等，在传统问卷调查等方法的基础上，获取数据进行定量分析。

第三节　生化技术与人力资源管理及应用

关于人力资源管理与化学领域的交叉研究主要集中在生化指标与人的压力、情绪等的关系上。一项横断面研究调查了 1 028 名年轻学生的压力管理策略，研究发现，大多数学生倾向于通过情绪反应来应对压力，而不是解决问题。比如，与朋友交谈被证明是一种有效的减压方法。而情绪如何感知与测量，以及如何应对压力，则是生化技术可以发挥作用的地方。相关研究包括使用蓝牙皮肤电阻传感器支持孤独症谱系障碍（autism spectrum disorder，ASD）员工的工作场所适应、色彩和光线对人体非成像功能的影响、压力管理策略，以及生化行业中女性的职业成功等。其中一个案例是利用蓝牙皮肤电阻传感器协助 ASD 人群进行日常工作，研究者设计并构建了一款设备，通过在最佳位置放置传感器来准确监测用户的应激水平，受试者可以通过智能手机应用程序接收异常应激水平的通知，这将有助于 ASD 人群及其同事控制压力并调整工作环境。

另一个研究例子是通过生化实验研究颜色和光线如何影响人类的生化功能，从而影响他们的情绪和效率，包括人类视觉色素（如黑色素蛋白）的发现及其对人体昼夜节律系统的影响。非成像视觉解剖学还发现了一些对睡眠、抑郁和情绪、视网膜光损伤和幸福感的影响。

这些实验结果让人联想到一百年前霍桑实验的一些结果。不同的是，霍桑实验是在传统社会学方法的基础上进行的实证研究，而本交叉研究是在生物化学实验的基础上进行的。随着现代生物化学技术和生命科学的发展，一些影响人的情感、幸福等精神层面的机制和因素正被科学实验系统地揭示和证实，这为未来人力资源管理提供了一个很有希望的方向。通过了解和应用这些生物学原理，组织可以更好地保障员工的心理健康，提高员工满意度和工作效率。未来，随着这些领域的进一步发展，人力资源管理将能够更加科学地支持员工的心理和情感需求，从而创建更加健康和高效的工作环境。

第四节　交叉学科与人力资源管理

WOS 数据库中将综合类的新兴期刊归为多学科科学（multidisciplinary sciences），这一类别下，人力资源相关交叉研究正变得越来越多，很多研究极具趣味性和实用性，尤其是与人相关的实证调查研究。多学科相关的研究大都聚焦于微观层面的问题，通常基于大规模数据计算的方法分析因素间定量的相关性，也有结合调查问卷的抽样设计数据相关研究，研究范围非常广泛，如研究性别、性格、领导风格甚至体重对人力资源管理方方面面的影响。还有部分研究重点是建立人力资源管理过程中某些要素之间关系的机制模型，解释其相关或因果关系，或者设计量化和可操作的机制和方法，对人力资源管理的某些要素进行测量或操作，以供实践，进而完善人力资源管理的相关要素。例如，在研究进化博弈中合作增强机制与媒介的相互作用时，提出了一种进化的、多智能体的、基于空间的计算机模型来解决这些机制之间的相互作用，进而强化合作机制和互惠策略。其他一些研究采用模拟等技术，如评估毕业生就业技能的新方法、对员工满意度和离职倾向的描述性分析、绩效管理模型对提高毕业生创业能力的能力研究等，这些基于机理模拟的定量模型为提高人力资源管理研究的可解释性和可重复性提供了有效的工具和方法。

涉及人力资源管理的交叉学科研究相比于其他人力资源相关研究有一个显著的特点是数据样本量都比较大，比如在体重歧视的心理影响研究中，共收集了来自“健康与退休研究”项目的 6 157 名参与者，其中 58.6% 为女性。“健康与退休研究”是一项针对 50 岁以上美国人的全国代表性纵向研究，参与者每两年进行一次重新访谈，从2006年开始，该访谈表加入了包括体重在内的不同类型歧视的经历的条目。这项研究就是以2006年的评估为基准，使用2010年评估的肥胖数据作为随访数据，在6 157名参与者中调查歧视相关情况，并且在2006年和2010年的评估中均具有体重和身高数据。研究发现，遭受体重歧视的参与者在随访中变得肥胖的可能性高约2.5倍，在基线时处于肥胖状态的参与者在随访中保持肥胖的可能性高3倍。在对照控制人口统计学因素以及将基线体质指数（body mass index，BMI）作为协变量包括在内时，这种效应仍然存在。研究采用了多元逻辑回归模型，控制了人口统计学变量及基线BMI等因素，证实了体重歧视与肥胖之间存在明确的联系。这一发现不仅拓宽了对健康平等的理解，也为预防肥胖导致就业歧视等提供了新的思路。

此外，这一类研究在方法选用层面通常更倾向于定量方法，定性方法仅为辅助研究，如在体重歧视的心理影响研究中，主要运用逻辑回归分析等定量统计与分析方法，并采用了较长时间间隔的纵向研究方法，将参与者分为遭受体重歧视和未遭受体重歧视两组，并通过多元逻辑回归模型来测试体重歧视与肥胖风险的关系。其中，研究人员对参与者进行基于体重和身高的BMI评估，并采集性别、种族、教育程度等人口统计学变量信息，对这些因素以及基线BMI进行了协变量控制，由此大规模长时间量化体重歧视与肥胖症的纵向变化相关性，以此提出体重歧视可能不仅不激励个人减肥，反而增加了肥胖风险这一结论，更具推广的普适价值和意义。总体而言，这类研究拓展了人力资源管理领域对健康平等的关注，也为未来相关研究提供了新的思路和数据支持。

除了大量样本数据，交叉研究还有很多采用传统社会科学研究方法，但在学科间交叉方面更深入的研究。一项研究就运用社会科学领域最常用的量表工具探讨工作成瘾在挪威员工中的流行率及其可能的关联因素。该研究采用正式名为伯根工作成瘾量表（Bergen work addiction scale）的心理测量量表，对1 124名挪威员工进行了代表性的调查。结果显示，在挪威，工作成瘾的流行率为8.3%。并检测了各类因素的相关性，发现其与年龄等维度之间存在显著相关性，年龄越大，工作成瘾风险越低，而与性别、婚姻状况等没有显著相关性。从跨学科的角度来看，该研究属于传统交叉融合领域，即心理学和人力资源管理领域的交叉研究，但增加了新的视角，为预防和治疗工作成瘾提供了实际的指导。

这类研究通常采用的研究范式是实证主义，旨在通过经验观察和测量发现客观事实。研究方法主要来自调查设计、抽样和数据分析，采用的数据主要来自调查问卷、测量量表。从研究方法的角度来看，问卷调查是一种收集大量信息的经济高效的方法，在社会科学领域，其有效弥补了实验法和观察法的不足。此外，这类研究还通常会结合使用各类测量量表，量表具有一定的理论基础，其信度和效度通常经过了大量检验，可信度高，可操作性强，使用简单，适用于大规模的调查，还可以在不同文化背景下使用。除此之外，交叉研究通常还会采用多元回归分析，以确定自变量和因变量之间的关系。多元回归分析是一种常用的统计方法，可以识别和控制其他变量对因变量的影响，帮助研究者更准确地评估自变量对因变量的预测作用。

但这类研究基于自我报告数据，可能存在社会期望偏差，且通常采样数据局限于特定地区或特定组织，限制了其一般适用性。但在实践方面，其研究更有指导意义，因为研究数据来源于某类人群，其结果同样运用于这类人群，其效果一定会好于通用模型。基于这些研究结果，人力资源管理者可以采取积极措施，提前预防相关状况。

与工业化社会的人力资源管理相比，在知识经济时代，对人的社会因素的研究需要进一步深化。数学、物理、化学等理学学科的科学方法和实验，是提高人力资源管理研究水平的有效手段。目前，传统的人力资源管理研究者对此研究甚少，有必要加强与这些领域的交叉合作研究和交流。

参考文献

[1] AMIN Z, ROMLI A. Investigation of balanced scorecard measurement method for academicians knowledge in universities[J]. Advanced Science Letters, 2018, 24(10): 7737-7742.

[2] AMIN Z, ROMLI A, MOKHTAR R, et al. The development of conceptual KPI model based on balanced scorecard measurement method for tacit knowledge of universities' academic staff[J]. Advanced Science Letters, 2017, 23(11): 11007-11011.

[3] ASHWORTH M, CARLEY K. Who you know vs. what you know: the impact of social position and knowledge on team performance[J]. Journal of Mathematical Sociology, 2006, 30(1): 43-75.

[4] BEAR J B, WOOLLEY A W. The role of gender in team collaboration and performance[J]. Interdisciplinary Science Reviews, 2011, 36(2): 146-153.

[5] CAMPBELL L G, MEHTANI S, DOZIER M E, et al. Gender-heterogeneous working groups produce higher quality science[J]. PLoS One, 2013, 8(10): e79147.

[6] CHEN J. Empirical research on relationship between human resource strategic management and talent's intention to remain[J]. Recent Advance in Statistics Application and Related Areas, 2009(1/2):1840-1846.

[7] CHEN S H. An evolutionary game model of knowledge workers' counterproductive work behaviors based on preferences[J]. Complexity, 2017(3): 1-11.

[8] EVANS K L, MILLSTEED J, RICHMOND J E, et al. Working sandwich generation women utilize strategies within and between roles to achieve role

balance[J]. PLoS One, 2016, 11(6): e0157469.

[9] GUERRY M A, DE FEYTER T. An extended and tractable approach on the convergence problem of the mixed push-pull manpower model[J]. Applied Mathematics and Computation, 2011, 217(22): 9062 -9071.

[10] GUO D, CHEN H, LONG R. Who reports high company performance? A quantitative study of chinese listed companies in the energy industry[J]. Springerplus, 2016, 5: 2041.

[11] HAMEED A, BIN SULEIMAN E S, KOHAR U H A, et al. A comparison between content and black-box HRM performance studies: from direct relationships to psychological theory[J]. Advanced Science Letters, 2017, 23(9): 8951 -8956.

[12] IBRAHIM R Z A R, BAKAR A A, DAGANG M. The impact of work family conflict on wellbeing among male employees[J]. Advanced Science Letters, 2017, 23(4): 3140 -3143.

[13] KARAKOSE T, KOCABAS I, YESILYURT H. A quantitative study of school administrators' work-life balance and job satisfaction in public schools[J]. Pakistan Journal of Statistics, 2014, 30(6): 1231 -1241.

[14] LORENZ T, BEER C, PUTZ J, et al. Measuring psychological capital: construction and validation of the compound psycap scale (CPC -12)[J]. PLoS One, 2016, 11(4): e0152892.

[15] MACH M, FERREIRA A, MARTINEZ L F, et al. Working conditions in hospitals revisited: a moderated-mediated model of job context and presenteeism[J]. PLoS One, 2018, 13(10): e0205973.

[16] MUURINEN C, LAINE M, PENTTI J, et al. Vertical and horizontal trust at work as predictors of retirement intentions: the finnish public sector study [J]. PLoS One, 2014, 9(9): e106956.

[17] NGILA D, BOSHOFF N, HENRY F, et al. Women's representation in national science academies: an unsettling narrative [J]. South African

Journal of Science, 2017, 113(7/8): 1 – 7.

[18] NHU-TY N, THANH-TUYEN T. A study of the strategic alliance for Vietnam domestic pharmaceutical industry: a dynamic integration of a hybrid DEA and GM (1,1) approach[J]. Journal of Grey System, 2018, 30(4): 134 – 151.

[19] NICKSON D, TIMMING A R, RE D, et al. Subtle increases in BMI within a healthy weight range still reduce women's employment chances in the service sector[J]. PLoS One, 2016, 11(9): e0159659.

[20] O'MEARA K, JAEGER A, MISRA J, et al. Undoing disparities in faculty workloads: a randomized trial experiment[J]. PLoS One, 2018, 13(12): e0207316.

[21] OH Y, HASS N C, LIM S L. Body weight can change how your emotions are perceived[J]. PLoS One, 2016, 11(11): e0166753.

[22] OSMAN I, NOORDIN F. The impact of organisational justice, organisational trust and teamwork on talent retention: mediating role of organisational citizenship behaviour[J]. Advanced Science Letters, 2015, 21(5): 1464 – 1467.

[23] PLETZER J L, NIKOLOVA R, KEDZIOR K K, et al. Does gender matter? Female representation on corporate boards and firm financial performance: a meta-analysis[J]. PLoS One, 2015, 10(6): e0130005.

[24] PLOPEANU A P, HOMOCIANU D, MIHAILA A A, et al. Exploring the influence of personal motivations, beliefs and attitudes on students' post-graduation migration intentions: evidence from three major Romanian universities[J]. Applied Sciences, 2018, 8(11): 2121.

[25] REHMAN R, QADEER F, HABIB Z, et al. Measuring HR-line relationship quality: a construct and its validation[J]. Pakistan Journal of Statistics, 2012, 28(5): 743 – 756.

[26] RHEE J, PARENT D, BASU A. The influence of personality and ability on

undergraduate teamwork and team performance[J]. Springerplus, 2013, 2(1): 16.

[27] ROVIRA-ASENJO N, PIETRASZKIEWICZ A, SCZESNY S, et al. Leader evaluation and team cohesiveness in the process of team development: a matter of gender? [J]. PLoS One, 2017, 12(10): e0186045.

[28] SPRAN K K, MANSOR M F. A theoretical framework on the effects of workforce diversity towards organizational creativity[J]. Advanced Science Letters, 2018, 24(6): 4745-4749.

[29] SURY K. We're hiring! Brand and remuneration as antecedents in social media recruitment campaign[J]. Advanced Science Letters, 2015, 21(4): 759-762.

[30] SUTIN A R, TERRACCIANO A. Perceived weight discrimination and obesity[J]. PLoS One, 2013, 8(7): e70048.

[31] TOMCZAK M T, WOJCIKOWSKI M, LISTEWNIK P, et al. Support for employees with ASD in the workplace using a bluetooth skin resistance sensor: a preliminary study[J]. Sensors, 2018, 18(10): 3530.

[32] VAN WINGERDEN J, VAN DER STOEP J. The motivational potential of meaningful work: relationships with strengths use, work engagement, and performance[J]. PLoS One, 2018, 13(6): e0197599.

[33] VIRGA D, CURSEU P L, MARICUTOIU L, et al. Personality, relationship conflict, and teamwork-related mental models[J]. PLoS One, 2014, 9(11): e110223.

[34] WESTLAND S, PAN Q, LEE S. A review of the effects of colour and light on non-image function in humans[J]. Coloration Technology, 2017, 133(5): 349-361.

[35] YANG C Y, HUNG C H. Effect of recreational involvement on stress relief and job performance in restaurant workers: the moderating role of psychological contract[J]. Pakistan Journal of Statistics, 2012, 28(5):

525 – 535.

[36] ZAKARIA M H, YATIM B, ISMAIL S. A new approach in measuring graduate employability skills [C]//Proceedings of the 3rd International Conference on Mathematical Sciences, 2014: 1202 – 1208.

[37] ZITO M, EMANUEL F, MOLINO M, et al. Turnover intentions in a call center: the role of emotional dissonance, job resources, and job satisfaction [J]. PLoS One, 2018, 13(2): e0192126.

第十一章

艺术与人文领域的人力资源管理研究

第一节　交叉关系与研究概况

与人力资源管理相关的艺术和人文研究领域主要是宗教、历史、文化、伦理等。宗教主题主要从道德和价值观的角度反映职场精神性等精神力量对人力资源效率和宗教信仰的影响，以及神职人员自身的人力资源管理问题。历史主题集中在人力资源管理发展中的一些重大事件对当前和一些机构自身发展过程的影响上。文化领域的研究主要集中在不同地区、不同性别的人力资源差异，以及不同文化之间的关系上。伦理主题则聚焦跨国公司员工在不同发展经济条件下的管理差异与伦理道德之间的关系，并探讨了一些特殊行业人力资源管理中存在的问题，如建筑业和艺术业。艺术与人文领域的人力资源管理研究主题如图 11－1 所示。

值得注意的是，艺术与人文领域的从业者本身还存在一些特殊的人力资源管理问题。在这些领域，员工通常没有固定的工作时间和收入，更容易遭

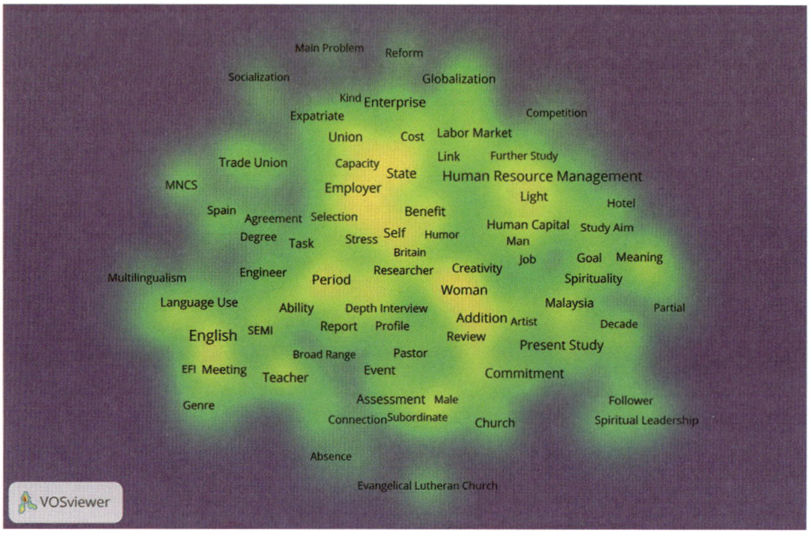

图 11－1　艺术与人文领域人力资源管理研究主题热力图

受不公正的待遇。此外，由于这些行业的特殊性质，员工的职业生涯规划和发展可能也很不确定。

在相对远离技术的艺术与人文领域中，人力资源管理还需要考虑到一些新兴问题和趋势，如数字化、智能化、多样性、平等性等。这些趋势不仅会影响到人力资源管理的方式和策略，还会挑战传统的人力资源管理理论和实践。

根据主题词共现网络及交叉研究主题词的度中心性、频度和中介中心性分析（见表 11－1），明星热点研究主题包括人力资本、职场精神性、领导力、组织承诺等，热点研究主题聚焦于精神领袖，明星研究主题则包括中国、管理、宗教、劳动力市场、工作、外派人员、生涯、训练等。值得关注的是，职业生涯、培训、教育、人力资本、工会这些主题成为连接多个主题的桥梁。

表 11－1　艺术与人文领域交叉研究主题词的度中心性、频度和中介中心性

序号	主题词	度中心性	频度	中介中心性
1	人力资本（Human Capital）	25	7	0.54
2	职场精神性（Workplace Spirituality）	22	6	0.42
3	领导力（Leadership）	15	5	0.19
4	组织承诺（Organizational Commitment）	15	4	0.28
5	管理（Management）	14	3	0.20
6	中国（China）	14	3	0.10
7	精神领袖（Spiritual Leadership）	13	4	0.18
8	劳动力市场（Labor Market）	13	2	0.03
9	雇佣（Employment）	13	2	0.03
10	宗教（Religion）	12	3	0.05
11	侨民（Expatriate）	12	2	0.09
12	人力资源发展（Human Resource Development）	11	3	0.21
13	人力资源管理（Human Resource Management）	11	3	0.11
14	组织公民行为（Organizational Citizenship Behaviour）	11	3	0.07
15	性别（Gender）	10	3	0.04
16	事业（Career）	10	2	0.48
17	培训（Training）	10	2	0.48
18	教育（Education）	9	2	0.53
19	定性研究（Qualitative Research）	9	2	0.03
20	韩国（South Korea）	9	2	0.02
21	福祉（Well-Being）	8	3	0.09
22	语言态度（Language Attitudes）	8	3	0.04
23	人力资源（Human Resource）	8	3	0.02
24	世界主义（Cosmopolitanism）	8	2	0.13

续表

序号	主题词	度中心性	频度	中介中心性
25	跨文化交流（Intercultural Communication）	8	2	0.08
26	创新（Innovation）	8	2	0.05
27	幽默（Humor）	8	2	0.05
28	正念（Mindfulness）	8	2	0.04
29	员工精神（Employee Spirituality）	8	2	0.01
30	工会（Trade Union）	6	3	0.80

表11－2列出了艺术与人文领域各学科与人力资源领域相关的研究热点主题，以及学科体系内较为独特的主题。

表11－2　艺术与人文领域各学科研究热点主题与独特主题

学科	学科交叉主题词	学科特点主题词
宗教	仆人式领导；倦怠；领导；组织承诺；韩国；组织公民行为；社会责任；职业流动性；工作的意义；心理健康；儒家价值观；心理困扰；混合方法；教师；系统评价；组织成果；幸福；组织身份；管理实践；应对	职场精神；精神领袖；神职人员；宗教；心理评估；排序；宗教信仰；正念；精神性；员工精神；领导模式；意识形态分析；精神困扰；搬迁；人口贩卖；女传教士；荣辱与共；绿色管理；职业适应
语言学	文化；领导；教育；身份；高等教育；跨国公司；性别；外派人员；孟加拉国；叙述；多元文化；智利；大学；工程师；适应；交叉性；志愿者们；性格特征；工作场所；文化层面	语言态度；多语言能力；幽默；国际学生；跨文化交际；会议讲座；职场话语；荒诞理论；荷兰语；招聘广告；技术移民；英语教学；识字教学；教师效能；赋权理论；世界主义；潜在语义相似性；潜在语义分析；二元交互；职业流动性

续表

学科	学科交叉主题词	学科特点主题词
语言与多语言学	文化；教育；身份；跨国公司；孟加拉国；叙述；多元文化；智利；适应；交叉性；志愿者们；工作场所；文化层面；专业人士；高等教育；自治；上下文；权力；社会化	语言态度；多语言能力；职场话语；幽默；跨文化交际；会议讲座；国际学生；经济移民；阿拉伯语；东道国语言；教师效能；识字教学；英语教学；技术移民；职业流动性；荒诞理论；赋权理论；跨文化能力；多元文化人格；职业重构
人文学科：多学科	人力资源；人力资源管理；人力资本；伦理；马来西亚；创造力；改革；市场导向；继承；技能种类繁多；评估；新自由主义；大学；工作时间；叙述；一线员工；酒店；报酬；分类法	工作对家庭的增强作用；机遇与挑战；移动互联网；经营性事业单位；世界主义；培养国际化人才；国际比较；高科技公司；全球精英；全球公民；工作承诺；非文化职业；文化板块；构建；人力资源管理流程；航空工业；工作满意度和服务质量；规划；方差分析
历史	工会；人力资本；非政府组织；横向招聘；莫桑比克；合法性；人事实践；运营绩效；招聘与选拔；教育；新西兰；内部劳动力市场；银行业；新公共管理；技能；就业保障；石油；职业；培训；雇佣关系	不扩散；晋升；中介效应；全球航空业；核武器；放松管制；去中心化；1991 年雇佣合同法；2000 年雇佣关系法；裁军；系统论；理论的连通性；公务员制度改革；政治经济学；中央－地方关系；社会历史；劳动管理；公共行政；二十世纪

续表

学科	学科交叉主题词	学科特点主题词
哲学	伦理；培训；不等式；混合；反身性；幸福；公务员们；工作；评估；聚类分析；商业道德；文化适应；专业；教育；发展中国家；竞争优势；利益相关方；测量；管理；国籍	研究伦理；负责任的研究行为；科研诚信；为了共同利益而平衡；研究合规性；伊斯特林悖论；工作中心的福祉；反身模式；规则；为了共同利益的经济；规范；福利；多元文化合作；情境主义；商业经济学；具身认知；为了共同利益；概念隐喻；生态意识
建筑学	压力；中层管理人员；电子学习；胜任力发展；弹性工作时间；组织背景；合作；作业控制；信息共享；学习；测量；改变；员工参与；组织学习；客户满意度；服务质量；保留；可持续性；知识管理；因子分析	跨学科学习；数据包络分析；信息扩散；中介；谣言；开源；成熟度矩阵；知识库；建筑师雇主；研究信息关系图；信息可视化；研究信息；成功因素；商业化；Ac2R 模型；C2Gs2 模型；操纵；转向信息处理；遗产开发

这些研究的交叉融合，从内容上对人力资源管理本身的研究都大有裨益。首先，宗教研究可以帮助更全面地了解职场精神性等精神力量对人力资源效率和宗教信仰的影响，以及神职人员自身的人力资源管理问题，也助于了解宗教信仰对员工个人和团队行为的影响，以及如何影响组织文化和价值观。其次，语言和文化研究可以帮助我们更好地了解不同地区、不同性别的人力资源差异，以及不同文化之间的关系，从而更好地了解如何在多元文化背景下进行有效的人力资源管理，以及如何处理来自不同文化和语言背景的员工之间的冲突和误解。最后，宗教、语言、人文与艺术等方面对人力资源的研究可以为人力资源科学研究和学科发展提供深入、全面的视角和理论支持，使人力资源管理更加科学化、人性化和适应性强。这些研究有助于了解员工行为和组织文化之间的关系、如何更好地管理多元文化背景下的员工、如何

处理跨国公司员工在不同经济发展条件下的管理差异与伦理道德之间的关系等问题，从而为企业和组织提供更有效的人力资源管理方案和策略。

第二节　精神力量与人力资源管理

精神力量与人力资源管理核心研究交叉于宗教类学科相关研究。宗教是一个重要的人文社科领域，与人力资源管理之间有着密切的联系。从道德和价值观的角度来看，宗教信仰等精神力量对人力资源效率有着深远的影响。在某些情况下，公司可能会通过宗教信仰的共同点来形成员工的团队合作精神。然而，我们也需要考虑到神职人员自身的人力资源管理问题，如如何管理他们的时间、精力和情感等方面的问题。

职场精神性（workplace spirituality）是其中一个重要的研究交叉点，是指将精神和道德价值观、信仰和实践融入职场的实践，是可以在组织文化中找到的一种组织价值观体系，这种价值观体系体现在通过工作过程促进员工的超越性体验，以一种可以提供完整感和愉悦感的方式提升员工与他人联结在一起的感觉。职场精神性包括承认和尊重员工的不同宗教和文化背景，促进社区意识，培养同情、同理心和正念的文化。这种精神维度可以体现在冥想、祈祷或关于道德主题的小组讨论等活动，旨在为员工创造更有意义和更有成就感的工作体验。

将职场精神性与人力资源管理实践相结合，是人力资源管理和组织行为学领域交叉的一个新的研究领域。这种内部体验，让员工认识到自己以及工作、团队和组织的价值观，并促使他们超越个人界限，创造一种相互联系的感觉。

近年来，许多西方学者对职场精神力量相关的概念进行了分析和测量，并对其成因和影响进行了探索和检验。许多研究证实了个体职场精神对个体和组织的积极意义，并进行了诸多实践。一些公司建立了圣经团体、古兰经团体和自愿祈祷团体，而另一些公司则为不同的宗教信徒提供交流平台，为员工提供安静的实践项目，并启动仆人式领导能力培养项目。

一项“职场精神性和员工承诺：印度组织中情商和组织公民行为的作用”的研究系统探讨了印度组织中的职场精神性和员工承诺，以及情商和组织公民行为在其中的角色。该研究使用了定量方法，通过对印度组织中的员工进行问卷调查来收集数据，并使用结构方程模型进行数据分析。研究结果表明，职场精神性和员工承诺之间存在正向关系。此外，情商和组织公民行为在职场精神性和员工承诺之间起到中介作用。具体而言，情商和组织公民行为能够促进职场精神性的形成，从而增强员工承诺。这些发现对印度组织管理者制定有效的员工管理策略具有实践意义。同时，该研究也提供了对全球范围内组织管理研究的启示，即在考虑员工承诺时需要考虑到情商和组织公民行为的因素。

此外，宗教界还探讨了其人员的主体——神职人员作为一个特殊群体在人力资源方面遇到的一些问题。例如，与直觉理解不同，神职人员本身也有很高的职业压力和困扰心理。一项研究探讨了同伴支持组在减少牧师心理困扰方面的有效性，但结果显示，同伴支持组与心理困扰的直接和间接关系较弱。这与传统的群体通过同伴支持减少心理困扰不同，也说明这种方法在人力资源管理中并不是一个统一有效的解决方案。另一项研究考察了神职人员的工作取向及其与工作幸福感的关系，运用 k－均值聚类方法划分了神职人员的工作取向类型，并分析了不同类型神职人员的工作幸福感。此外，宗教领域的研究还关注另一类宗教学科——宗教领域精神领袖的领导风格及其在管理实践中的作用，如四福音书中耶稣的领导风格。

第三节　人事管理历史与人力资源管理

人力资源管理领域内几个关键的历史主题，包括经典管理实验如霍桑实验及其深远影响、现代人力资源管理系统的起源与发展，以及工会组织的历史变迁和新兴技术的影响。

霍桑实验由乔治·埃尔顿·梅奥（George Elton Mayo）在芝加哥城郊外的西方电器公司主持研究多年，至今影响深远。它探讨了其与人际关系学派的关系以及心理学对人力资源管理研究的影响。英国和美国是各种现代管理制度的发源地。过去，许多制度创新和事件塑造了今天的许多管理制度，包括工会、跨国公司管理和凯恩斯主义。这一历史主题特别侧重于工会，包括一些行业工会组织的发展及其对社会和经济管理的影响。不少文献研究了不同国家工会对跨国公司的认可及其历史变迁，如 1995 年美国劳工联合会和 2005 年英国工会大会的影响。这些研究考察了特定背景下工会的相关影响，如探讨政治活跃会员的影响及其与工会革新的辩证关系。

本领域的另一个聚焦点是研究新兴技术对工会组织的影响，如脸谱等在线社交网络平台对工会组织的意义，它们为工会组织提供了新的沟通渠道和动员手段。研究聚焦于这些平台如何改变工会组织成员之间的互动方式，以及它们如何帮助工会扩大其影响力。

此外，新兴经济体对工会的转型和影响也是一个有趣的话题，比如中国对工会组织的创新做法。中国的工会组织经历了独特的演变过程，这反映了中国快速的经济发展和社会变革。研究探讨了中国工会组织的创新做法，包括如何适应市场化的经济环境，以及如何在保护工人权益的同时促进企业发展等。

这些研究为我们理解人力资源管理的历史发展及其在当今社会中的作用提供了宝贵的视角。

第四节　文化差异、伦理与人力资源管理

文化领域的研究主要涉及不同地区、不同性别的人力资源差异，以及不同文化之间的关系。由于不同的文化背景，员工可能具有不同的期望和需求，这可能会对企业的人力资源策略产生影响。因此，人力资源管理者需要了解和尊重不同文化的差异，以制定适合不同员工的策略。此外，跨国公司的人

力资源管理还需要考虑到跨文化交流和管理的挑战。

文化研究主要关注跨国移民中的地域文化差异、性别差异以及新兴的文化现象。比较研究是这一领域最重要的研究方法之一，通常，它通过比较不同地区、不同性别等不同属性的跨国人员在管理、影响力上的差异，揭示地域差异和性别差异的影响，进而探究文化差异的影响。研究发现，在不同地区相似的社会群体中，地域差异十分明显。在性别方面，研究探讨了跨国移民女性从事与丈夫相似工作的动机。一些研究表明，性别因素显著影响是否跟随配偶移民的选择，这种性别角色意识尤其强烈地影响着女性。在家庭事务的作用方面，男性出国的动机主要是为了改善家庭经济状况，而女性出国的动机则更多集中在家庭福利上，例如支持丈夫的事业发展。此外，随着国际化和当前通信技术的发展，出现了新的文化现象，例如不同地区的技术与用户之间的共生关系、用户对技术进步的反应以及由此引发的社会和文化变化。

伦理是指跨国公司员工在不同发展经济条件下的管理差异与伦理道德之间的关系。这个问题涉及企业的社会责任、员工的权益和福利等方面。通常，相比于发达国家，发展中国家的员工在获得更好的工作条件和薪酬方面更加困难。因此，企业需要采取一些措施来确保员工得到公正和合理的待遇，并遵守当地法律和规定。

在伦理学研究中，学者们主要关注伦理问题、未来的社会管理和中国式的关系。例如，外国人在发展中国家就业的道德挑战是雇员之间权利的不平等或任意分配。一方面，这种道德争议在于是否尊重人的普遍平等。另一方面，福利政策可能加剧社会管理方面的不平等和可能出现的道德问题，以及自主性和自反性对塑造个人职业道路的积极和消极影响。

艺术与人文也关注自身领域中一些具体的人力资源管理问题，如建筑行业的特殊性、设计行业对人力资源的需求、设计管理人员等的能力模式差异等。例如，建筑业公司的人力资源管理主体是建筑工地的员工，但由于行业特性，他们中的大多数人往往被忽视。此外，研究还探讨了如何在公众和广泛的社区以及志愿者团体中寻找“金凤花难题”的条件，即在一系列选项中寻找那个“刚刚好”的平衡点或最优条件。

艺术与人文学科在文化差异与人力资源管理方面比社会科学学科更为敏感，但也有很多研究方法都是基于数据分析的定量研究，甚至采用了人文领域接受度较低的机器学习算法。这一趋势值得传统人力资源管理研究者借鉴。量化方法和机器学习的应用为人力资源管理研究提供了新的可能性，它为研究提供了新的视角和方法论工具，有助于打破黑箱，从而更深入地理解复杂的人力资源管理问题。

参考文献

[1] ABROKWAH E, GE Y, AGYARE R, et al. Recruitment and selection practices among non-governmental organizations (NGOs) in ghana[J]. Labor History, 2018, 59(2): 185-201.

[2] ACKERS P. Workers of the world? A British liberal-pluralist critique of Marcel van der Linden's global labourhistory[J]. International Review of Social History, 2017, 62(2): 253-269.

[3] ADDISON J T. Holding the shop together: German industrial relations in the postwar era[J]. Labor History, 2015, 56(3): 370-374.

[4] ANGOURI J. The multilingual reality of the multinational workplace: language policy and language use[J]. Journal of Multilingual and Multicultural Development, 2013, 34(6): 564-581.

[5] BAXTER J. Women of the corporation: a sociolinguistic perspective of senior women's leadership language in the UK[J]. Journal of Sociolinguistics, 2012, 16(1): 81-107.

[6] BAXTER J, AL-A'ALI H. "Your situation is critical ...": the discursive enactment of leadership by business women in Middle Eastern and Western European contexts[J]. Gender and Language, 2014, 8(1): 91-116.

[7] BINYAMIN G, CARMELI A. Fostering members' creativity in teams: the role of structuring of human resource management processes[J]. Psychology of Aesthetics Creativity and The Arts, 2017, 11(1): 18 –33.

[8] BLYTON P. Towards more sustainable work patterns[J]. Sustainable City V: Urban Regeneration and Sustainability, 2009, 117 : 487 –494.

[9] BRYSON A, GOMEZ R, WILLMAN P. Online social networking and trade union membership: what the facebook phenomenon truly means for labor organizers[J]. Labor History, 2010, 51(1): 41 –53.

[10] CAUDILL A, WOODZICKA J. Funny business: Using humor for good in the workplace[J]. Humor-International Journal of Humor Research, 2017, 30(1): 43 –62.

[11] COLLEY L. The passing of youth: How removal of traditional youth recruitment policies contributed to the ageing of public service workforces [J]. Labour History, 2011(101): 177 –193.

[12] CROOM A M. Music practice and participation for psychological well-being: a review of how music influences positive emotion, engagement, relationships, meaning, and accomplishment[J]. Musicae Scientiae, 2015, 19(1): 44 –64.

[13] DE RAMIREZ C K. Creating socialization and intercultural citizenship among binational volunteers: Mexican volunteers' perspectives on an immersion training model[J]. Language and Intercultural Communication, 2018, 18(6): 613 –630.

[14] GARRETT P M. Constraining and confining ethnic minorities: impoverishment and the logics of control in neoliberal Ireland[J]. Patterns of Prejudice, 2015, 49(4): 414 –434.

[15] GREGSON S, QUINLAN M, HAMPSON I. Professionalism or inter-union solidarity? Organising licensed aircraft maintenance engineers, 1955 – 75 [J]. Labour History, 2016(110): 35 –56.

[16] GUILLON O. Do employees in the cultural sector adhere more strongly to their organization's goals than employees in other sectors? [J]. International Journal of Arts Management, 2017, 19(2): 4-13.

[17] GUTWORTH M B, HUNTER S T. Ethical saliency: deterring deviance in creative individuals[J]. Psychology of Aesthetics Creativity and The Arts, 2017, 11(4): 428-439.

[18] HALE S. The positive side of community interpreting an australian case study[J]. Interpreting, 2011, 13(2): 234-248.

[19] HESS M, COLSON A, HINDMARCH J. Capacity building and knowledge exchange of digital technologies in cultural heritage institutions[J]. Museum International, 2018, 70(1/2): 48-61.

[20] HUBER A. Exploring hiring practitioner preferences for and assessment practices of prospective candidates[J]. Journal of Interior Design, 2018, 43(4): 21-44.

[21] HUIZING R L. Identifying leaders: the African eunuch as a model of Christian leadership[J]. Neotestamentica, 2016, 50(1): 247-267.

[22] KANG H J, CHUNG K W, NAM K Y. A competence model for design managers: a case study of middle managers in Korea[J]. International Journal of Design, 2015, 9(2): 109-127.

[23] KHALIL M, ELSAAY H, OTHMAN A. Talent management: a novel approach for developing innovative solutions towards heritage communities development [J]. Archnet-IJAR International Journal of Architectural Research, 2017, 11(3): 132-145.

[24] KIMURA G C. Language management as a cyclical process: a case study on prohibiting sorbian in the workplace[J]. Slovo A Slovesnost, 2014, 75(4): 255-270.

[25] LAFFERTY G, DORSETT S. Surviving on the brink: New Zealand workers, unions and employment relations, 1991-2008[J]. Labour History, 2018

(115): 67 – 85.

[26] LEE A K Y. Heritage conservation and advocacy coalitions: the state-society conflict in the case of the EnningRoad redevelopment project in Guangzhou [J]. International Journal of Heritage Studies, 2016, 22(9): 729 – 747.

[27] LIM B T H, LING F Y Y. Contractors' human resource development practices and their effects on employee soft skills[J]. Architectural Science Review, 2011, 54(3): 232 – 245.

[28] LIMPANGOG C P. Resuming the "skilled worker" identity: the Filipinas' strategies in labor market participation in Melbourne, Australia[J]. Kritika Kultura, 2016(26): 523 – 607.

[29] LOVELAND J M, LOVELAND K E, LOUNSBURY J W, et al. A portrait of the artist as an employee: the impact of personality on career satisfaction [J]. International Journal of Arts Management, 2016, 19(1): 4 – 15.

[30] MATTHEWSON G. The gendered attrition of architects in Australia[J]. arq: Architectural Research Quarterly, 2017, 21(2): 171 – 182.

[31] MCILROY J. Organizing for partnership: the influence of the American Federation of Labor-Congress of Industrial Organizations on the British Trades Union Congress 1995 – 2005[J]. Labor History, 2013, 54(2): 138 – 160.

[32] NIELSEN M W. Scientific performance assessments through a gender lens: a case study on evaluation and selection practices in academia[J]. Science and Technology Studies, 2018, 31(1): 2 – 30.

[33] RITSON N H, WILSON M M J, MACLEAN G. Trade union recognition by MNCs: evidence of an underlying rationale in UK petrochemicals[J]. Labor History, 2015, 56(4): 499 – 520.

[34] SAEIDI S P, OTHMAN M S H, STREIMIKIENE D, et al. The utilitarian aspect of the philosophy of ecology: the case of corporate social responsibility [J]. Filosofija-Sociologija, 2018, 29(1): 39 – 51.

[35] SCAPOLAN A, MONTA I F. How to attract and retain artistic talent: the

case of an Italian ballet company [J]. International Journal of Arts Management, 2013, 16(1): 4-19.

[36] SCHARTNER A. The effect of study abroad on intercultural competence: a longitudinal case study of international postgraduate students at a British university [J]. Journal of Multilingual and Multicultural Development, 2016, 37(4): 402-418.

[37] TAYLOR G. White-collar workers and industrial militancy: the formation of the ACTSS 6/567 Branch at the Port of Liverpool [J]. Labour History Review, 2016, 81(1): 49-75.

[38] TUERK K. Performance management of academic staff and its effectiveness to teaching and research: based on the example of Estonian universities [J]. Trames: Journal of The Humanities and Social Sciences, 2016, 20(1): 17-36.

[39] URBATSCH R. Movers as early adopters of linguistic innovation [J]. Journal of Sociolinguistics, 2015, 19(3): 372-390.

[40] VAN DEN BERG J A. An (auto) biographical theologia habitus: futures perspectives for the workplace [J]. Acta Theologica, 2010, 30(1): 1-148.

[41] WILCZEWSKI M, SODERBERG A M, GUT A. Intercultural communication within a Chinese subsidiary of a Western MNC: expatriate perspectives on language and communication issues [J]. Multilingua: Journal of Cross-Cultural and Interlanguage Communication, 2018, 37(6): 587-611.

[42] WRIGHT C. Historical interpretations of the labour process: retrospect and future research directions [J]. Labour History, 2011 (100): 19-32.

[43] YEE J S R, WHITE H. The goldilocks conundrum: the "just right" conditions for design to achieve impact in public and third sector projects [J]. International Journal of Design, 2016, 10(1): 7-19.

第十二章

人力资源管理领域方法与模型

学者们对人力资源管理进行的大量研究中，提及了许多方法模型，这些方法和模型为解决人力资源领域的问题提供了不同的视角和手段。本章以文献分析数据为基础，人工筛选了人力资源领域中使用较多的方法和模型对应的关键词，构建了关键词共现网络，再基于社区检测算法，将人力资源管理领域的方法模型自动聚类为 12 个类别，分别隶属于人力资源管理及决策框架专用方法模型、多领域通用方法模型。然后按照类别，分别从行业/职业和人力资源管理相关问题的角度对方法模型进行回顾与分析。基于对方法模型使用情况变化趋势的分析，从人力资源管理研究方法视角审视研究范式的转移。

第一节　方法模型分类框架

一、方法模型划分框架

前期研究工作（见第五章）中，提出一种基于社区检测算法的科研领域方法模型分类探测方法，该方法的主要过程分为三步：首先，采集全量领域数据，抽取出研究主题关键词，由领域专家标注出关键词中描述方法模型的关键词；然后，基于全量关键词构建词共现网络，基于社区检测算法对词共现网络进行聚类；最后，将不同算法的划分结果中方法模型关键词分类结果交由领域专家打分，评选出表现最好的划分算法。具体步骤如图 12－1 所示。

在数据获取及预处理阶段，首先从 WOS 核心数据库中导出某一科研领域的相关文献数据，在抽取出文献数据中的所有关键词后，标注与方法模型相关的关键词，得到方法模型关键词列表。然后通过正则表达式抽取出带有方法模型关键词的文献数据，再去除重复文献，筛除与研究无关文献。该部分的主要产出为包含方法模型的文献数据和方法模型的关键词列表。

构建关键词网络及社区检测阶段主要分为三个步骤：

步骤 1：基于 Citespace 及 Gephi 软件构建文献关键词共现网络。

步骤 2：使用社区检测算法将生成的关键词网络进行类别划分。所选用的社区检测算法包括 Louvain、GN、DBSCAN、CNM、CPM 和 LPA 等六种。

步骤 3：通过不断调整每种算法的参数，选出每种算法中模块度（modularity）最高的结果作为社区划分的结果。为了排除与方法模型无关的关键词，再次在结果中提取出方法模型关键词，并对关键词进行同义词替换，统一语义表达方式，得出方法模型关键词社区划分结果。

在结果对比及验证阶段，为了选取最优的算法并验证其实验结果是否能达到人工分类的水平，将使用社区检测算法的相关技术指标对各算法的实验

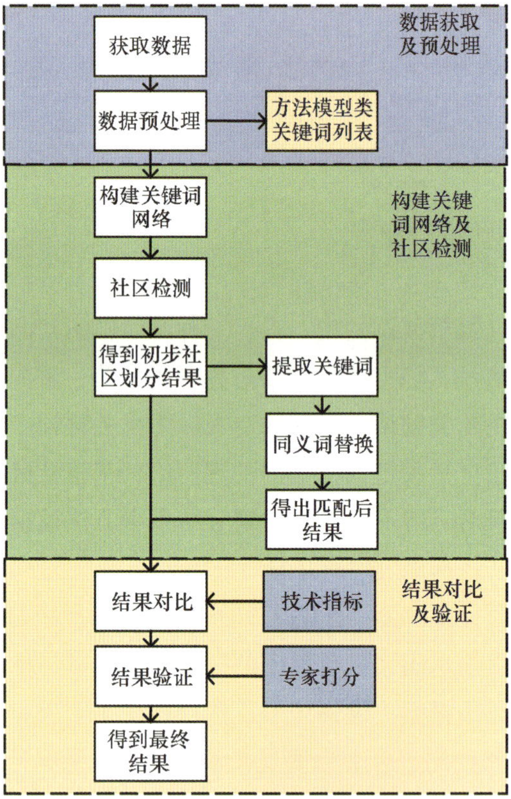

图 12-1 模型与方法聚类流程框架

结果进行对比，并通过专家调查法分别对实验结果进行验证。

使用 CPU 为 2.2 GHz、内存为 16 G、Windows10 操作系统的电脑，利用复杂网络分析工具 Gephi 和 Python 中 NetworkX 包调用社区检测算法来进行相关算法的实验。经验证，对于所使用的数据，Louvain 算法所划分出的社区结构效果最佳，且符合专家预期。

Louvain 算法是基于模块度对社区划分的算法，其主要目标是不断划分社区使得划分后整个网络的模块度不断增大。Louvain 算法主要包括两个阶段：

第一阶段是将每个节点划分到与其邻接的节点所在的社区中，以使得模块度的值不断变大。

第二阶段是将第一步划分出来的社区聚合成为一个点，即根据上一步生成的社区结构重新构造网络。重复以上的过程，直到网络中的结构不再改变为止。如图 12－2 所示，如果第一个阶段得到的社区有三个，那么第二个阶段的任务就是将这三个社区分别看成一个新的节点，然后将任意两个节点之间所有连线权重的和作为这两个节点之间连线的权重。

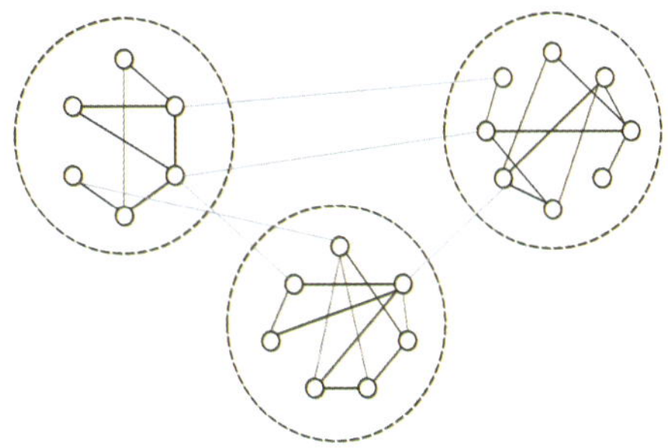

图 12－2　Louvain 算法社区划分图

模块度是目前常用的衡量网络社区结构的重要技术指标，指的是网络中连接社区结构内部顶点的边所占的比例，减去在同样的社团结构下任意连接这两个节点的比例的期望值，通常来讲，模块度越大，社区划分效果越理想。其计算公式如下：

$$Q = \frac{1}{2m}\sum_{i,j}\left[A_{i,j} - \frac{k_i k_j}{2m}\right]\delta(c_i, c_j) \tag{12-1}$$

其中，$m = \frac{1}{2}\sum_{i,j} A_{i,j}$ 表示网络中的所有权重，$A_{i,j}$ 表示节点 i 和节点 j 之间的权重，k_i 表示顶点 i 所连接的边的权重，c_i 表示顶点被分配到的社区，δ（c_i，c_j）用于判断顶点 i 与顶点 j 是否被划分在同一个社区中，若是则返回 1，否则返回 0。模块度最大的划分是最优的社区划分。一般来说，模块度 Q 值越大，社区划分越合理，但实验表明，好的社区结构模块度往往在 0.3～0.7 之间。

二、方法模型数据处理

本研究所使用的人力资源领域文献数据来自 WOS 核心数据库。本研究将数据获取及预处理过程分为初步数据获取、相关关键词处理以及数据清洗三个环节。具体流程如图 12－3 所示。

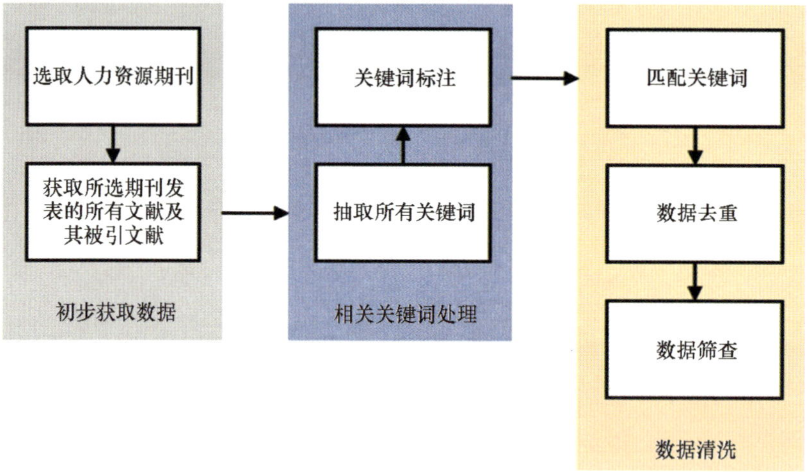

图 12－3　数据处理方法流程

在初步数据获取过程中，本研究首先从 2019 年期刊引证报告中“管理”学科类别下选出与人力资源管理相关的 8 种重要期刊，在 WOS 核心数据库中通过检索获取自被 SCI 检索以来 30 年内刊载的所有文献，共计 4 679 篇。人力资源管理研究中的主体是人，而几乎所有的学科都离不开关于人的研究，因此许多人力资源管理文献也刊载在物理学、心理学等领域的期刊。为了尽量确保所研究的人力资源领域方法模型的全面性，继续获取曾引用过这 4 679 篇文献的 34 664 篇文献，并导出该 34 664 篇文献的记录数据。

在相关关键词处理阶段，本研究首先从上一阶段所获取的数据中使用正则表达式抽取出所有关键词共 43 068 个；然后通过专家调查法对专家意见进行多轮调研，标注出频次为 2 次以上的所有与方法模型有关的关键词，共计

279 个；最后再次使用正则表达式，抽取出包含这 279 个关键词的文献数据共 3 131 篇，并通过语义消歧得到 84 个方法模型。这些文献发表趋势如图 12－4 所示。

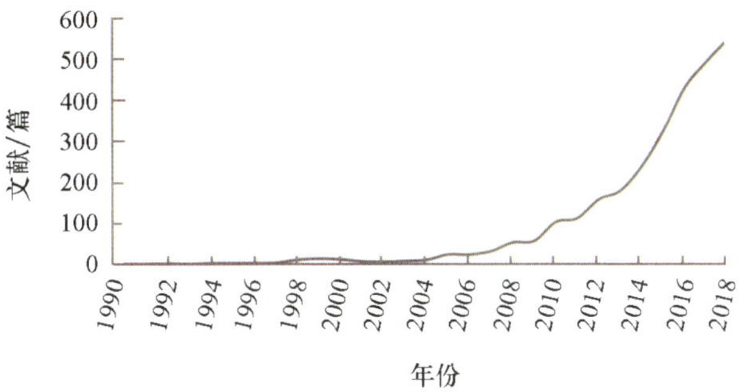

图 12－4　方法与模型相关文献发表趋势

为了确保数据的有效性和代表性，最后还将进行数据清洗工作。经过去除重复文献，筛除与人力资源无关文献后，最终得到 2 872 篇与方法模型相关的人力资源管理领域文献数据。

第二节　方法模型整体情况

人力资源管理领域方法模型关键词共现网络分为 12 个不同的社区，每个社区代表一类方法模型，即共分为 12 个方法模型类别。为了方便整理及查阅，本部分将识别出的 12 个类别按照问题领域导向归纳为人力资源管理及决策框架专用方法模型和多领域通用方法模型两大类，其中多领域通用方法模型根据方法论标准又分为定性分析和定量分析两种不同类别。表 12－1 为人力资源管理方法模型两大类别内所包含的方法模型，括号内为各方法模型的使用频次。

人力资源管理及决策框架模型专用于人力资源管理及决策问题，主要包括工作需求类模型、绩效评估模型及决策方法等人力资源管理及决策领域内专用方法模型，多被专门用于解决特定的人力资源及决策问题。多领域通用

表 12－1　人力资源领域方法模型分类

人力资源管理及决策框架专用方法模型	多领域通用方法模型		
	定性分析	定量分析	
工作需求－资源模型（101） 核心自我评价（72） 胜任力模型（46） 决策分析（30） 数据包络分析（25） 绩效评估（16） 五因素模型（14） 多准则决策（11） 联合分析（11） 工作分析（7） AMO（能力－机会－动机）模型（7） VRIO（价值－稀有性－不可模仿性－组织）模型（6） 主观绩效评估（4） 群体决策（4） 胜任特征评价法（4） 三支柱模型（3） 工作需求－控制模型（3）	案例研究（134） 跨文化研究（40） 内容分析（38） 社会认同方法（21） 日记研究（20） 比较分析（19） 话语分析（21） 问卷调查法（20） 概念模型（17） 批评话语分析（10） 叙事分析（10） 主题分析（9） 定性比较分析（8） 德尔菲调查（8） 劳动力分析（7） 人员分析（6） 生存分析（5） 模糊集定性比较分析（5） 概念分析（5） 解释现象学分析（4） 事件史分析（4） 跨案例分析（3） 会话分析（3） 专家评估（3） 多元文化人格问卷（3） 组织人口统计学（3）	结构方程模型（209） 多层次模型（109） 纵向分析（43） 验证性因子分析（35） 因子分析（29） 层次分析法（26） 中介分析（21） 技术接受模型（18） 引文分析（17） 潜在类别分析（13） 路径分析（10） 建构效度（8） 层次回归（8） 网络分析法（7） 潜在生长模型（5） 多项式回归（5） 最优匹配分析（4） 模糊层次分析法（4） 展开模型（4） 元认知（3） 自适应神经模糊推理系统（3）	元分析（188） 社交网络分析（55） 聚类分析（42） 文献计量（33） 仿真（28） 等级线性模型（26） 探索性因子分析（21） 潜在剖面分析（17） 模糊逻辑（14） 数据挖掘（12） 回归分析（10） 多元回归分析（8） 代理人基模型（7） 结构模型（6） 逻辑回归模型（5） 方差分析（5） 序列分析（4） 有调节的中介模型（4） 情感分析（3） 科学计量法（3） 复杂网络（3）

方法模型被广泛用于解决不同领域问题，如常见的定性分析方法、问卷调查法在国内外社会调查中被广泛使用，近几年常用的定量分析方法、数据挖掘被广泛应用于金融、医疗、生物、工程等领域。在人力资源管理领域，多领域通用方法模型常被用于辅助人力资源管理及决策专用方法模型解决问题，使人力资源管理及决策更加科学有效。

学者们在对各方法模型的研究和使用过程中，将各方法模型广泛应用于不同的行业/职业和人力资源管理相关问题中，因此对各方法模型以上述两个问题的视角分别进行分析显得尤为必要。下一节将作出具体分析。

人力资源管理的概念产生于20世纪六七十年代，在80年代才受到企业界的普遍重视。图12－5展示了2008年至2018年人力资源管理领域各类方法模型的发文量。

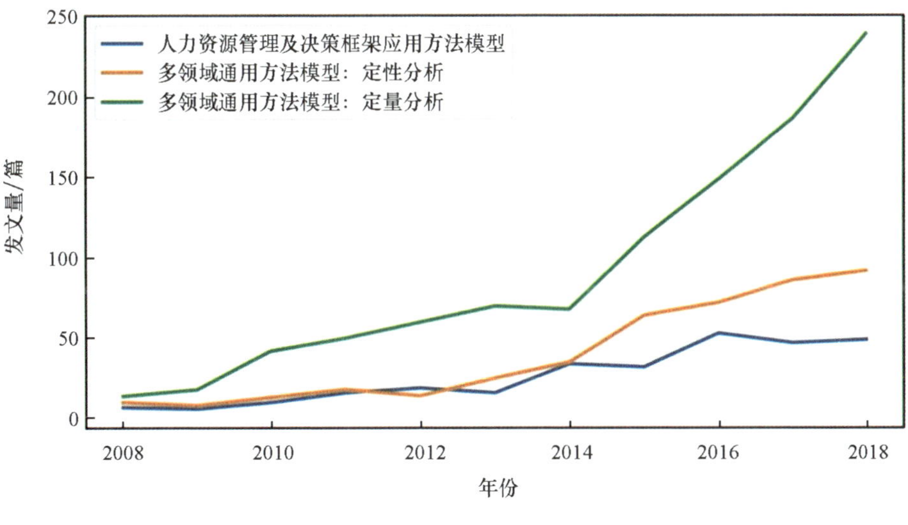

图12－5　人力资源管理领域各类方法模型的历年发文量

由图可知，这十年间人力资源管理领域各类方法模型的发文量出现了井喷式增长，由2008年的28篇增长至2018年的378篇。其中，定量分析方法模型的发文量增长最快，这可能是因为这十年间人力资源管理逐渐受到了学者和企业的关注，并且由于各学科方法模型的进步以及研究领域间的交叉融合，更多的学者开始使用定量分析方法研究人力资源管理。此外，其他两类方法模型的发文量也在缓慢递增，这表明虽然定量分析可以通过科学的手段使人力资源管理变得更加有效，但是专家经验在该领域的研究中体现出了不可替代的作用，因此多数的论文使用定性定量相结合的方法，结合传统的人力资源方法模型，可以使研究更具科学性。

第三节　人力资源管理及决策框架专用方法模型

人力资源管理及决策框架专用方法模型包含2个小类共17种方法模型：第1小类包括工作需求–资源模型、胜任力模型、五因素模型、工作分析、VRIO模型、胜任特征评价法、三支柱模型、工作需求–控制模型和AMO模型等9种方法模型；第2小类包括核心自我评价、决策分析、数据包络分析、绩效评估、多准则决策、联合分析、主观绩效评估和群体决策等8种方法模型。根据各小类的含义，可将2个小类概括为工作需求模型及企业决策模型类、决策方法和绩效评估类，以下将对该类别中各方法模型的行业/职业和人力资源管理相关问题应用进行分析。

一、行业/职业应用

在人力资源管理研究中，学者们在研究不同的行业/职业时会使用2个小类方法模型。本研究整理出各小类中应用数量前10的行业/职业，并绘制出热力图（见图12–6），子图（a）和（b）分别为工作需求模型及企业决策模型类、决策方法和绩效评估类中各方法模型的行业/职业应用情况。

学者们使用工作需求模型及企业决策模型类对医务人员、教师和政府部门的研究最多，发文量分别为14篇、7篇和6篇。工作需求–资源模型根本上是一种职业倦怠模型，其目的是平衡工作需求和工作资源，用以提升员工的身体健康水平并维持生产效率。由于工作需求–资源模型的发文量远超其

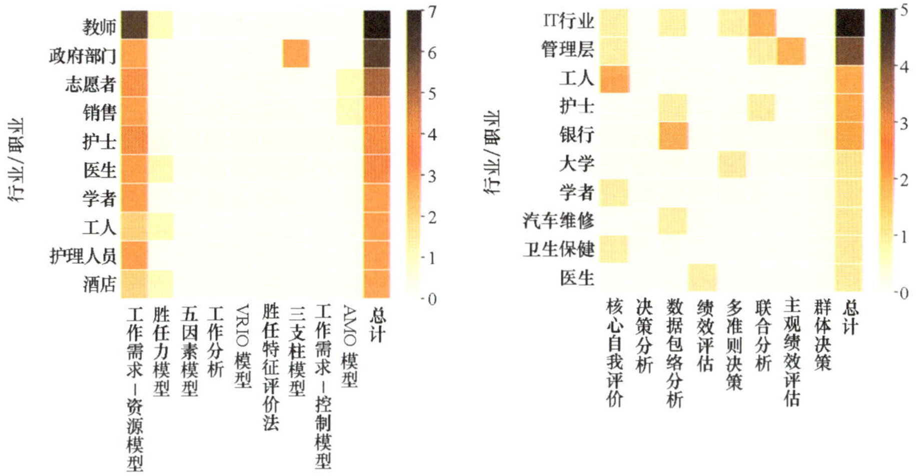

（a）工作需求模型及企业决策模型类　　　　　（b）决策方法和绩效评估类

图 12－6　人力资源管理及决策框架专用方法模型类各方法模型行业/职业应用

余方法模型，因此在该类别的行业/职业研究中该模型的研究数量最多，共对 21 个不同的行业/职业进行 51 次研究。在该模型的研究中，应用最多的三个行业/职业分别为教师、志愿者和护士。胜任力模型的行业/职业应用数量仅次于工作需求－资源模型，共对教师、医生等 14 个不同行业/职业进行 18 次应用研究。

学者们使用决策方法和绩效评估类方法模型对 IT 行业、管理层和医疗行业的研究最多，发文量分别为 5 篇、4 篇和 4 篇。该类别的主要研究集中在人力资源管理问题本身，而对各行业的应用研究数量较少且较为分散。应用最多的方法模型为数据包络分析，该方法通过对一个特定单位的效率和一组提供相同服务的类似单位的绩效比较，可以使服务单位的效率最大化。该方法共对 11 个行业/职业进行 12 次研究，其中对银行的研究最多，共 2 次。数据包络分析的核心自我评估分别对 9 个行业进行 10 次研究，该方法对工人的研究最多，共进行 2 次应用研究。

二、人力资源管理相关问题研究

除了在不同行业/职业中进行应用，学者们也将该类别方法模型应用于研究不同的人力资源管理相关问题。本研究整理出各小类中应用数量前 10 的人力资源管理问题，并将其绘制为热力图（见图 12－7），子图（a）和（b）分别为工作需求模型及企业决策模型类、决策方法和绩效评估类中各方法模型的人力资源管理问题应用情况。

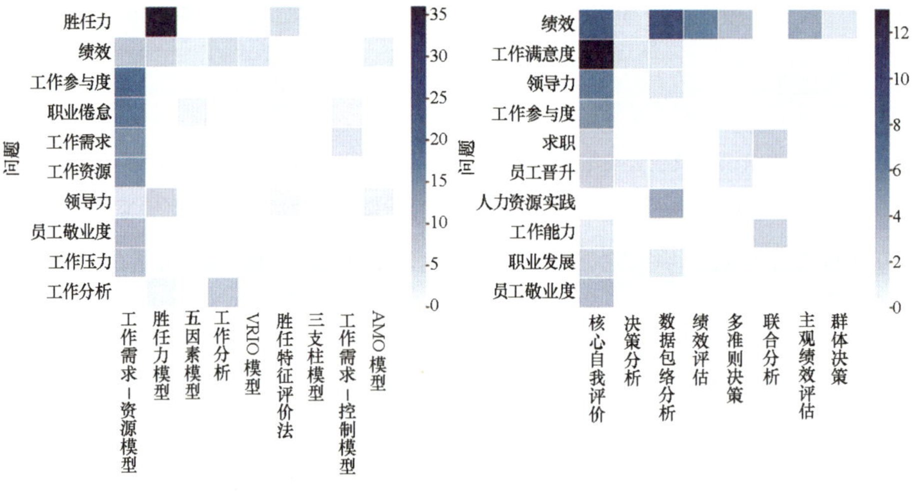

（a）工作需求模型及企业决策模型类　　　　（b）决策方法和绩效评估类

图 12－7　人力资源管理及决策框架专用方法模型类各方法模型问题应用

在人力资源管理领域，学者们将工作需求模型及企业决策模型类方法模型应用于众多人力资源管理相关问题研究中，共对 46 个人力资源管理问题进行研究，研究总数为 258 次。在子图（a）展示的人力资源管理相关问题中，对胜任力、绩效与职业倦怠的研究最多，其中胜任力问题共计进行了 40 次研究，而绩效和职业倦怠的研究也分别进行了 26 次和 19 次。从方法模型的角度看，工作需求－资源模型研究应用最多，共有 32 个人力资源管理相关问题在研究中提及了 147 次。由于该模型是一种经典的职业倦怠模型，因此在工作参与度、职业倦怠等方面的研究较多，另外在员工敬业度和工作压力等相关问题中也取得了一定成果。而胜任力模型的应用数量仅次于工作需求 - 资源模型，在 7 个问题研究中共有 52 次应用。胜任力模型描绘了能够鉴别绩效优异者与绩效一般者的动机、特质、技能和能力，以及特定工作岗位或层级所要求的一组行为特征。该模型最主要应用于研究胜任力问题，共有 36 篇文献。同时，该模型也在绩效、领导力等问题的研究中提供了帮助。

在决策方法和绩效评估类方法模型的应用中，学者们共对 46 个不同的人力资源管理相关问题进行研究，研究总数达到 135 次。该类方法模型在绩效、工作满意度和领导力等问题研究中有大量应用，分别有 32 次、15 次和 7 次研究，共占到了该类别问题研究总量的 40%。从方法模型的角度看，核心自我评价是个体做出的关于自己价值、才干和能力以及环境的最基础的评估，在工作满意度、绩效和领导力等问题的研究中提供了许多帮助。在决策方法和绩效评估类方法模型中，学者们使用该方法对人力资源管理领域相关问题的研究数量最多，共对 34 个人力资源管理问题进行了 73 次研究。

第四节　多领域通用定性分析方法模型

多领域通用定性分析方法模型共包括了 4 个小类 26 种方法模型：第 1 类包含案例研究、比较分析、定性比较分析、模糊集定性比较分析、跨案例分析、叙事分析以及内容分析等 7 种方法模型；第 2 类包含话语分析、批评话语分析、日记研究、会话分析、生存分析、事件史分析等 6 种方法模型；第 3 类包含跨文化研究、社会认同方法、概念模型、主题分析、概念分析、解释现象学分析等 6 种方法模型；第 4 类包含问卷调查法、德尔菲调查、劳动力分析、人员分析、专家评估、多元文化人格问卷、组织人口统计学等 7 种方法模型。根据各类别中方法模型的含义，将 4 个小类总结为案例研究及比较分析类、语言分析及生存分析类、文化及概念分析类、专家调查法及人员分析类，并分析其在人力资源管理领域中的行业/职业和相关问题中的应用。

一、行业/职业应用

学者们在该类别方法模型的研究和使用中，将各方法模型应用于不同的行业/职业。本研究整理出各小类中应用数量前10的行业/职业，并将其绘制为热力图（见图12－8）。子图（a）~（d）分别为案例研究及比较分析类、语言分析及生存分析类、文化及概念分析类、专家调查法及人员分析类各方法模型的行业/职业应用情况。

在案例研究及比较分析类方法模型中，学者们共对38个不同行业/职业进行了107次研究，其中对跨国公司、政府部门和管理层的研究次数最多，分别进行了17次、10次和7次研究。在此3个行业的研究中，学者们大多数使用了案例研究方法，该方法通过系统地收集资料，对不同的问题进行深入研究，以探讨在实际环境下的状况。该方法共在32个行业/职业有89次应用，多应用于对跨国公司、政府部门和IT行业的研究中。

语言分析及生存分析类、文化及概念分析类方法模型在行业/职业应用的研究甚少，学者们各对9个和13个不同的行业/职业进行研究，且总研究次

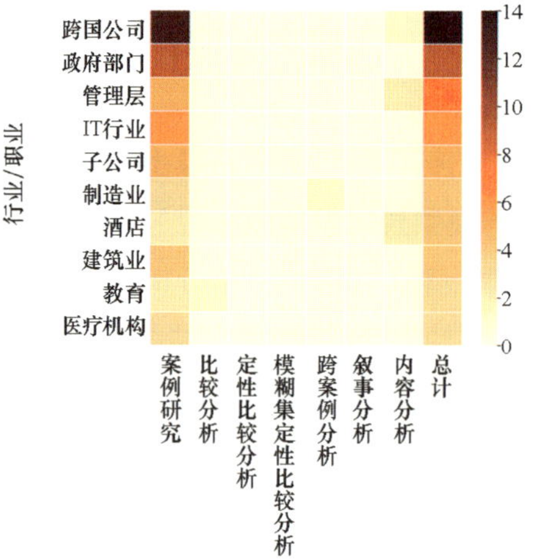

（a）案例研究及比较分析类

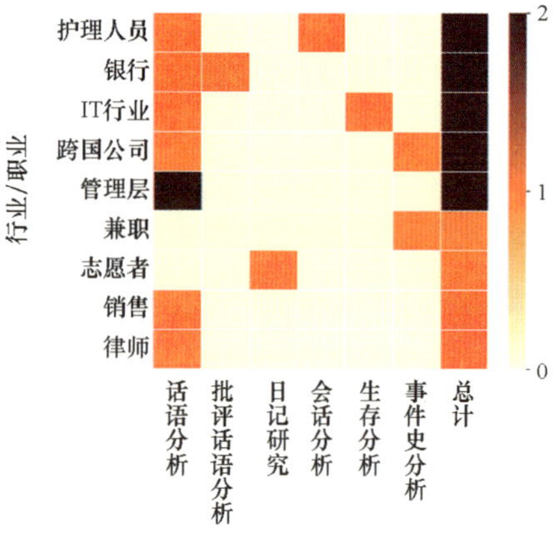

（b）语言分析及生存分析类

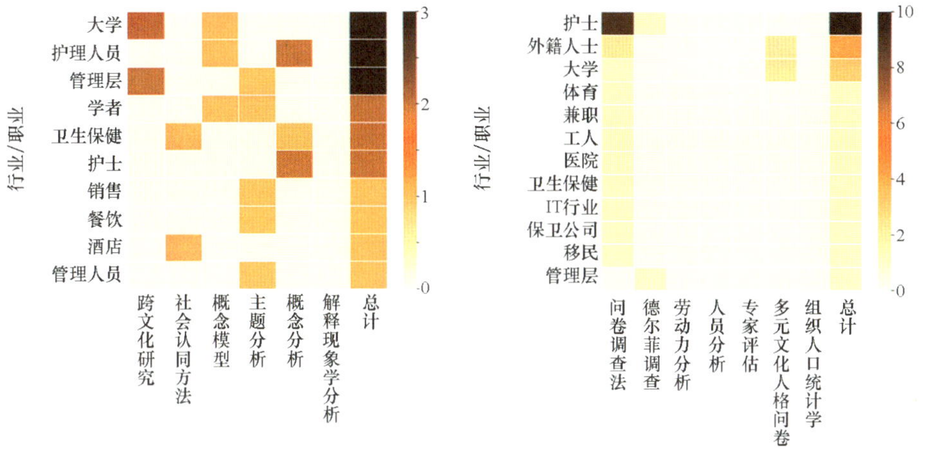

（c）文化及概念分析类　　　　（d）专家调查法及人员分析类

图 12－8　多领域通用定性分析方法模型类各方法模型行业/职业应用

数仅为 14 次和 22 次。以方法模型的视角来看，这两类中行业应用最多的分别为话语分析和跨文化研究。其中话语分析方法使用者通过对实际使用中的语言的观察，探索语言的特征并从中分析出语言中的制约因素，共对 11 个不同行业进行 14 次研究。根据其特点，该方法多应用于对管理层、跨国公司以及银行等行业的研究。跨文化研究在管理学领域是指针对两个或两个以上的国家或文化地域的人们在态度、价值观等方面的差异，进行系统比较和描述的研究。在人力资源管理的实际研究中，运用来自许多不同文化社会的实地研究资料，针对所研讨的问题分析不同文化之间的关联性和不相关性。该方法共在 7 个不同的行业有 9 次应用，其中主要的行业应用为管理层、大学等。

专家调查法及人员分析类别中各方法模型在人力资源管理行业/职业应用的研究较少，学者们仅对 10 个不同的行业进行 28 次研究。其中对医疗行业的研究次数最多，共 12 次，占该类别中行业研究总数的 42.9%。而以方法模型的视角来看，问卷调查法的使用次数最多。该方法是社会调查中使用较为广泛的一种方法，研究者用控制式的测量方法对所研究的问题进行度量，从而收集到可靠的资料。该方法在对医疗行业的研究中应用最多，其次为外籍人士和移民的研究。

二、人力资源管理相关问题研究

学者们在该类别方法模型的研究和使用中，将其应用于不同的人力资源管理相关问题。本研究整理出各小类中应用数量前 10 的人力资源管理问题，并将其绘制为热力图（见图 12－9）。其中子图（a）~（d）分别为案例研究及比较分析类、语言分析及生存分析类、文化及概念分析类、专家调查法及人员分析类各方法模型的人力资源管理相关问题研究情况。

在人力资源管理相关问题的研究中，案例研究及比较分析类方法模型的应用十分广泛，学者们共对 65 个人力资源管理相关问题进行 163 次研究。在该类别的研究中，学者们对绩效的研究最多，其次为对人力资源实践和组织变革问题的研究。学者们最常使用案例研究方法对不同的人力资源管理相关问题进行研究，共对 50 个相关问题进行了 114 次研究，其中对人力资源实践、组织变革、绩效和团队合作等问题进行了大量研究。其次为内容分析方法，该方法在绩效、人力资源实践和人力资本问题的研究中得以应用。

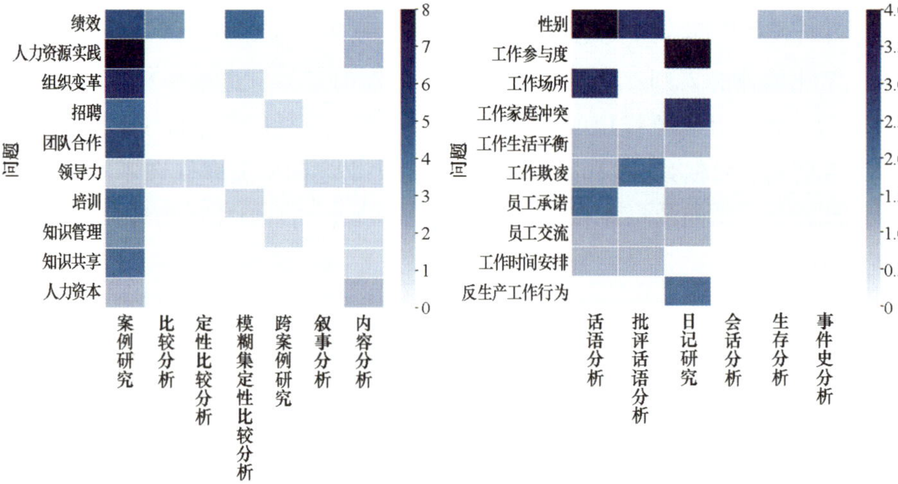

（a）案例研究及比较分析类　　　　（b）语言分析及生存分析类

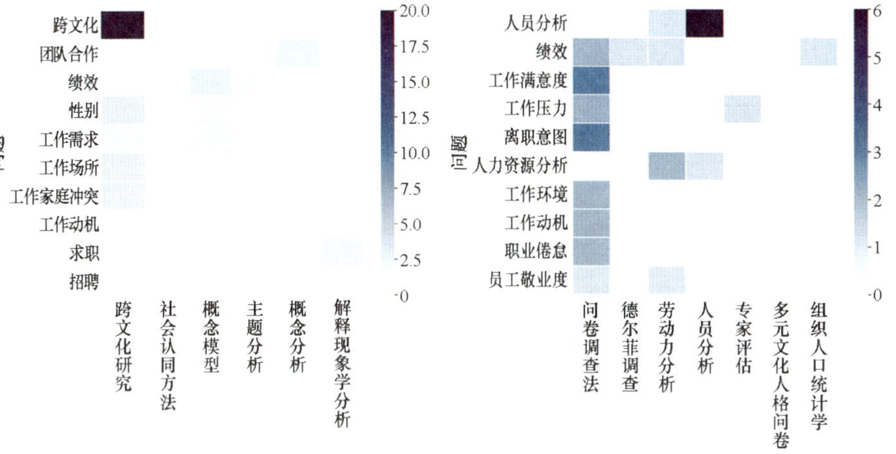

（c）文化及概念分析类　　　　（d）专家调查法及人员分析类

图 12－9　多领域通用定性分析方法模型类各方法模型问题应用

语言分析及生存分析类方法模型在 45 个人力资源管理相关问题的 80 次研究中有应用。由图 12－9（b）可知，该类别方法模型主要用于性别、工作参与度和工作场所相关问题研究。其中在性别问题研究中应用最多，共有 9 次，学者们常使用话语分析方法对性别问题进行研究，通过员工的话语研究职场中的性别歧视和性别差异。以方法模型的角度来看，该类别中学者们对人力资源管理问题研究使用次数最多的为日记研究，共在 19 个相关问题中有 25 次应用。该方法主要让参与者用自己的语言描述事务，使研究者能更加直观地了解参与者的想法，多用于对工作参与度和工作家庭冲突等问题的研究。

文化及概念分析类方法模型在 39 个人力资源管理问题的 84 次研究中有应用。该类别方法模型最主要用于研究针对组织中的跨文化问题，共有 27 次研究。根据跨文化问题的研究数量和跨文化研究的特点，学者们最常用的方法也是跨文化研究方法，主要研究组织中由于文化差异而带来的不同影响，同时该方法也应用于工作家庭冲突、工作场所等问题研究。

专家调查法及人员分析类方法模型在 39 个不同的人力资源管理问题的 67

次研究中有应用。由图 12－9（d）可知，该类别中学者们对人员分析的研究最多，共进行了 7 次研究，其次为对绩效问题的研究。而以方法模型来看，该类别中对人力资源管理相关问题研究应用最多的方法模型为问卷调查法，共应用于 25 个相关问题的 36 次研究，其中研究最多的问题为离职意图、工作满意度和绩效。

第五节　多领域通用定量分析方法模型

多领域通用定量分析方法模型类方法模型包括了 6 个小类共 42 种方法模型：第 1 类包括多元回归分析、逻辑回归模型、层次回归、回归分析、多项式回归、序列分析、最优匹配分析 7 种方法模型；第 2 类包括结构方程模型、验证性因子分析、探索性因子分析、纵向分析、因子分析、潜在剖面分析、潜在类别分析、路径分析、结构模型、潜在生长模型、方差分析、中介分析、有调节的中介模型等 13 种方法模型；第 3 类包含元分析、社会网络分析、文献计量、引文分析、复杂网络、科学计量法、元认知在内的 7 种方法模型；第 4 类包括多层次模型、等级线性模型、层次分析法、网络分析法、模糊层次分析法等 5 种方法模型；第 5 类包含仿真、技术接受模型、建构效度、展开模型等 4 种方法模型；第 6 类包含聚类分析、模糊逻辑、数据挖掘、代理人基模型、自适应神经模糊推理系统、情感分析等 6 种方法模型。根据每个小类中方法模型的含义，分别将其归纳为：回归分析及序列分析类、结构方程模型及中介分析类、复杂网络及文献计量方法类、多层次模型及其拓展类、仿真类和人工智能方法类等 6 小类。以下分析该类别下的方法模型在行业/职业和人力资源管理相关问题研究中的应用。

一、行业/职业应用

学者们在该类别方法模型的研究和使用中，将各方法模型应用于不同的行业/职业。本研究整理出各小类应用数量前 10 的行业/职业，并将其绘制为热力图（见图 12－10），其中子图（a）~（f）分别表示多领域通用定量分析方法模型类中 6 个小类别的方法模型的行业/职业应用情况。

回归分析及序列分析在人力资源相关行业/职业领域的定量研究中应用广泛。学者们共对 10 余个行业/职业进行了 30 余次研究，如图 12－10（a）所示，教师和销售是最受关注的群体。在具体方法模型的应用中，一般回归分析是最常用的技术，而多元回归分析能够处理多个自变量对因变量的综合影响，适用于复杂的人力资源问题，如绩效评估。逻辑回归模型则主要用于处理二分类问题，如员工离职预测和招聘成功率分析。层次回归分析则通过逐步引入自变量，评估每个自变量对因变量的独立贡献，适用于探究多阶段的影响因素。序列分析和最优匹配分析这两种方法主要用于分析时间序列数据和匹配模式，如员工职业路径和工作流动。通过这些方法的应用，人力资源管理领域的研究能够更全面地理解不同行业和职业中的关键因素和影响机制，为制定更有效的管理和政策提供科学依据。

在人力资源管理领域，结构方程模型及中介分析类各方法模型在行业/职业研究中应用广泛，学者们共对 42 个行业/职业进行了 174 次研究，且研究次数超过 5 次的行业/职业共 14 个。如图 12－10（b）所示，该类别对护士、教师等人群的研究最多，各进行了 13 次和 11 次研究。而以方法模型的视角，在行业/职业研究中应用次数最多的为结构方程模型，该模型是一种确定特定模型是否合理的线性统计建模技术，其原理是基于变量的协方差矩阵来分析变量之间的关系，既可处理测量误差，又可分析潜变量之间的关系。该类方法模型中大多数属于结构方程模型或为该模型的延伸。该模型共在 31 个行业/职业的 80 次研究中得以应用，其中应用最多的行业为建筑业和服务业。而在行业/职业中应用次数仅次于结构方程模型方法的是因子分析，学者们在共18个行业/职业中进行了28次应用，其中应用最多的行业/职业为教师、IT行业和大学。

复杂网络及文献计量方法类方法模型多用于对组织社交网络及历史文献的分析，因此在行业/职业中的应用较少，仅在16个方法的32次研究中有应用。由图12－10（c）可知，该类别方法模型在教师的研究中应用最多，共应

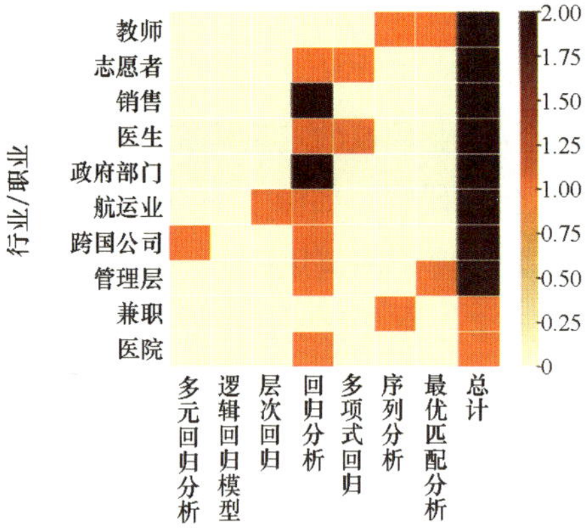

（a）回归分析及序列分析类

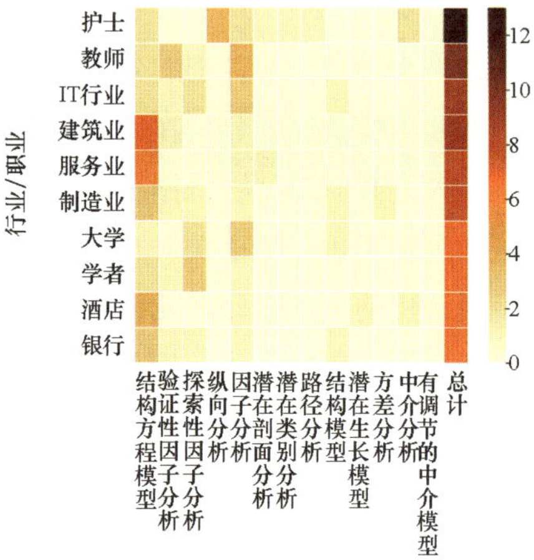

（b）结构方程模型及中介分析类

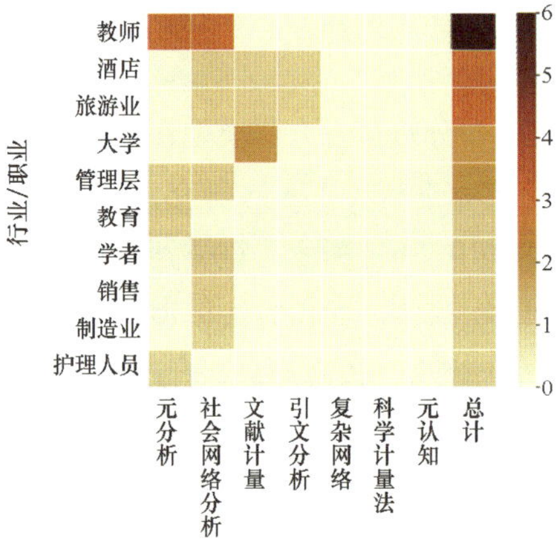

（c）复杂网络及文献计量方法类

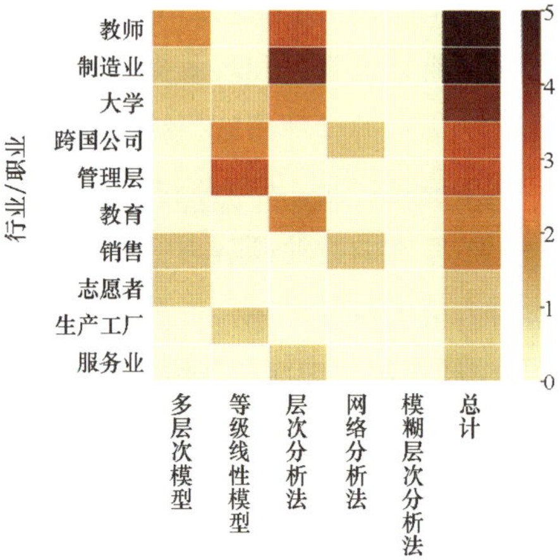

（d）多层次模型及其拓展类

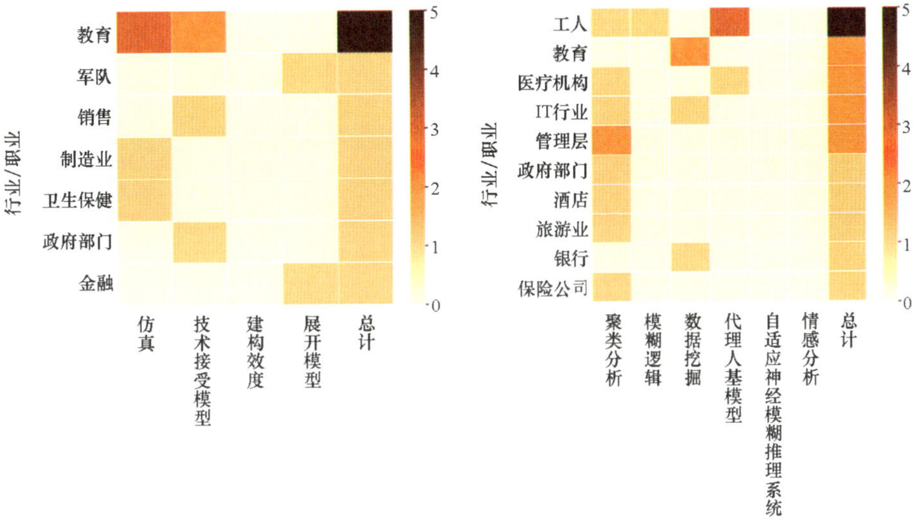

（e）仿真类　　　　　　　　（f）人工智能方法类

图 12－10　多领域通用定量分析方法模型类各方法模型行业/职业应用

用于 6 次研究，其次为对酒店、旅游业的研究。而以方法模型的视角，在行业/职业应用最多的方法为社会网络分析，该方法是一类刻画网络整体的形态、特性和结构的重要分析方法，常用于管理学、社会学等。在研究中，该方法共在 10 个行业/职业的 12 次研究中被应用，其中在教师这一职业的应用次数最多，共 3 次。

多层次模型及其拓展类共在 24 个行业/职业的 46 次研究中得以应用，如图 12－10（d）所示。其中在教师和制造业的研究中应用最多，均有 5 次应用。而以方法模型的角度观察，在行业/职业中应用最多的为层次分析法，该方法由美国匹兹堡大学的萨蒂（Saaty）教授于 20 世纪 70 年代提出，是一种定性与定量相结合的系统分析方法，它可以把复杂问题中的各种因素通过划分为相互联系的有序层次，根据一定的主观判断结构把客观判断结构直接而有效地结合起来。学者们使用该方法共对 14 个不同行业/职业进行了 21 次研究，其中多使用层次分析法对制造业进行研究，其次为教师、大学等教育行业/职业。

仿真类由于方法模型数量及文献数量较少，因此在行业/职业中的应用也很少，如图12－10（e）所示。在仿真类的四个方法模型研究中，学者们共对7个行业进行了11次研究，其中对教育的研究最多，共进行了5次研究。以方法模型的视角来看，各方法模型的行业/职业应用次数差距不明显，其中应用最多的仿真方法共在3个行业/职业的5次研究中有应用。其次为技术接受模型，共在3个行业/职业的4次研究中有应用。对这两种方法模型应用次数最多的均为教育，分别是3次和2次。

人工智能类方法模型在人力资源领域应用相对较少，仅在12个行业的21次研究中有应用。如图12－10（f）所示，应用最多的行业/职业为工人，包含相关研究5项。而以方法模型的角度，在行业/职业应用最多的方法模型为聚类分析，在9个不同行业/职业的11次研究中被应用，且该方法在管理层的研究中应用最多。

二、人力资源管理相关问题研究

学者们在该类别方法模型的研究和使用中，将各方法模型应用于不同的人力资源管理问题。本研究整理出各小类应用数量前10的人力资源管理相关问题，并将其绘制为热力图（见图12－11）。其中子图（a）～（f）分别表示多领域通用定量分析方法模型类中6个小类别方法模型的人力资源管理相关问题研究情况。

回归分析及序列分析类方法模型在人力资源管理相关问题的研究与该类方法在行业/职业的应用相比，数量有明显增加，学者们共对30种方法模型进行91次研究。在研究中，学者们使用该类别方法模型对绩效的研究最多，共16次，其次为对领导力和离职意图的研究。而从方法模型的视角来看，在人力资源管理问题研究中应用最多的为回归分析方法，共有24个不同的相关问题的52次研究应用了它，以对绩效、离职意图和领导力的研究为主，其中对绩效的研究次数最多，共10次。

结构方程模型及中介分析类方法模型在大量人力资源管理问题研究中有

应用，学者们共对99个问题进行了438次研究，且研究数量超过5次的问题共25个。由图12-11（b）可知，人力资源问题研究次数最多的为绩效、工作满意度和离职意图，分别有48次、32次和23次研究。而以方法模型的视角来看，在人力资源管理相关问题的研究中，应用最多的为结构方程模型，共在60个问题的205次研究中有应用，其中在绩效、工作满意度和组织承诺的研究中应用最多，分别有30次、19次和13次应用。

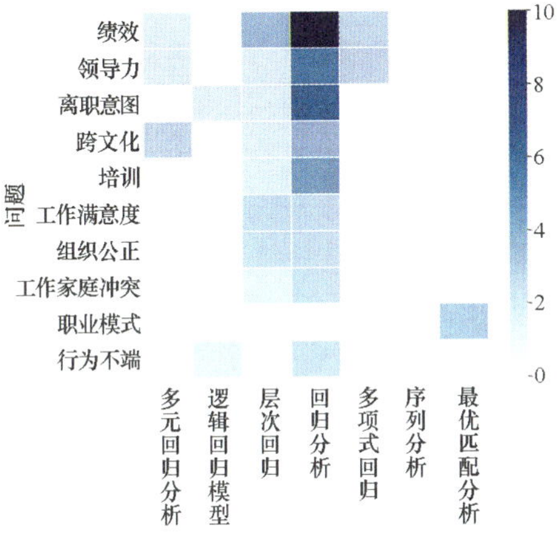

（a）回归分析及序列分类析

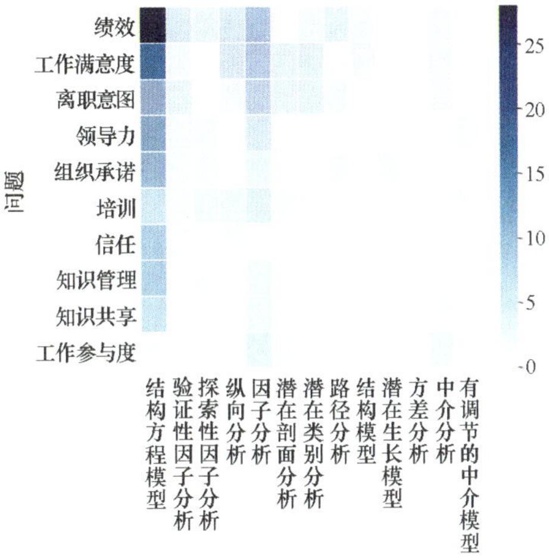

（b）结构方程模型及中介分析类

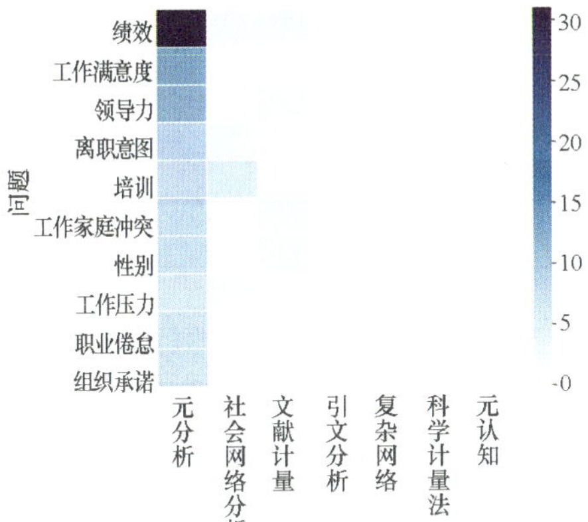

（c）复杂网络及文献计量方法类

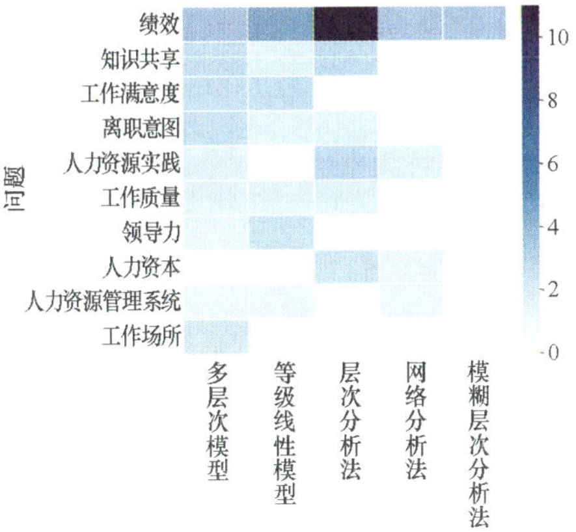

（d）多层次模型及其拓展类

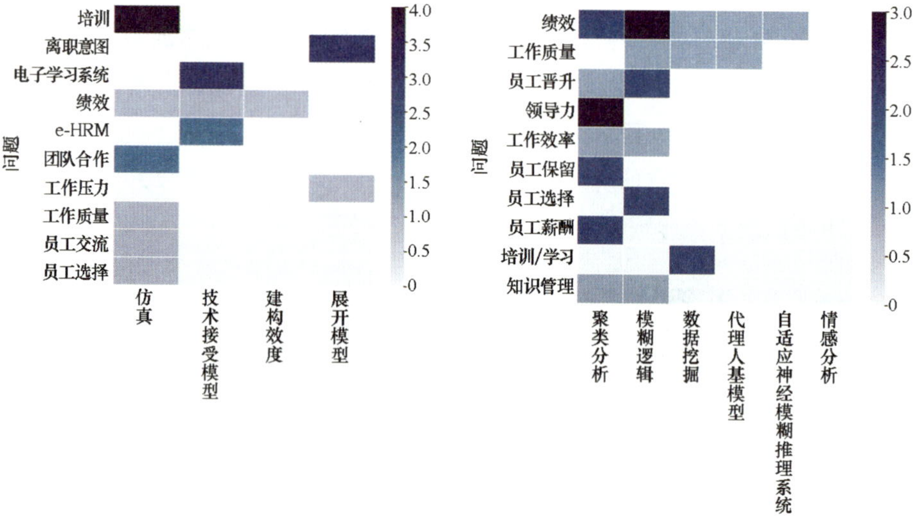

（e）仿真类　　　　（f）人工智能方法类

图 12 - 11　多领域通用定量分析方法模型类各方法模型问题应用

复杂网络及文献计量方法在人力资源管理问题的研究次数与该类别在行业/职业的应用数量形成了鲜明对比。通过该类方法模型，学者们进行了大量人力资源管理问题研究，共对 80 个问题进行了 243 次研究，且有 13 个问题的研究次数超过 5 次，其中对绩效问题的研究次数最多，共进行了 38 次研究。而对工作满意度和领导力的研究次数仅次于绩效问题，各进行了 13 次和 12 次研究。以方法模型的视角观察，学者们使用元分析进行人力资源管理相关问题的研究次数最多，该方法通过利用相应的统计公式对相关文献中的统计指标进行统计分析，再根据获得的统计显著性等来分析两个变量间真实的相关关系。学者们利用该方法共对 64 个问题进行了 194 次研究，占该类方法模型问题研究总数的 79.8%，其中研究次数最多的为绩效问题，共进行 36 次研究，其次为工作满意度和领导力问题。

多层次模型及其拓展类方法模型在 49 个人力资源管理相关问题的 108 次研究中得以应用。在该类别的研究中，学者们对绩效问题的研究次数最多，共进行了 24 次研究，且在该问题的研究中近半数学者使用层次分析法进行研究。经统计，除对绩效问题的研究外，对其余问题的研究次数均不高于5次，因此绩效问题为该类别方法模型研究的重点。而从方法模型的角度看，多层次模型的研究次数最高。该模型是一种使用多层次数据阐述不同层级间关系的统计技术，如果一个模型包含了不同层次的测量变量，则可称为多层次模型。根据其特点，该模型多用于研究多个问题之间的关系，共在31个问题的39次研究中有应用，常用于研究绩效、工作满意度等问题。

由于仿真类方法模型数量及各方法模型文献数量较少，因此学者们利用仿真类方法模型研究人力资源管理相关问题的也相对较少，共对15个不同的人力资源管理相关问题进行了27次研究，研究数量最多的问题为培训和离职意图。在研究中，对培训的研究主要使用了仿真方法，而对离职意图的研究则主要使用展开模型方法。在该类别中，学者们多使用仿真方法对人力资源管理相关问题进行研究，利用模型复现实际系统中发生的真实过程，并通过对系统模型的实验来研究存在的或设计中的系统。学者利用该方法共对6个问题进行了10次研究，主要研究点为培训和团队合作。

人工智能类方法近年来才引入人力资源管理研究之中，因此该类别中的方法模型在人力资源管理研究的应用较少，学者们共对45个问题进行了75次研究，其中研究最多的为绩效问题，其次为对工作质量、员工晋升、领导力等问题的研究。以方法模型的角度看，在人力资源管理问题研究中应用最多的方法为聚类分析，该方法把相似的对象通过静态分类的方法分成不同的组别或者更多的子集，使每个子集中的对象都有相似的属性，是一种基于统计数据分析的非监督式学习技术。在研究中，学者们共使用聚类分析对33个问题进行了46次研究，主要的研究点为领导力、绩效、员工保留、员工薪酬问题。

参考文献

[1] 陈仕吉，史丽文，李冬梅，等．论文被引频次标准化方法述评[J]．现代图书情报技术，2012，28(4)：54－60.

[2] 程菲，段庆锋．不同类型科技论文评价指标对比分析[J]．情报探索，2015(10)：119－123，128.

[3] 韩佳宁．基于表示学习的学术影响力预测算法研究[D]．天津：中国民航大学，2019.

[4] 金晶，何苗，王孝宁，等．不同学科领域自然科学论文学术影响力评价与比较的可行性研究[J]．科技管理研究，2010(14)：279－284.

[5] 龙莎，葛新权．科技论文学术水平评估[J]．科技与管理，2007(1)：133－135，138.

[6] 逯万辉，荆林波．基于作者主题模型的学者聚类与学术影响力评价方法研究[J]．情报资料工作，2020，41(4)：60－66.

[7] 路甬祥．学科交叉与交叉科学的意义[J]．中国科学院院刊，2005，20(1)：58－60.

[8] 马路，刘玉婷，孙文莺歌，等．基于文献计量学的高校临床医学科研产出评价指标体系的构建及实证研究[J]．中华医学图书情报杂志，2015，24(11)：37－40.

[9] 吴俊，张洋，吕欣．基于聚合的世界大学综合排名方法研究[J]．高等教育研究学报，2019，42(1)：83－90.

[10] 肖宇．基于 PK 图的排名聚合方法及其应用研究[D]．长沙：国防科学技术大学，2016.

[11] 周金梦．基于学术异构网络的学者影响力评估算法[D]．大连：大连理工大学，2016.

[12] AILON N. Aggregation of partial rankings, *p*-ratings and top-*m* lists[J].

Algorithmica, 2010, 57(2): 284 - 300.

[13] AKRITIDIS L, KATSAROS D, BOZANIS P. Effective rank aggregation for metasearching[J]. Journal of Systems and Software, 2011, 84(1): 130 - 143.

[14] ALONSO S, CABRERIZO F J, HERRERA-VIEDMA E, et al. *hg*-index: a new index to characterize the scientific output of researchers based on the *h*- and *g*-indices[J]. Scientometrics, 2010, 82(2): 391 - 400.

[15] BATISTA P D, CAMPITELI M G, KINOUCHI O, et al. Is it possible to compare researchers with different scientific interests? [J]. Scientometrics, 2006, 68(1): 179 - 189.

[16] BLONDEL V D, GUILLAUME J L, LAMBIOTTE R, et al. Fast unfolding of communities in large networks[J]. Journal of Statistical Mechanics: Theory and Experiment, 2008(10).

[17] BURKOVSKI A, LAUSSER L, KRAUS J M, et al. Rank aggregation for candidate gene identification [C]//Proceedings of the 36th Annual Conference of the German Classification Society: Data Analysis, Machine Learning and Knowledge Discovery, 2014:285 - 293.

[18] CASSISI C, FERRO A, GIUGNO R, et al. Enhancing density-based clustering: parameter reduction and outlier detection[J]. Information Systems, 2013, 38(3): 317 - 330.

[19] COOK W D, GOLANY B, PENN M, et al. Creating a consensus ranking of proposals from reviewers' partial ordinal rankings[J]. Computers & Operations Research, 2007, 34(4): 954 - 965.

[20] EGGHE L. Theory and practise of the *g*-index[J]. Scientometrics, 2006, 69(1): 131 - 152.

[21] FLAKE G, LAWRENCE S, GILES C, et al. Self-organization and identification of web communities[J]. Computer, 2002, 35(3): 66.

[26] MORENO F G. Who's #1?:The science of rating and ranking[J]. Journal

of Artificial Societies and Social Simulation, 2013, 16(4).

[22] HIRSCH J. An index to quantify an individual's scientific research output [J]. Proceedings of the National Academy of Sciences of the United States of America, 2005, 102(46): 16569 - 16572.

[23] JIN B, LIANG L, ROUSSEAU R, et al. The *R*- and *AR*-indices: complementing the *h*-index[J]. Chinese Science Bulletin, 2007, 52(6): 855 - 863.

[24] KUMPULA J M, KIVELA M, KASKI K, et al. Sequential algorithm for fast clique percolation[J]. Physical Review E, 2008, 78(2): 026109.

[25] LIU X, BOLLEN J, NELSON M, et al. Co-authorship networks in the digital library research community [J]. Information Processing & Management, 2005, 41(6): 1462 - 1480.

[27] NEWMAN M. Fast algorithm for detecting community structure in networks [J]. Physical Review E, 2004, 69(6): 066133.

[28] NYKL M, CAMPR M, JEZEK K. Author ranking based on personalized page rank[J]. Journal of Informetrics, 2015, 9(4): 777 - 799.

[29] NYKL M, JEZEK K, FIALA D, et al. PageRank variants in the evaluation of citation networks[J]. Journal of Informetrics, 2014, 8(3): 683 - 692.

[30] PALLA G, DERENYI I, FARKAS I, et al. Uncovering the overlapping community structure of complex networks in nature and society[J]. Nature, 2005, 435(7043): 814 - 818.

[31] RADICCHI F, FORTUNATO S, MARKINES B, et al. Diffusion of scientific credits and the ranking of scientists[J]. Physical Review E, 2009, 80(5): 056103.

[32] WALTMAN L. A review of the literature on citation impact indicators[J]. Journal of Informetrics, 2016, 10(2): 365 - 391.

[33] WANG H, SHEN H W, CHENG X Q. Scientific credit diffusion: researcher level or paper level? [J]. Scientometrics, 2016, 109(2): 827 - 837.

[34] YAN E, DING Y. Applying centrality measures to impact analysis: A coauthorship network analysis [J]. Journal of The American Society for Information Science and Technology, 2009, 60(10): 2107 -2118.

[35] YAN E, DING Y. Discovering author impact: A pagerank perspective[J]. Information Processing & Management, 2011, 47(1): 125 -134.

[36] ZHANG S, QIAO X, CHEN Y, et al. Synthesis, structure, and opto-electronic properties of regioisomeric pyrene-thienoacenes [J]. Organic Letters, 2014, 16(2): 342 -345.

第十三章

人力资源管理研究范式转移

本章从研究范式出发，审视比较六大学科门类下，尤其是非社会科学门类下各个学科领域的学者们对人力资源管理的研究，从研究问题、研究主题、研究方法等方面探究人力资源研究范式转移。

第一节　研究范式

“范式（paradigm）”一词，原是指语法中的“词形变化表”，原意是表示词性的变化规则。作为一种专门术语，“范式”由美国著名的科学哲学史家库恩（Thomas S. Kuhn）在《必要的张力》一文中首先提出：“教科书的核心任务是介绍那些专业人士普遍认同并遵循的科学范例，即‘范式’；接着，教科书布置习题让学习者解决，这些习题无论在解题策略上还是实质内容上，都非常贴近教科书中的阐述。”但是，这一术语的广泛传播以及被人们普遍接受，还是与库恩的经典著作《科学革命的结构》有关。这本仅有 172 页的书，引起了哲学、自然科学乃至社会科学各界的巨大震动。在这本书中，库恩使用最多的一个术语就是“范式”。据英国学者马斯特曼（Margaret Masterman）统计，库恩在这本书中至少以 21 种意思使用“范式”。通过分析，这 21 种含义可划分为三类：一是形而上学范式，也叫元范式，如把“范式”当作一种有效的形而上学思辨、一种新的观察方式、一张地图、一种统帅知觉的条理化规则等；二是社会学范式，如把“范式”定义为一个普遍承认的科学领域，像一套正当制度、司法裁决等；三是人工范式或构造范式，即以更具体的方式来使用“范式”，如把它作为典型的问题和解答、一本实用的教科书或经典著作、一套实用的仪器设备、一个语法规范、一些现成的工具。综合来看，库恩把“范式”解说为理论体系、研究规则和方法的“结构”，并认为它规范着研究者的价值取向和观察世界的角度，决定着问题的提出和解决、材料的选择、抽象的方向、合理性标准的确立，新旧范式的交替是科学发展的主要标志。

由此可见，所谓范式，是指从事同一个特殊领域研究的学者所持有的共同的信念、传统、理论的方法。范式代表了一种近乎固定的问题的解决方式。范式不是理论，但它对理论的形成起了很大的作用。由此推及课程与教学的研究范式，即课程研究者在研究课程问题时所持有的共同的信念、传统、理论和研究形式、研究策略。

本研究将从研究问题、研究内容、知识模式、研究方法、研究圈子来审视人力资源管理研究范式之变。

第二节　研究问题之变：内容交叉与异同

一、社会科学体系外的相关研究覆盖了大部分主流人力资源管理领域主题

社会科学领域外的人力资源管理研究都涉及领域内人力资源管理问题，

尽管各学科类别下关注的主题不尽相同，但很多问题是共同的，尤其是人力资源管理的组织效能、工作满意度等核心问题。图 13－1 显示了基于 GIPP 映射表信息的人力资源管理研究学科分布。中间的红色圆圈代表 8 种人力资源管理期刊发表的 4 679 篇文献。红圈周围是其他领域与人力资源相关的文献集，共 34 664 篇。文献分为六大类（中间区域），最外层为人力资源管理相关文献多于 5 篇的学科（不足 5 篇的归在一起，未单独显示）。本研究的研究对象不包括社会科学范畴的文献，除非它也属于另一个范畴。

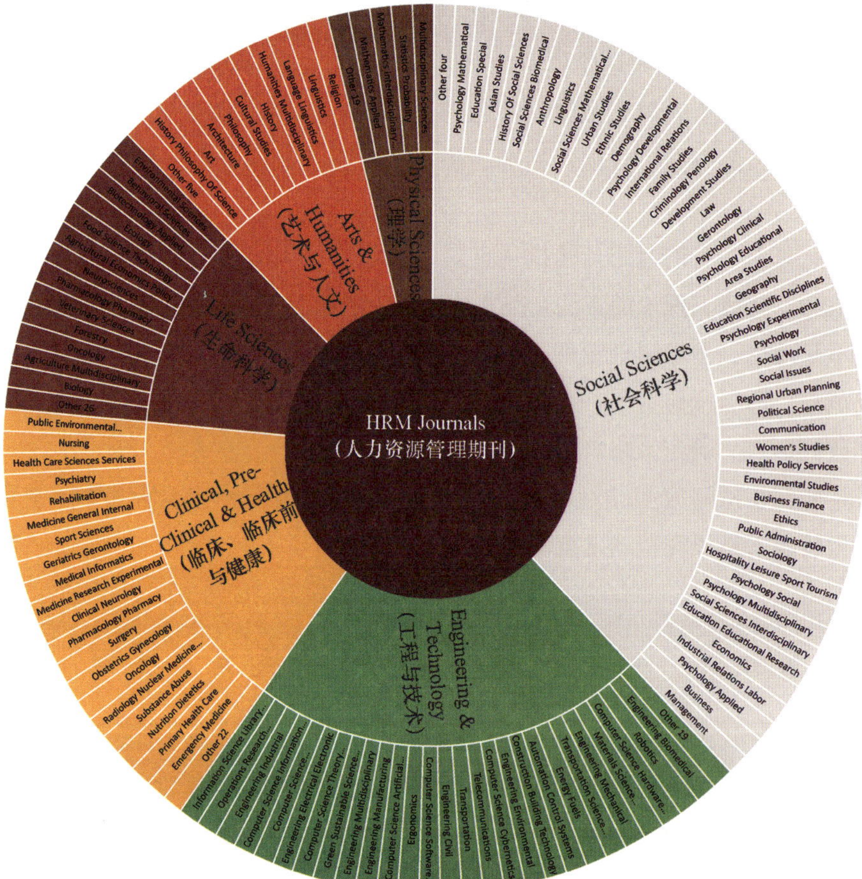

图 13－1　人力资源管理研究学科分布图

工程与技术类别下关注的问题几乎涵盖了人力资源管理研究的方方面面，重点关注工程与技术对人力资源管理的改变以及信度和效度。临床、临床前与健康类别下关注病态人、人力资源管理相关的职业健康、就业歧视，以及基于体育竞技活动研究的团队及领导力等问题。生命科学类别下关注生物意义上的人的基因、生理因素等方面的差异给人力资源管理带来的影响，以及人力资源管理与环境和谐共生等问题。理学类别下主要关注方法及机制的研究，基于人类行为动力学、数学模型及多学科交叉实证定量研究工作满意度、组织绩效、离职意向等。艺术与人文类别下则关注精神力量对人力资源管理组织效能及提升工作满意度方面的作用。

二、重点关注微观层面而非战略层面

社会科学领域外的人力资源管理研究，除部分与管理交叉的领域外，大都不关注战略层面的宏观人力资源管理问题，只聚焦微观层面的具体问题，即使艺术与人文领域也是如此。各类别下的研究关注重点包括工作满意度、组织承诺、组织公民行为、领导能力等。临床、临床前与健康和生命科学关注倦怠及压力、培训、工作家庭冲突，这些关注主题都直接与个体相关，关乎个人切身利益。艺术与人文领域特别关注个体精神及道德层面相关因素对人力资源的影响。这些研究都很少关注战略及组织层面的主题。除工程领域，其他领域也不太关注国际人力资源管理主题。艺术与人文，临床、临床与健康，生命科学均不太关注绩效相关问题。

三、重人而非管理

总体而言，各个学科与人力资源管理相关的文献涵盖方方面面的研究，它们都以人为核心，但各有侧重。主流人力资源管理的研究核心目标是提升组织整体效率，它们从组织视角出发，研究重心在管理。社会科学体系外的人力资源管理研究重心在人，从员工视角出发，研究员工在工作满意度、工作压力等方面的问题。如临床、临床前与健康领域特别关注护士及护工群体，研究点包括倦怠、工作投入、压力、工作家庭冲突、离职、残疾、自我效能感、情绪疲惫、旷工、健康促进、护理人员、抑郁症、病假、职业康复、重返工作等；生命科学领域关注福祉、信任、敬业度、工作需求、竞争优势、参与度、组织支持感、工作场所欺凌、情绪智力等；理学领域更关注工作组多样性、组织承诺、组织公民行为、知识共享、离职意向、信任、员工、团队合作、心理契约、感知组织支持、人员派遣、情感认同、工作压力、情绪智力、权力距离、多样性、领导力、工作投入等；工程与技术领域更关注知识共享行为、信息管理、知识贡献、IT员工、性别、协作、知识、离职意向、知识工作者、虚拟团队等。

第三节　研究内容之变：多学科研究热点

总体而言，工程与技术领域对人力资源管理的相关研究非常广泛而且全面，涵盖了人力资源管理的方方面面，其他领域则有所侧重。临床、临床前与健康学科类别关注健康视角下的人力资源管理相关研究问题；生命科学学科类别则关注作为生物人意义上的人力资源管理相关内容；理学学科类别注重对人员、组织机制及动力学层面的数学问题及建模分析；艺术与人文学科类别则聚焦于精神力量方面，如文化、宗教等，与人力资源管理交互的关系。

经关键词交叉比对分析，人力资源核心期刊文献、社会科学领域人力资源核心期刊文献的引用文献、社会科学之外人力资源核心期刊文献的引用文献此三者都与人力资源研究紧密相关。在4 679篇人力资源核心期刊文献中共出现了7 655个关键词，其中1 911个出现超过1次。在34 664篇引用人力资源核心期刊文献的文献中共出现了40 591个关键词，其中10 754个出现超过1次。在6 683篇社会科学之外的人力资源核心期刊文献的引用文献中共出现了13 047个关键词，其中2 930个出现超过1次。在这些关键词中，人力资源核心关键词与社会科学之外的关键词共有2 175个是相同的，占比接近30%。

这些共享的词在人力资源核心期刊中出现了 10 892 次，占总出现次数的 61.5%。这也充分说明二者研究联系的紧密程度，社会科学之外引用人力资源相关文献的文献研究的内容与人力资源核心文献研究的内容紧密相关。

三者共享很多研究主题。如在对工作满意度的研究上，三者都关注研究频率很高的内容。此外，微观方面，三者都对离职、绩效、领导力等微观层面的问题较为重视。

但同时需要指出，三者的关注重点并不完全相同。表 13 –1 列出了三类文献集下出现次数排行前 20 的关键词。从表中可以发现，首先，人力资源核心文献关注的内容相对较为宏观；而社会科学之外的人力资源相关研究则关注较为微观的内容，研究对象也更为具体，如知识共享及管理在社会科学体系之外是一个研究焦点，但在人力资源核心研究中“知识管理”只出现了 29 次，排名在 60 左右。其次，研究者更为突出对特定群体或行业的研究，如护士群体。最后，研究者较为注重对具体国家或地区的研究，如在核心文献中，排名前 20 的关键词中就涉及三个国家：中国、澳大利亚、印度；但在相关研究中，排名前 20 的关键词只出现了中国。

表 13 –1　人力资源领域研究热点关键词 TOP 20 列表

排名	4 679 篇人力资源核心期刊文献		34 664 篇人力资源核心期刊文献的引用文献		6 683 篇社科领域之外的人力资源核心期刊文献的引用文献	
	关键词	出现次数	关键词	出现次数	关键词	出现次数
1	人力资源管理（Human Resource Management）	376	人力资源管理（Human Resource Management）	1 199	知识共享（Knowledge Sharing）	289
2	中国（China）	208	工作满意度（Job Satisfaction）	1 088	工作满意度（Job Satisfaction）	247
3	工作满意度（Job Satisfaction）	129	领导力（Leadership）	701	知识管理（Knowledge Management）	238
4	战略人力资源管理（Strategic Human Resource Management）	116	知识共享（Knowledge Sharing）	606	人力资源管理（Human Resource Management）	152
5	组织承诺（Organizational Commitment）	113	组织承诺（Organizational Commitment）	591	护士（Nurse）	127
6	华侨（Expatriate）	98	中国（China）	565	崩溃（Burnout）	111

续表

排名	4 679 篇人力资源核心期刊文献		34 664 篇人力资源核心期刊文献的引用文献		6 683 篇社科领域之外的人力资源核心期刊文献的引用文献	
	关键词	出现次数	关键词	出现次数	关键词	出现次数
7	国际人力资源管理(International Human Resource Management)	89	绩效(Performance)	560	组织承诺(Organizational Commitment)	111
8	绩效(Performance)	88	性别(Gender)	552	创新(Innovation)	106
9	澳大利亚(Australia)	71	创新(Innovation)	544	领导力(Leadership)	101
10	人力资源实践(Human Resource Practice)	69	知识管理(Knowledge Management)	472	绩效(Performance)	90
11	人力资本(Human Capital)	69	离职意向(Turnover Intention)	417	护理(Nursing)	87
12	多样性(Diversity)	66	信任(Trust)	390	信任(Trust)	80
13	性别(Gender)	65	工作投入(Work Engagement)	372	压力(Stress)	78
14	企业绩效(Firm Performance)	62	组织文化(Organizational Culture)	360	工作投入(Work Engagement)	74
15	领导力(Leadership)	62	组织公民行为(Organizational Citizenship Behaviour)	335	动机(Motivation)	70
16	离职(Turnover)	60	变革型领导(Transformational Leadership)	330	组织文化(Organizational Culture)	69
17	培训(Training)	60	共同社会责任(Corporate Social Responsibility)	328	人力资源(Human Resource)	68
18	离职意向(Turnover Intention)	57	动机(Motivation)	318	离职意向(Turnover Intention)	67
19	组织公民行为(Organizational Citizenship Behaviour)	56	文化(Culture)	316	知识转换(Knowledge Transfer)	66
20	印度(India)	54	人力资本(Human Capital)	315	中国(China)	63

第四节　知识模式之变：人力资源知识流动范式及变化

尽管对人力资源管理的研究主体聚集在管理这一学科门类，但因为涉及人这个主体，它天然是跨学科的。本节通过各学科之间的知识流图来展示人力资源相关研究的学科交叉融合及变化情况。

与人力资源相关的研究被分为三部分：人力资源核心研究、人力资源核心研究引用的研究、人力资源核心研究被引用的研究。图 13－2 展示了三部分研究的学科分布及其关系，左侧为人力资源核心文献引用的文献所属学科分布，右侧为引用人力资源核心文献的文献所属学科分布，不同学科用不同颜色加以区分，流图宽度带代表其所占比例。需要特别指出的是，这些数据都是去除了社会科学领域学科之后的结果，事实上，人力资源相关研究无论是引用还是被引用的文献，主体仍然分布于社会科学体系中，尤其是管理学内部。

如图 13－2 所示，人力资源核心文献的引用与被引用，呈现出很多的一致性。明显可以观察到，引用与被引用最多的都是信息科学与图书馆科学，二者排名前 5 的学科中有 3 门学科相同，除信息科学与图书馆科学外，还包括公共、环境与职业健康，运筹与管理科学。

同时，二者在分布特征上存在明显的差异，这种差异表明，人力资源研究引用文献的学科分布相比于被引用文献的所属学科分布更为集中。从绝对数量来看，前者分布在 153 个学科中，后者则分布在 166 个学科中（若包括社会科学内的学科则为 211 个）。从相对比例来看，这一结论更为明显。引用文献的学科分布中，有 3 门学科占比超过 10%，前 5 门学科占比过半，前 10 门学科占比大约 2/3。而被引用文献的学科分布则较为广泛，前 5 门学科占比约 1/3，前 10 门学科占比也仅为一半左右，前 20 门学科占比才能达到 2/3。

变革总是从边缘开始的，这一论断非常适合目前的人力资源管理研究状态。从引用与被引用来源与去向关系来看，这种流动比例和变化趋势已然说明，在社会科学体系之外，对人力资源管理的研究正在汲取很多非社会科学的营养，尤其是工程与技术领域。人力资源管理的研究变革，正在主流阵地之外，悄然发生。

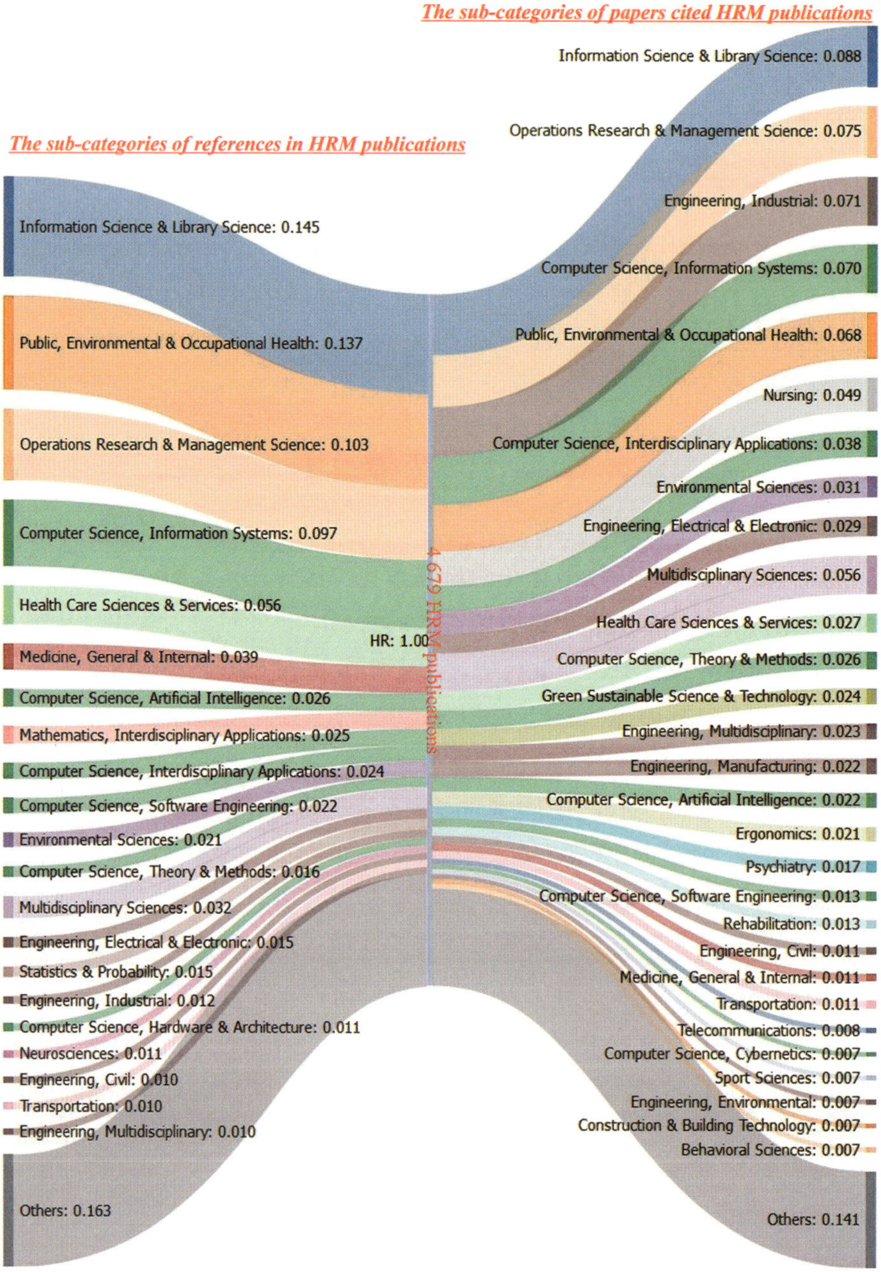
The sub-categories of papers cited HRM publications
The sub-categories of references in HRM publications
Information Science & Library Science: 0.145
Public, Environmental & Occupational Health: 0.137
Operations Research & Management Science: 0.103
Computer Science, Information Systems: 0.097
Health Care Sciences & Services: 0.056
Medicine, General & Internal: 0.039
Computer Science, Artificial Intelligence: 0.026
Mathematics, Interdisciplinary Applications: 0.025
Computer Science, Interdisciplinary Applications: 0.024
Computer Science, Software Engineering: 0.022
Environmental Sciences: 0.021
Computer Science, Theory & Methods: 0.016
Multidisciplinary Sciences: 0.032
Engineering, Electrical & Electronic: 0.015
Statistics & Probability: 0.015
Engineering, Industrial: 0.012
Computer Science, Hardware & Architecture: 0.011
Neurosciences: 0.011
Engineering, Civil: 0.010
Transportation: 0.010
Engineering, Multidisciplinary: 0.010
Others: 0.163
HR: 1.00
4 679 HRM publications
Information Science & Library Science: 0.088
Operations Research & Management Science: 0.075
Engineering, Industrial: 0.071
Computer Science, Information Systems: 0.070
Public, Environmental & Occupational Health: 0.068
Nursing: 0.049
Computer Science, Interdisciplinary Applications: 0.038
Environmental Sciences: 0.031
Engineering, Electrical & Electronic: 0.029
Multidisciplinary Sciences: 0.056
Health Care Sciences & Services: 0.027
Computer Science, Theory & Methods: 0.026
Green Sustainable Science & Technology: 0.024
Engineering, Multidisciplinary: 0.023
Engineering, Manufacturing: 0.022
Computer Science, Artificial Intelligence: 0.022
Ergonomics: 0.021
Psychiatry: 0.017
Computer Science, Software Engineering: 0.013
Rehabilitation: 0.013
Engineering, Civil: 0.011
Medicine, General & Internal: 0.011
Transportation: 0.011
Telecommunications: 0.008
Computer Science, Cybernetics: 0.007
Sport Sciences: 0.007
Engineering, Environmental: 0.007
Construction & Building Technology: 0.007
Behavioral Sciences: 0.007
Others: 0.141

图 13-2　文献知识流图

第五节　研究方法之变：多学科研究方法范式对比

不同范式的技术与方法在各个学科领域广泛运用。相比传统人力资源管理研究，基于非社会学研究范式的研究更多，在管理实践中运用的新技术也更多。

新兴技术在人力资源管理中的运用，在某种程度上重新建构了人力资源管理的研究逻辑，给人力资源管理带来新的机遇。新兴技术正在冲击着工作与就业，研究人员结合新兴技术探究企业人力资源管理实践。这些新技术的研究将帮助人力资源管理从底层研究点的一步一步突破逐步上升到顶层战略面的支撑，这也许是真正打开人力资源研究黑箱的关键。这些技术包括工业4.0甚至5.0、人机工程学、电子手臂、数字游戏、模拟仿真培训、开源软件、众包、数据挖掘、专家系统、智能推荐系统、人工神经网络、网络分析、文本挖掘。有些公司利用Web 2.0等用户生成内容技术获取员工对公司的评论、发展方向等真实评价数据，感知底层员工的真实想法。有的公司甚至运用移动端应用程序实现员工打卡、私密社交挖掘、行为模式挖掘等，对人力资源管理模式进行探索。工程技术领域与人力资源管理的跨学科交叉研究中表现出一个重要特点，即：对管理活动的探讨开始走向更加系统的层面，趋向于搭建新的管理体系，并提供方法论层面的支撑，而不是仅限于对现象和问题本身的发现与解释。

研究方法方面，在数据收集和分析环节运用了大量传统人力资源管理研究中较少使用的方法。在数据收集环节，大部分仍然使用的是社会研究的方法，尤其是调查问卷，但无感知式的大数据技术也逐渐开始运用。在数据分析过程中，传统人力资源管理研究中最常用的方法是定性研究，尤其是案例研究、访谈、比较研究，定量研究方法使用较多的包括结构方程模型、回归分析、因子分析等，在社会科学体系之外也有使用。

在其他学科中，有许多在传统人力资源管理研究中很少使用的方法，包括进化博弈论、模糊逻辑、游戏化（gamification，将游戏设计的手段应用于非游戏的场景）、数据挖掘、数据包络分析、知识管理价值链、知识动力学、概率回归（probability regression）、演化博弈论（evolutionary game theory）等。这些数据收集和处理方法在与人力资源管理相关问题的研究中越来越受关注，甚至可能逐渐改变人力资源管理研究的范式。

第六节　研究圈子之变：学术分裂

数据挖掘领域经常能看到一些基于大数据解决人力资源领域问题的文献，比如简历分析、人岗匹配度等。但按照本书第三章关于人力资源相关文献的判定方法，它们并未包含在内。事实上，这些论文并没有引用传统人力资源领域的任何一篇文献。这一反常现象反映了部分学科（尤其是信息领域）的新兴研究力量并不认同传统人力资源管理研究，也不认为传统的人力资源管理研究有多少经验可借鉴，相关研究者有意或无意地重新认识和解决人力资源管理领域的问题。

这从传统人力资源管理领域的当前研究热点也能看出端倪。传统学者在进行组织承诺、绿色可持续、文化、员工投入等有些在理工科学者看来具有思辨性质的研究，似乎忘记了人力资源这个词的提出是为了把人作为一种最宝贵的资源用好，发挥资源的最优价值。

反观这些不引用传统领域文献的研究，选、育、用、留各个环节都在积极拥抱新技术新方法。新技术对于人力资源的管理和运用已经成为社会科学研究的重要领域。比如，利用人员在组织内部移动的时间序列数据，识别隐含的职业路径，以帮助企业、组织或政府机构更加简单有效地处理人员变动和人才管理。分层职业路径感知神经网络在预测职业流动性方面发挥着重要作用。还有，对于人才招聘和管理领域而言，智能化已经成为当下的趋势。例如，DuerQuiz 作为一项为职场求职人员提供面试问题的个性化试题推荐系统的新技术，为企业提供了更灵活的招聘流程，并加快了面试过程。另外，增强人才招聘能力需要具备感知能力和智能化的神经网络方法，以帮助职业流动性分析和人才招聘。例如，衡量招聘市场中工作技能的普及程度，借鉴多准则方法，为招聘者分析市场变化，并了解不同的技能水平需求。而通过展望人才的职业发展，使用生存分析视角，可以为招聘者提供有关人才长期需求的信息。甚至以联合学习和表征学习技术等为代表的机器学习技术都已被广泛应用于人力资源管理解决方案中，以寻找符合工作契合度的人才。例如，联合表征学习是一种用于配对工作和员工的技术，为企业匹配适合的人选。

总之，新技术的应用为人力资源管理过程中的选、育、用、留提供了更好的解决方案。未来的研究也应该致力于发掘和应用新技术，不断改进和完善现有的人才管理和招聘方法，以便更好地应对复杂的工作市场。

第七节　总结与建议

一、越多学科合作，对人力资源管理的研究和理解越深入

人力资源管理是一项跨学科的研究领域，需要不同领域的学者共同协作才能推动研究的发展。然而，尽管人力资源管理相关的研究遍布各个学科，但是研究人员之间的跨学科合作趋势尚未形成。因此，加强不同学科领域的学者之间的交流与合作是十分必要的。

综合已有文献的研究，可以发现多数研究仍集中在单一学科领域内。出现这种情况可能是因为各学科学者都更擅长使用自己的所学方法和工具，无法使用其他学科的方法进行交叉研究。因此，跨学科的合作研究在现实中面临着许多挑战。例如，学科、语言、理论和方法论的差异可能会给合作研究带来阻力。因此，学界需要加强跨学科团队合作的交流和共同研究计划的制订，以推动人力资源管理领域的跨学科发展。

从研究实践来看，需要将跨学科合作作为人力资源管理的一个方向，以协同研究为突破口，充分发挥各学科领域的优势，促进学科交叉融合和互补。此外，应该进一步加强学科之间的交叉研究，培养跨学科人才。不仅需要建立相应的培训机制，还需要提供更多的交叉课程和实践机会，从而打破学科之间的壁垒，让学生在不同学科领域中自由探索、跨越学科的界限，全面提高人力资源管理跨学科的研究水平。人力资源管理天然是跨学科的，需要以人为纽带将各学科的研究融合在一起。不同学科的学者加强交流与合作是必要的。有研究表明，创新往往发生在交叉领域和边缘地带。学科交叉点往往就是新的生长点、新的科学前沿，这里最有可能产生重大的科学突破，使科学发生革命性的变化。同时，交叉科学是综合性、跨学科的产物，因而有利于解决人类面临的重大复杂科学问题、社会问题和全球性问题。

随着以大语言模型等为代表的通用人工智能的发展，人力资源管理的工作和研究都正在发生巨大变革，甚至连人力资源的概念都可能发生变化。不同学科领域的学者合作可以在方法和内容上形成相互借鉴和补充，有助于在科学的交叉领域和边缘地带创新，并带来科学革命性的变化。人力资源管理的对象极其复杂，在这个领域，只有各领域的专家共同努力，才能更好地理解人力资源管理的复杂对象和过程。

总之，尽管人力资源管理的研究遍布各个学科，但研究人员之间的跨学科合作趋势尚未形成。多学科合作有利于人力资源管理研究的发展，但也面临着跨学科交流和合作困难的挑战。为此，我们需要推动跨学科领域的合作，加强学科之间的交流，培养跨学科人才，实现人力资源管理领域的交叉发展。

二、需要拥抱新技术打开黑箱

新技术新方法给人力资源管理研究带来了打开黑箱的更多可能。电子通信、计算机、国际互联网和其他互动技术等信息技术的迅猛发展，几乎消除了企业之间和人们之间在地理上的距离，让世界变得更小、更近了，创造了一个不受地理边界限制的全球化的工作环境和机会。而新技术的飞速发展，将不断地重新定义工作时间和工作方式。

在人力资源研究领域，尝试可观察、可量化、可解释的计算方法正在变得流行。从研究文献数量而言，社会科学体系之外的相关研究主要是近几年出现飙升，越来越多的论文出现在交叉领域，这与社会计算等领域的兴起紧密相关。大数据、人工智能技术在人力资源管理的诸多环节实践中已经得到运用，尤其是招聘环节，大量基于AI算法的简历筛选等工作效果突出，极大提升了人力资源管理效率。同时，人工智能的发展使得机器人正在代替人做越来越多的工作，但机器人的大规模使用也将带来新的问题，替代性失业、人机混合智能、知识经济等也将成为人力资源管理新的研究方向。

除了AI等技术，很多硬核手段也正在成为可能，如在生物科技领域出现的基于基因分析移民工作满意度，以及研究外貌对求职的影响等。人工智能、大数据、脑科学、生物科技等技术的发展使得人力资源的很多因素以及其对管理效能的影响变得可以定量测量，对人力资源管理的核心要素——人，从生物意义上进行分析，研究其客观生化指标与工作效率等的关系是一个可能的方向。这些方法尝试以工程化方法将人力资源与组织的产出直接关联，这可能为打开人力资源管理的黑箱提供直接的证据。传统研究中，掌握人力资源的价值创造过程是极其困难的，因为它具有路径依赖性和因果关系的不确定性。

人力资源管理的研究者需要积极拥抱新兴技术和工具，架起人力资源理论与实践的桥梁，为人力资源管理研究指导实践提供帮助。要事前预测，致力于解决问题，而非仅仅提出问题和对相关手段的信度和效度进行评价；需要运用更多的技术方法打开黑箱，而非一味停留在定性分析层次。

三、伦理审查是人力资源管理拥抱新技术必须要考虑的问题

尽管新技术为人力资源管理研究提供了更多可能，但需要防范这些工具带给人力资源管理的伦理问题。尤其是涉及人的研究，生物科技手段及基因分析方法都需要慎重选择。除此之外，新型人力资源管理对象、组织边界变

化等新型组织和工作形式将给人力资源管理研究领域及问题带来诸多改变和极大挑战。基于新技术新方法将人力资源管理研究推向深入的同时，保留人文关怀也是必须要做到的。

随着科技的不断发展，新技术为人力资源管理带来了更多的可能性。这些新技术可以帮助人力资源管理者管理更多的数据和信息，提高工作效率，但这些技术也在人力资源管理领域引发了一些伦理问题。比如本书第九章提到的，运用生物科技和基因分析方法分析移民的生活满意度，这对于人力资源管理研究带来的风险，是需要格外慎重对待的。在研究人类行为和个人能力的时候，我们不能忽视个人隐私和人权的保护。特别是在生物科技方面，研究人员不应该将人作为实验品来看待，这不仅违反伦理道德，还可能对人类社会带来更多的危险和不可承受之重。因此，学者需要审慎选择研究课题，并在研究过程中严格遵循伦理道德和法律法规。

另外，随着社会的发展和变化，新型组织形式和工作方式更加多样化、灵活，也极大地扩展了人力资源管理的研究领域和范畴。在这个过程中，技术在组织中的应用日益普及。这给人力资源管理带来了极大的挑战：如何把握新兴组织形态与技术互动方式，深入解析其对于人力资源管理的影响？这不仅需要研究者理性思考，还需要拥有创新思维的管理者和实践者，同时需要国家政策的支持和引导。

人文关怀作为人力资源管理领域中的一个重要价值观和目标，也需要研究者不断保持关注。新技术的应用不能够削弱对员工合法合理需求的考虑，不能够忽视人类情感和价值。虽然人文关怀往往不可量化，但它却是组织能够持久发展的关键之一。在使用这些新技术的时候，必须考虑到它们对员工心理健康和个人隐私的影响，保证员工能够在自由、安全、自主的环境中工作。

综上所述，新技术对于人力资源管理研究带来的机遇和挑战同等重要。在使用这些新技术的时候，必须始终牢记人类情感、人类价值，始终优先考虑人的尊严、人权、隐私的保护，在实践中保留人文关怀，始终将人的思想和情感放在企业管理的核心地位。只有这样，才能不断推进人力资源管理领域的发展和进步。

参考文献

[1] CARLSSON A. A paradigm shift in brain research[J]. Science, 2001, 294(5544): 1021-1024

[2] KHALDI K. Quantitative, qualitative or mixed research: which research paradigm to use? [J]. Journal of Educational and Social Research, 2017, 7(2): 15 .

[3] KUHN T S, EPSTEIN J. The essential tension [M]. Chicago: The University of Chicago Press, 1979.

[4] SHAPERE D. The structure of scientific revolutions [J]. Philosophical Review, 1964, 73(3): 383-394 .

[5] NELSON K. The syntagmatic-paradigmatic shift revisited: a review of research and theory[J]. Psychological Bulletin, 1977, 84(1): 93.

附录 A

GIPP 映射表

本研究对学科的划分是基于 WOS 采用的 GIPP 分类体系进行的。GIPP 将研究领域划分为六大学科：艺术与人文（Arts & Humanities），临床、临床前与健康（Clinical，Pre-Clinical & Health），工程与技术（Engineering & Technology），生命科学（Life Sciences），理学（Physical Sciences），社会科学（Social Sciences）。表 A－1 展现了六大学科下的各子学科。

每个研究领域计划都唯一地映射到使用 WOS 核心数据库建立的研究领域/期刊。因此，结果表中的文档总计不一定与选择 WOS 时显示的总计相对应。通过查看 GIPP 每个研究领域描述中列出的 WOS 学科类别，读者可以了解 GIPP 学科分类与 WOS 核心数据库的学科类别之间的对应关系。

表 A－1　GIPP 学科分类表

Arts & Humanities	Clinical, Pre-Clinical & Health	Engineering & Technology	Life Sciences	Physical Sciences	Social Sciences
Art	Allergy	Acoustics	Agricultural Economics & Policy	Astronomy/Astrophysics	Anthropology
Architecture	Anesthesiology	Automation & Control Systems	Agricultural Engineering	Chemistry, Analytical	Archaeology
Classics	Audiology & Speech-Language Pathology	Computer Science, Artificial Intelligence	Agriculture, Dairy & Animal Science	Chemistry, Applied	Area Studies
Cultural Studies	Cardiac & Cardiovascular Systems	Computer Science, Cybernetics	Agriculture, Multidisciplinary	Chemistry, Inorganic & Nuclear	Asian Studies
Dance	Clinical Neurology	Computer Science, Hardware & Architecture	Agronomy	Chemistry, Medicinal	Business
Folklore	Critical Care Medicine	Computer Science, Information Systems	Anatomy & Morphology	Chemistry, Multidisciplinary	Business, Finance
History	Dentistry, Oral Surgery & Medicine	Computer Science, Interdisciplinary Applications	Andrology	Chemistry, Organic	Communication
History & Philosophy of Science	Dermatology	Computer Science, Software Engineering	Behavioral Sciences	Chemistry, Physical	Criminology & Penology
Humanities, Multidisciplinary	Emergency Medicine	Computer Science, Theory & Methods	Biochemical Research Methods	Crystallography	Demography
Language & Linguistics	Endocrinology & Metabolism	Construction & Building Technology	Biochemistry & Molecular Biology	Electrochemistry	Economics
Linguistics	Gastroenterology & Hepatology	Energy & Fuels	Biodiversity Conservation	Geochemistry & Geophysics	Education & Educational Research
Literary Reviews	Geriatrics & Gerontology	Engineering, Aerospace	Biology	Geography, Physical	Education, Scientific Disciplines
Literary Theory & Criticism	Health Care Sciences & Services	Engineering, Biomedical	Biophysics	Geology	Education, Special
Literature	Hematology	Engineering, Chemical	Biotechnology & Applied Microbiology	Geosciences, Multidisciplinary	Environmental Studies
Literature, African, Australian, Canadian	Infectious Diseases	Engineering, Civil	Cardiac & Cardiovascular Systems	Logic	Ethics
Literature, American	Integrative & Complementary Medicine	Engineering, Electrical & Electronic	Cell & Tissue Engineering	Mathematics	Ethnic Studies

续表

Arts & Humanities	Clinical, Pre-Clinical & Health	Engineering & Technology	Life Sciences	Physical Sciences	Social Sciences
Literature, British Isles	Medical Ethics	Engineering, Environmental	Cell Biology	Mathematics, Applied	Family Studies
Literature, German, Dutch, Scandanavian	Medical Informatics	Engineering, Geological	Developmental Biology	Mathematics, Interdisciplinary Applications	Film, Radio, Television
Literature, Romance	Medical Laboratory Technology	Engineering, Industrial	Ecology	Meteorology & Atmospheric Science	Geography
Literature, Slavic	Medicine, General & Internal	Engineering, Manufacturing	Endocrinology & Metabolism	Mineralogy	Gerontology
Medieval & Renaissance Studies	Medicine, Legal	Engineering, Marine	Entomology	Multidisciplinary Sciences	Health Policy & Services
Music	Medicine, Research & Experimental	Engineering, Mechanical	Environmental Sciences	Nanoscience & Nanotechnology	History of Social Sciences
Philosophy	Neuroimaging	Engineering, Multidisciplinary	Evolutionary Biology	Oceanography	Hospitality, Leisure, Sport & Tourism
Poetry	Nursing	Engineering, Ocean	Fisheries	Optics	Industrial Relations & Labor
Religion	Nutrition & Dietetics	Engineering, Petroleum	Food Science & Technology	Physics, Applied	International Relations
Theater	Obstetrics & Gynecology	Ergonomics	Forestry	Physics, Atomic, Molecular & Chemical	Law
	Oncology	Imaging Science & Photographic	Gastroenterology & Hepatology	Physics, Condensed Matter	Linguistics
		Technology			
	Ophthalmology	Information Science & Library Science	Genetics & Heredity	Physics, Fluids & Plasmas	Management
	Orthopedics	Instruments & Instrumentation	Horticulture	Physics, Mathematical	Planning & Development
	Otorhinolaryngology	Materials Science, Biomaterials	Immunology	Physics, Multidisciplinary	Political Science
	Pathology	Materials Science, Ceramics	Limnology	Physics, Nuclear	Psychology
	Pediatrics	Materials Science, Characterization & Testing	Marine & Freshwater Biology	Physics, Particles & Fields	Psychology, Applied

续表

Arts & Humanities	Clinical, Pre-Clinical & Health	Engineering & Technology	Life Sciences	Physical Sciences	Social Sciences
	Peripheral Vascular Disease	Materials Science, Composites	Mathematical & Computational Biology	Polymer Science	Psychology, Biological
	Pharmacology & Pharmacy	Materials Science, Multidisciplinary	Microbiology	Spectroscopy	Psychology, Clinical
	Primary Health Care	Materials Science, Paper & Wood	Multidisciplinary Sciences	Statistics & Probability	Psychology, Developmental
	Psychiatry	Materials Science, Coatings & Films	Mycology	Thermodynamics	Psychology, Educational
	Public, Environmental & Occupational Health	Materials Science, Textiles	Neurosciences	Water Resources	Psychology, Experimental
	Radiology, Nuclear Medicine & Medical Imaging	Mechanics	Oncology		Psychology, Mathematical
	Rehabilitation	Metallurgy & Metallurgical Engineering	Ornithology		Psychology, Multidisciplinary
	Respiratory System	Microscopy	Paleontology		Psychology, Psychoanalysis
	Rheumatology	Mining & Mineral Processing	Parasitology		Psychology, Social
	Sport Sciences	Nuclear Science & Technology	Pathology		Public Administration
	Substance Abuse	Operations Research & Management Science	Peripheral Vascular Disease		Social Issues
	Surgery	Remote Sensing	Pharmacology & Pharmacy		Social Sciences, Biomedical
	Transplantation	Robotics	Physiology		Social Sciences, Interdisciplinary
	Tropical Medicine	Telecommunications	Plant Sciences		Social Sciences, Mathematical Methods
	Urology & Nephrology	Transportation	Reproductive Biology		Social Work

续表

Arts & Humanities	Clinical, Pre-Clinical & Health	Engineering & Technology	Life Sciences	Physical Sciences	Social Sciences
		Transportation Science & Technology	Soil Science		Sociology
			Toxicology		Urban Studies
			Transplantation		Women's Studies
			Veterinary Sciences		
			Virology		
			Zoology		

来源：help. incites. clarivate. com/inCites2Live/indicatorsGroup/aboutHandbook/appendix/mappingTable. html

附录 B. 1

HRM 领域学者学术影响力前 50 名学者所属机构与国家

表 B－1 展示了基于 WOS 核心数据库数据的人力资源管理领域学者学术影响力排名前 50 的学者及其所属机构与国家。

表 B－1　HRM 领域学者学术影响力前 50 名学者所属机构与国家

排名	学者姓名	机构	国家
1	A. B. Bakker	鹿特丹伊拉斯谟大学	荷兰
2	E. Demerouti	乌特勒支大学	荷兰
3	D. P. Lepak	罗格斯大学	美国
4	G. R. Ferris	佛罗里达州立大学	美国
5	P. M. Wright	康奈尔大学	美国
6	W. B. Schaufeli	乌特勒支大学	荷兰
7	F. Luthans	内布拉斯加大学	美国
8	F. O. Walumbwa	内布拉斯加大学	美国
9	B. J. Avolio	内布拉斯加大学	美国

续表

排名	学者姓名	机构	国家
10	E. Salas	中佛罗里达大学	美国
11	F. P. Morgeson	密歇根州立大学	美国
12	D. C. Feldman	佐治亚大学	美国
13	K. F. Jiang	罗格斯大学	美国
14	S. E. Jackson	罗格斯大学	美国
15	H. De Witte	西北大学	南非
16	C. Brewster	雷丁大学	英国
17	J. A. Lepine	亚利桑那州立大学	美国
18	T. D. Allen	南佛罗里达大学	美国
19	Y. Baruch	鲁昂商学院	法国
20	J. Zhou	莱斯大学	美国
21	T. N. Bauer	波特兰州立大学	美国
22	J. Birkinshaw	伦敦大学	英国
23	B. E. Ashforth	康考迪亚大学	加拿大
24	S. E. Humphrey	佛罗里达州立大学	美国
25	R. E. Ployhart	南卡罗来纳大学	美国
26	J. P. Meyer	西安大略大学	加拿大
27	I. Bjorkman	汉肯经济学院	芬兰
28	H. Aguinis	印第安纳大学	美国
29	A. Newman	莫纳什大学	澳大利亚
30	D. A. Waldman	亚利桑那州立大学	美国
31	F. Lievens	根特大学	比利时
32	C. Lee	东北大学	美国
33	M. Wang	马里兰大学	美国
34	S. K. Parker	西澳大利亚大学	澳大利亚

续表

排名	学者姓名	机构	国家
35	R. A. Noe	俄亥俄州立大学	美国
36	K. Mellahi	华威大学	英国
37	P. S. Budhwar	阿斯顿商学院	英国
38	R. S. Schuler	纽约大学	美国
39	B. Erdogan	波特兰州立大学	美国
40	M. C. Bolino	俄克拉荷马大学	美国
41	D. G. Collings	爱尔兰国立大学	爱尔兰
42	S. Aryee	阿斯顿大学	英国
43	D. A. Harrison	得克萨斯大学奥斯汀分校	美国
44	J. Liu	中国人民大学	中国
45	B. I. J. M. Van Der Heijden	拉德堡德大学	荷兰
46	T. A. Judge	俄亥俄州立大学	美国
47	A. Carmeli	巴伊兰大学	以色列
48	L. Wang	中国医科大学	中国
49	T. W. H. Ng	香港大学	中国
50	J. Paauwe	蒂尔堡大学	荷兰

附录 B. 2

HRM 领域学者学术影响力前 50 名学者评价指标值

表 B－2 展示了基于 WOS 核心数据库数据的人力资源管理领域学者学术影响力排名前 50 的学者的评价指标值。

表 B－2　HRM 领域学者学术影响力前 50 名学者评价指标值

排名	学者姓名	频次	Z9_sum	Z9_max	*h*-index	*g*-index	*A*-index	Deg_Cen	Clo_Cen
1	A. B. Bakker	89	9 914	810	43	89	210.63	0.011	0.20
2	E. Demerouti	51	4 972	731	24	51	198.00	0.006	0.19
3	D. P. Lepak	30	4 642	1 030	19	30	239.74	0.005	0.21
4	G. R. Ferris	75	3 715	397	27	60	117.19	0.010	0.21
5	P. M. Wright	37	4 638	864	26	37	175.62	0.006	0.21
6	W. B. Schaufeli	37	4 805	810	26	37	179.62	0.005	0.18
7	F. Luthans	37	3 111	615	23	37	128.52	0.005	0.19
8	F. O. Walumbwa	21	2 698	731	17	21	155.82	0.004	0.20
9	B. J. Avolio	16	3 148	731	15	16	209.60	0.002	0.19

续表

排名	学者姓名	频次	Z9_sum	Z9_max	h-index	g-index	A-index	Deg_Cen	Clo_Cen
10	E. Salas	41	2 949	653	21	41	134. 38	0. 005	0. 17
11	F. P. Morgeson	16	2 068	683	12	16	170. 42	0. 003	0. 19
12	D. C. Feldman	63	4 234	371	37	63	101. 43	0. 003	0. 19
13	K. F. Jiang	19	1 127	479	10	19	109. 50	0. 005	0. 21
14	S. E. Jackson	25	2 846	732	11	25	257. 00	0. 004	0. 20
15	H. De Witte	53	1 715	370	21	41	73. 05	0. 008	0. 19
16	C. Brewster	98	2 151	181	24	44	70. 08	0. 009	0. 21
17	J. A. Lepine	9	2 202	731	7	9	314. 57	0. 002	0. 17
18	T. D. Allen	32	2 289	725	20	32	108. 15	0. 006	0. 20
19	Y. Baruch	64	1 775	289	23	40	60. 22	0. 006	0. 20
20	J. Zhou	10	796	481	7	10	113. 29	0. 003	0. 20
21	T. N. Bauer	24	1 069	431	14	24	71. 86	0. 004	0. 20
22	J. Birkinshaw	25	4 598	664	20	25	227. 95	0. 002	0. 17
23	B. E. Ashforth	16	4 127	1 012	11	16	371. 82	0. 002	0. 18
24	S. E. Humphrey	5	1 503	683	5	5	300. 60	0. 001	0. 18
25	R. E. Ployhart	25	1 593	349	18	25	86. 56	0. 003	0. 19
26	J. P. Meyer	24	3 461	2204	17	24	202. 24	0. 002	0. 18
27	I. Bjorkman	41	2 488	546	20	41	114. 65	0. 004	0. 19
28	H. Aguinis	31	1 806	340	20	31	83. 95	0. 004	0. 19
29	A. Newman	36	698	90	15	25	36. 47	0. 005	0. 20
30	D. A. Waldman	20	1276	177	17	20	72. 94	0. 004	0. 20
31	F. Lievens	46	1 064	147	17	32	49. 12	0. 009	0. 20
32	C. Lee	35	800	175	16	28	43. 44	0. 005	0. 20
33	M. Wang	33	1 103	281	14	33	73. 64	0. 006	0. 21
34	S. K. Parker	17	1 739	665	12	17	141. 83	0. 003	0. 18
35	R. A. Noe	19	1 449	712	13	19	109. 69	0. 003	0. 19
36	K. Mellahi	37	1 247	398	16	35	68. 69	0. 004	0. 20

续表

排名	学者姓名	频次	Z9_sum	Z9_max	*h*-index	*g*-index	*A*-index	Deg_Cen	Clo_Cen
37	P. S. Budhwar	34	1 881	663	22	34	83.18	0.006	0.21
38	R. S. Schuler	27	2 255	732	12	27	186.25	0.003	0.20
39	B. Erdogan	22	1 132	431	11	22	97.46	0.003	0.19
40	M. C. Bolino	22	2 033	464	18	22	111.00	0.003	0.18
41	D. G. Collings	34	1 498	398	18	34	76.56	0.004	0.20
42	S. Aryee	18	2 039	663	16	18	125.81	0.002	0.19
43	D. A. Harrison	18	1 935	456	13	18	145.92	0.002	0.18
44	J. Liu	29	855	247	14	29	55.00	0.006	0.21
45	B. I. J. M. Van Der Heijden	43	917	294	14	30	56.79	0.007	0.20
46	T. A. Judge	22	2 142	290	17	22	122.88	0.005	0.19
47	A. Carmeli	29	1 097	177	16	29	62.69	0.003	0.19
48	L. Wang	45	673	59	15	24	35.40	0.005	0.21
49	T. W. H. Ng	43	1 841	207	25	42	64.20	0.001	0.18
50	J. Paauwe	34	1 525	246	20	34	70.80	0.005	0.20

附录 B.3

HRM 领域学者学术影响力前 50 名学者评价指标排名列表

表 B－3 展示了基于 WOS 核心数据库数据的人力资源管理领域学者学术影响力排名前 50 的学者各评价指标的排名。

表 B－3　HRM 领域学者学术影响力前 50 名学者评价指标排名列表

排名	学者姓名	频次	Z9_sum	Z9_max	*h*-index	*g*-index	*A*-index	Deg_Cen	Clo_Cen
1	A. B. Bakker	2	1	39	1	1	88	1	48
2	E. Demerouti	14	2	54	8	4	101	18	183
3	D. P. Lepak	76	4	15	26	36	66	36	9
4	G. R. Ferris	4	9	216	3	3	278	3	16
5	P. M. Wright	45	5	33	4	13	139	22	15
6	W. B. Schaufeli	47	3	40	5	14	129	41	643
7	F. Luthans	42	13	94	11	12	236	34	144
8	F. O. Walumbwa	187	16	55	37	118	173	115	86
9	B. J. Avolio	327	12	56	71	267	89	348	254

续表

排名	学者姓名	频次	Z9_sum	Z9_max	*h*-index	*g*-index	*A*-index	Deg_Cen	Clo_Cen
10	E. Salas	28	14	83	14	8	219	51	1428
11	F. P. Morgeson	318	34	70	151	260	149	266	171
12	D. C. Feldman	7	7	240	2	2	375	200	110
13	K. F. Jiang	231	130	148	234	169	325	60	11
14	S. E. Jackson	123	15	53	171	70	57	113	53
15	H. De Witte	12	57	244	13	7	663	6	206
16	C. Brewster	1	29	652	7	5	711	4	2
17	J. A. Lepine	1 085	26	57	637	951	35	564	1 085
18	T. D. Allen	67	22	63	21	25	328	21	40
19	Y. Baruch	6	46	358	9	11	896	13	36
20	J. Zhou	929	263	146	609	792	301	135	27
21	T. N. Bauer	137	148	178	81	85	683	63	46
22	J. Birkinshaw	112	6	78	24	68	71	337	1 425
23	B. E. Ashforth	334	8	18	196	271	21	731	572
24	S. E. Humphrey	2 569	73	71	1 510	2 413	41	1 860	863
25	R. E. Ployhart	126	62	272	31	72	498	127	240
26	J. P. Meyer	131	10	1	35	84	97	391	880
27	I. Bjorkman	30	19	115	19	9	292	73	162
28	H. Aguinis	71	45	281	22	32	532	111	142
29	A. Newman	50	316	1 443	60	67	1 758	35	59
30	D. A. Waldman	191	100	678	38	135	668	104	29
31	F. Lievens	19	150	839	33	24	1 207	5	32
32	C. Lee	53	258	693	44	45	1 395	42	31
33	M. Wang	66	136	372	74	23	653	14	5
34	S. K. Parker	291	51	75	147	230	193	265	436
35	R. A. Noe	232	75	67	110	170	324	233	305
36	K. Mellahi	46	105	214	43	16	729	74	58

续表

排名	学者姓名	频次	Z9_sum	Z9_max	*h*-index	*g*-index	*A*-index	Deg_Cen	Clo_Cen
37	P. S. Budhwar	61	42	80	12	19	540	25	6
38	R. S. Schuler	101	24	52	131	50	116	203	30
39	B. Erdogan	159	128	179	180	102	413	205	158
40	M. C. Bolino	153	38	155	32	99	317	261	437
41	D. G. Collings	63	74	215	28	20	610	84	103
42	S. Aryee	244	37	81	51	191	246	398	120
43	D. A. Harrison	257	40	162	114	198	186	344	871
44	J. Liu	88	227	439	77	43	1 011	20	8
45	B. I. J. M. Van Der Heijden	23	201	347	73	33	968	8	52
46	T. A. Judge	165	31	355	36	104	257	49	193
47	A. Carmeli	87	139	677	46	42	837	138	181
48	L. Wang	20	334	2 162	53	75	1 832	31	10
49	T. W. H. Ng	22	44	550	6	6	804	870	683
50	J. Paauwe	60	69	442	20	18	700	45	67

附录 B.4

HRM 领域学者学术影响力分类—综合评价前 50 名学者所属机构与国家

表 B－4 展示了基于 WOS 核心数据库数据的人力资源管理领域学者在学术影响力分类—综合评价中前 50 名学者及其所属机构与国家。

表 B－4　HRM 领域学者学术影响力分类—综合评价前 50 名学者所属机构与国家

排名	学者姓名	机构	国家
1	A. B. Bakker	鹿特丹伊拉斯谟大学	荷兰
2	G. R. Ferris	佛罗里达州立大学	美国
3	Y. Baruch	东英吉利亚大学	英国
4	E. Demerouti	乌特勒支大学	荷兰
5	E. Salas	中佛罗里达大学	美国
6	B. I. J. M. Van Der Heijden	拉德堡德大学	荷兰
7	P. M. Wright	康奈尔大学	美国
8	F. Lievens	根特大学	比利时
9	D. C. Feldman	南卡罗来纳大学	美国

续表

排名	学者姓名	机构	国家
10	F. Luthans	内布拉斯加大学	美国
11	H. Aguinis	印第安纳大学	美国
12	S. H. Kim	首尔大学	韩国
13	T. Bartram	乐卓博大学	澳大利亚
14	W. B. Schaufeli	乌特勒支大学	荷兰
15	C. Brewster	克兰菲尔德大学	英国
16	J. Birkinshaw	斯德哥尔摩经济学院	瑞典
17	R. A. Noe	俄亥俄州立大学	美国
18	A. Newman	莫纳什大学	澳大利亚
19	R. E. Ployhart	南卡罗来纳大学	美国
20	B. J. Avolio	内布拉斯加大学	美国
21	A. Carmeli	巴伊兰大学	以色列
22	K. C. Li	香港浸会大学	中国
23	H. K. Kwan	德雷塞尔大学	美国
24	B. Erdogan	波特兰州立大学	美国
25	F. O. Walumbwa	内布拉斯加大学	美国
26	T. W. H. Ng	香港大学	中国
27	K. Alfes	蒂尔堡大学	荷兰
28	C. Lee	东北大学	美国
29	T. D. Allen	南佛罗里达大学	美国
30	I. Bjorkman	汉肯经济学院	芬兰
31	M. Wang	马里兰大学	美国
32	H. De Witte	鲁汶大学	比利时
33	J. Paauwe	鹿特丹伊拉斯谟大学	荷兰
34	F. L. Cooke	曼彻斯特大学	英国

续表

排名	学者姓名	机构	国家
35	T. N. Bauer	波特兰州立大学	美国
36	K. F. Jiang	圣母大学	美国
37	P. W. Hom	亚利桑那州立大学	美国
38	D. P. Lepak	马里兰大学	美国
39	D. G. Collings	爱尔兰国立大学	爱尔兰
40	M. C. Bolino	南卡罗来纳大学	美国
41	C. T. Kulik	南澳大利亚大学	澳大利亚
42	E. E. Kossek	密歇根州立大学	美国
43	P. M. Bal	鹿特丹伊拉斯谟大学	荷兰
44	P. C. Patel	鲍尔州立大学	美国
45	N. Dries	鲁汶大学	比利时
46	L. Wang	中国医科大学	中国
47	C. P. Lin	万能科技大学	中国
48	Y. Chen	西南大学	中国
49	T. A. Judge	俄亥俄州立大学	美国
50	D. M. Rousseau	卡内基梅隆大学	美国

附录 B. 5

HRM 领域学者学术影响力分类—综合评价前 50 名学者评价指标值

表 B－5 展示了基于 WOS 核心数据库数据的人力资源管理领域学者在学术影响力分类—综合评价中排名前 50 的学者各评价指标值。

表 B－5　HRM 领域学者学术影响力分类—综合评价前 50 名学者评价指标值

排名	学者姓名	频次	Z9_sum	Z9_max	*h*-index	*g*-index	*A*-index	Deg_Cen	Clo_Cen
1	A. B. Bakker	89	9 914	810	43	89	210.63	0.011	0.20
2	G. R. Ferris	75	3 715	397	27	60	117.19	0.010	0.21
3	Y. Baruch	64	1 775	289	23	40	60.22	0.006	0.20
4	E. Demerouti	51	4 972	731	24	51	198.00	0.006	0.19
5	E. Salas	41	2 949	653	21	41	134.38	0.005	0.17
6	B. I. J. M. Van Der Heijden	43	917	294	14	30	56.79	0.007	0.20
7	P. M. Wright	37	4 638	864	26	37	175.62	0.006	0.21
8	F. Lievens	46	1 064	147	17	32	49.12	0.009	0.20
9	D. C. Feldman	63	4 234	371	37	63	101.43	0.003	0.19

续表

排名	学者姓名	频次	Z9_sum	Z9_max	*h*-index	*g*-index	*A*-index	Deg_Cen	Clo_Cen
10	F. Luthans	37	3 111	615	23	37	128.52	0.005	0.19
11	H. Aguinis	31	1 806	340	20	31	83.95	0.004	0.19
12	S. Kim	76	713	215	10	24	47.80	0.011	0.22
13	T. Bartram	43	620	99	12	24	42.25	0.005	0.18
14	W. B. Schaufeli	37	4 805	810	26	37	179.62	0.005	0.18
15	C. Brewster	98	2 151	181	24	44	70.08	0.009	0.21
16	J. Birkinshaw	25	4 598	664	20	25	227.95	0.002	0.17
17	R. A. Noe	19	1 449	712	13	19	109.69	0.003	0.19
18	A. Newman	36	698	90	15	25	36.47	0.005	0.20
19	R. E. Ployhart	25	1 593	349	18	25	86.56	0.003	0.19
20	B. J. Avolio	16	3 148	731	15	16	209.60	0.002	0.19
21	A. Carmeli	29	1 097	177	16	29	62.69	0.003	0.19
22	J. Li	53	441	40	11	18	24.18	0.007	0.20
23	H. K. Kwan	24	432	67	11	20	34.55	0.004	0.19
24	B. Erdogan	22	1 132	431	11	22	97.46	0.003	0.19
25	F. O. Walumbwa	21	2 698	731	17	21	155.82	0.004	0.20
26	T. W. H. Ng	43	1 841	207	25	42	64.20	0.001	0.18
27	K. Alfes	34	577	140	11	23	42.64	0.003	0.19
28	C. Lee	35	800	175	16	28	43.44	0.005	0.20
29	T. D. Allen	32	2 289	725	20	32	108.15	0.006	0.20
30	I. Bjorkman	41	2 488	546	20	41	114.65	0.004	0.19
31	M. Wang	33	1 103	281	14	33	73.64	0.006	0.21
32	H. De Witte	53	1 715	370	21	41	73.05	0.008	0.19
33	J. Paauwe	34	1 525	246	20	34	70.80	0.005	0.20
34	F. L. Cooke	59	1 079	96	20	31	41.70	0.004	0.21
35	T. N. Bauer	24	1 069	431	14	24	71.86	0.004	0.20
36	K. F. Jiang	19	1 127	479	10	19	109.50	0.005	0.21

续表

排名	学者姓名	频次	Z9_sum	Z9_max	*h*-index	*g*-index	*A*-index	Deg_Cen	Clo_Cen
37	P. W. Hom	15	584	141	10	15	56.80	0.004	0.20
38	D. P. Lepak	30	4 642	1 030	19	30	239.74	0.005	0.21
39	D. G. Collings	34	1 498	398	18	34	76.56	0.004	0.20
40	M. C. Bolino	22	2 033	464	18	22	111.00	0.003	0.18
41	C. T. Kulik	50	1 007	94	20	31	42.65	0.003	0.18
42	E. E. Kossek	32	1 566	207	18	32	82.00	0.005	0.20
43	P. M. Bal	32	1 103	308	16	32	63.38	0.004	0.19
44	P. C. Patel	19	652	177	9	19	68.89	0.003	0.19
45	N. Dries	20	747	106	14	20	50.93	0.002	0.17
46	L. Wang	45	673	59	15	24	35.40	0.005	0.21
47	C. P. Lin	39	695	169	15	26	41.93	0.003	0.18
48	Y. Chen	29	536	84	13	23	36.46	0.004	0.20
49	T. A. Judge	22	2 142	290	17	22	122.88	0.005	0.19
50	D. M. Rousseau	24	2 148	409	15	24	139.27	0.005	0.20

附录 B.6

HRM 领域学者学术影响力分类—综合评价前 50 名学者评价指标排名列表

表 B－6 展示了基于 WOS 核心数据库数据的人力资源管理领域学者在学术影响力分类—综合评价中排名前 50 的学者各评价指标的排名情况。

表 B－6　HRM 领域学者学术影响力分类—综合评价前 50 名学者评价指标排名列表

排名	学者姓名	频次	Z9_sum	Z9_max	*h*-index	*g*-index	*A*-index	Deg_Cen	Clo_Cen
1	A. B. Bakker	2	1	39	1	1	88	1	48
2	G. R. Ferris	4	9	216	3	3	278	3	16
3	Y. Baruch	6	46	358	9	11	896	13	36
4	E. Demerouti	14	2	54	8	4	101	18	183
5	E. Salas	28	14	83	14	8	219	51	1428
6	B. I. J. M. Van Der Heijden	23	201	347	73	33	968	8	52
7	P. M. Wright	45	5	33	4	13	139	22	15
8	F. Lievens	19	150	839	33	24	1 207	5	32

续表

排名	学者姓名	频次	Z9_sum	Z9_max	*h*-index	*g*-index	*A*-index	Deg_Cen	Clo_Cen
9	D. C. Feldman	7	7	240	2	2	375	200	110
10	F. Luthans	42	13	94	11	12	236	34	144
11	H. Aguinis	71	45	281	22	32	532	111	142
12	S. Kim	3	304	511	212	73	1 246	2	1
13	T. Bartram	24	376	1 329	124	76	1 445	50	679
14	W. B. Schaufeli	47	3	40	5	14	129	41	643
15	C. Brewster	1	29	652	7	5	711	4	2
16	J. Birkinshaw	112	6	78	24	68	71	337	1 425
17	R. A. Noe	232	75	67	110	170	324	233	305
18	A. Newman	50	316	1 443	60	67	1 758	35	59
19	R. E. Ployhart	126	62	272	31	72	498	127	240
20	B. J. Avolio	327	12	56	71	267	89	348	254
21	A. Carmeli	87	139	677	46	42	837	138	181
22	J. Li	13	601	2 932	158	174	2 781	7	35
23	H. K. Kwan	136	612	1 933	175	129	1 896	101	114
24	B. Erdogan	159	128	179	180	102	413	205	158
25	F. O. Walumbwa	187	16	55	37	118	173	115	86
26	T. W. H. Ng	22	44	550	6	6	804	870	683
27	K. Alfes	59	410	885	162	90	1 429	121	138
28	C. Lee	53	258	693	44	45	1 395	42	31
29	T. D. Allen	67	22	63	21	25	328	21	40
30	I. Bjorkman	30	19	115	19	9	292	73	162
31	M. Wang	66	136	372	74	23	653	14	5
32	H. De Witte	12	57	244	13	7	663	6	206
33	J. Paauwe	60	69	442	20	18	700	45	67
34	F. L. Cooke	8	145	1 356	16	28	1 480	94	19
35	T. N. Bauer	137	148	178	81	85	683	63	46

续表

排名	学者姓名	频次	Z9_sum	Z9_max	*h*-index	*g*-index	*A*-index	Deg_Cen	Clo_Cen
36	K. F. Jiang	231	130	148	234	169	325	60	11
37	P. W. Hom	375	403	872	250	313	967	91	77
38	D. P. Lepak	76	4	15	26	36	66	36	9
39	D. G. Collings	63	74	215	28	20	610	84	103
40	M. C. Bolino	153	38	155	32	99	317	261	437
41	C. T. Kulik	15	160	1 383	18	30	1 428	225	404
42	E. E. Kossek	68	64	551	30	26	553	53	60
43	P. M. Bal	70	137	328	45	27	822	85	173
44	P. C. Patel	219	351	679	294	165	726	144	201
45	N. Dries	197	283	1 211	84	138	1 128	394	1 162
46	L. Wang	20	334	2 162	53	75	1 832	31	10
47	C. P. Lin	35	321	733	57	54	1 466	201	658
48	Y. Chen	85	461	1 521	96	92	1 759	86	41
49	T. A. Judge	165	31	355	36	104	257	49	193
50	D. M. Rousseau	139	30	203	66	87	202	58	55

后　记

一、缘起与跋涉：跨学科者的蹒跚试步

本书的写作，始于一次对学科疆域的莽撞叩问。当我以工科背景之身踏入人力资源研究领域时，未曾料到这场冒险会如此笨拙而坎坷。最初定下“多学科交叉研究与范式转移”的宏大标题时，多少带着些初生牛犊的莽撞——一个域外之人妄谈范式革命，实有班门弄斧之嫌。如今回望，书中所谓“范式转移”，不过是窥见了学科边缘的点点星火，离范式转移其实还相距甚远。

研究始于一次困惑的凝视：当算法已能解析微表情、数字分身正替代真人面试时，学界主流仍在问卷与访谈的范式里深耕。这份割裂感驱使我潜入文献深海，最终演化成了一场跨越学科疆域的探索之旅：从 Web of Science 数据库中获取 30 余年来的 3 万余篇文献，用网络分析绘制知识谱系，以计量方法追踪学科交叉的蛛丝马迹。这场笨拙却执着的文献分析，最终揭示了一个令我欣喜的图景——尽管传统社科领域的人力资源研究占据主流，但也竟有 6 683 篇散落于工程、医学、理学等人力资源“非主流”领域，覆盖 159 个学科。这些“异类”研究如同暗流，在学科壁垒之下悄然重塑着人力资源的认知范式。

然而数据越丰沛，惶恐愈深重。书中对交叉研究的论述，多止步于文献计量与热点罗列。当我们将临床医学的激素检测嫁接到绩效评估，或将物理学的复杂网络模型套用于组织分析时，更像是在黑箱表面敲开几道裂痕，离触及真正的机理内核恐怕仍然很遥远。但我仍相信真正的创新往往诞生在学科的边缘，

这种跨界尝试虽显生硬，却让我触摸到人力资源作为“人的科学”的另一种可能：它或许本就不该困于单一学科的围城，而应成为连接技术与社会的桥梁。

本书终究只是这场远征的蹒跚初啼。那些被量化的文献分布、被标注的知识图谱，不过是学科融合的浅滩足迹。若读者能从中窥见几簇星火，于我已是意外之喜；至于真正的范式重构，仍需后来者执炬拓荒。

二、致谢与感怀：在荆棘路上助我前行的人

本书得以成形，首先要感谢两位重塑我学术生命的导师。15 年前，当“社会计算”尚属陌生概念时，是王飞跃教授引导我一步步踏入这一未知领域，彻底为我打开了交叉学科的新视界，他的思想仍在时时刻刻如指路明灯引领着我前行。当我决意投身人力资源研究时，刘忠教授给我的提醒至今回响：“这个领域举步维艰，你要做好坐 10 年冷板凳的准备。”如今几近 10 年，首部书稿付梓，方知此言之重——从 3 万余篇文献中筛选出真正具有范式突破意义的数百篇研究，其过程堪比沙海淘金；而将理工学科的方法引入人力资源领域，更遭遇过无数“不伦不类”的质疑。正是导师当年的警示，让我在至暗时刻仍能守住研究的纯度。

此外，感谢各位研究生帮我完成文献整理等庞杂的工作，尤其是黄静波，本书的部分章节内容源自他的硕士论文。学生的全力奉献、团队的默默支持、家庭的理解与厚爱，皆为本书不可或缺的基石。

最后感谢责任编辑魏云江。从内容到格式，她一字一句细致审稿，引导我一章一章不断打磨，不仅以出版人的严谨规范文本，更以把关人的坚守让本书得以面世。囿于水平和非人力资源科班出身，书中难免仍有一些问题，还请读者海涵。

三、大冒险时代：当数字人、机器人与生物人共舞

本书出版之际，大模型已在各类考试中“碾压”人类。人形机器人已能丝滑表演中国功夫，AI“半人类”正在模糊生物人与技术的边界。当我们目

睹 AI 孙燕姿以分钟级生产专辑，“演唱”她从不曾唱过的歌曲，当很多电影用数字分身重塑演员的艺术生命时，一个可能更具颠覆性的场景浮现：人力资源管理的对象，正在从“生物人”扩展为“数字人－机器人－生物人”的共生体。传统意义上“人的价值”或将被重新定义——歌手的声音、演员的形象、程序员的代码能力，这些曾被视为不可替代的人力资本，如今皆有可能被批量生产。

在此剧变中，本书揭示的“多学科交叉”不再只是学术兴趣，而是发展的必需。当人工智能等浪潮汹涌而至，单一学科视角注定无力应对。未来的管理者，或许需要同时理解现代管理、计算算法与生物伦理准则，才能在“半人类”崛起的浪潮中找到平衡点。

这恰是本书未完成的使命：我们梳理了 159 个学科如何研究“人”，却难以回答“何以为人”。当技术能精准预测离职倾向、量化情绪价值，甚至模拟人格特质时，人力资源管理将面临终极考验——是沦为效率至上的“人体电池”管理术，还是进化成守护人性光辉的“共生生态学”？答案，或许就藏在那些曾被视作“无用”的交叉研究中：医学与生命科学可能告诉我们压力激素如何摧毁创造力，人文研究警示算法偏见如何固化歧视，而艺术实验可能证明，一首恰到好处的背景音乐，到底是如何让工作效率大幅提升的。

这些剧变，既令既有研究框架捉襟见肘，也为人力资源学科带来前所未有的扩容机遇。或许本书的价值，不在于给出确定的答案，而在于展现一种可能性：当我们将人力资源视为一个以人为核心的开放知识系统，允许工程思维对话哲学思考、让多学科研究与人力资源共振时，那些曾被视作“狂妄”的范式转移预言，或许正在某个实验室悄然成真。期待未来有更多探险者加入这场跨学科远征——毕竟，管理研究的终极命题始终是如何让人在技术洪流中葆有尊严与创造力。

王 涛

2025 年春于长沙